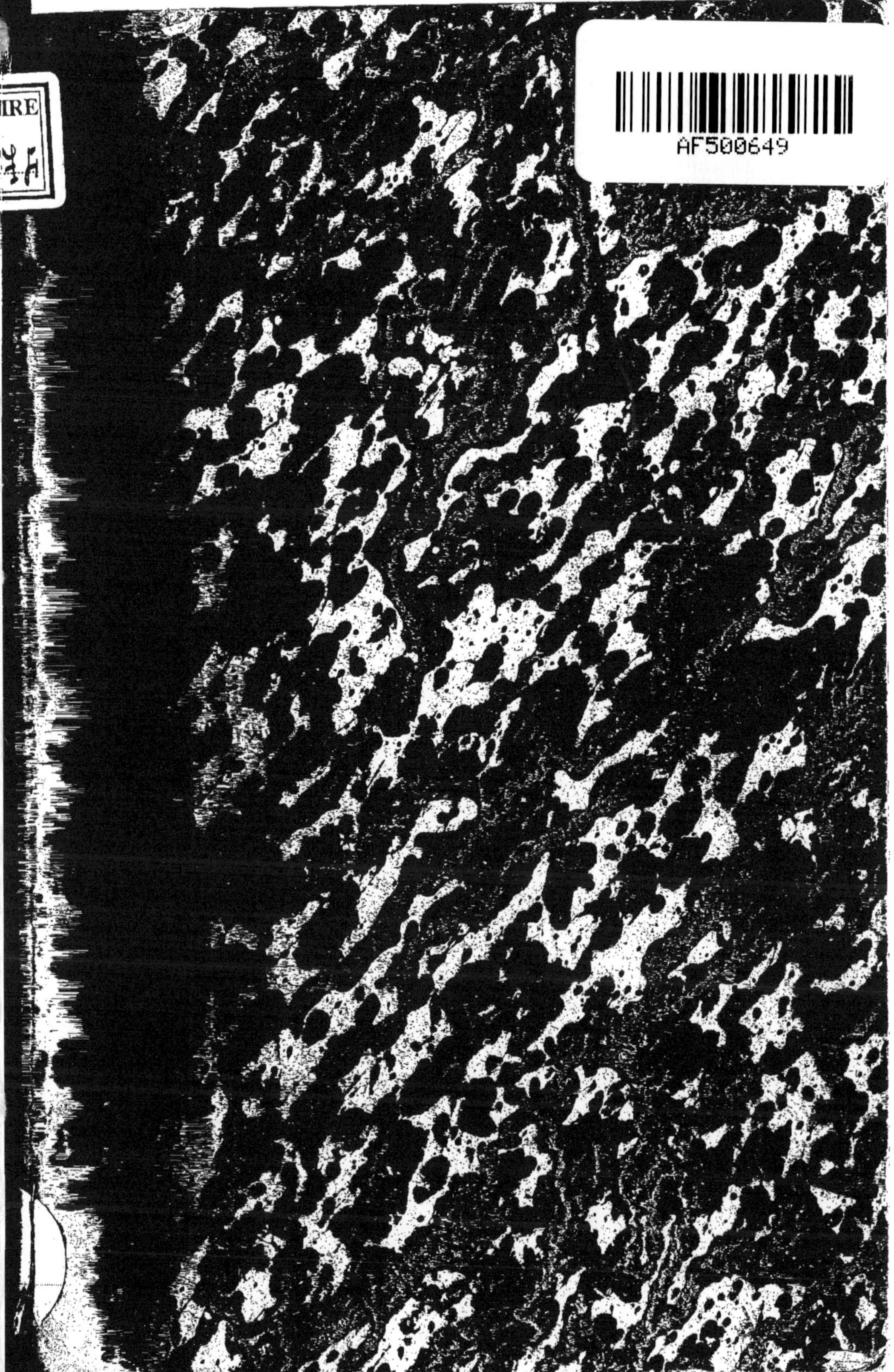

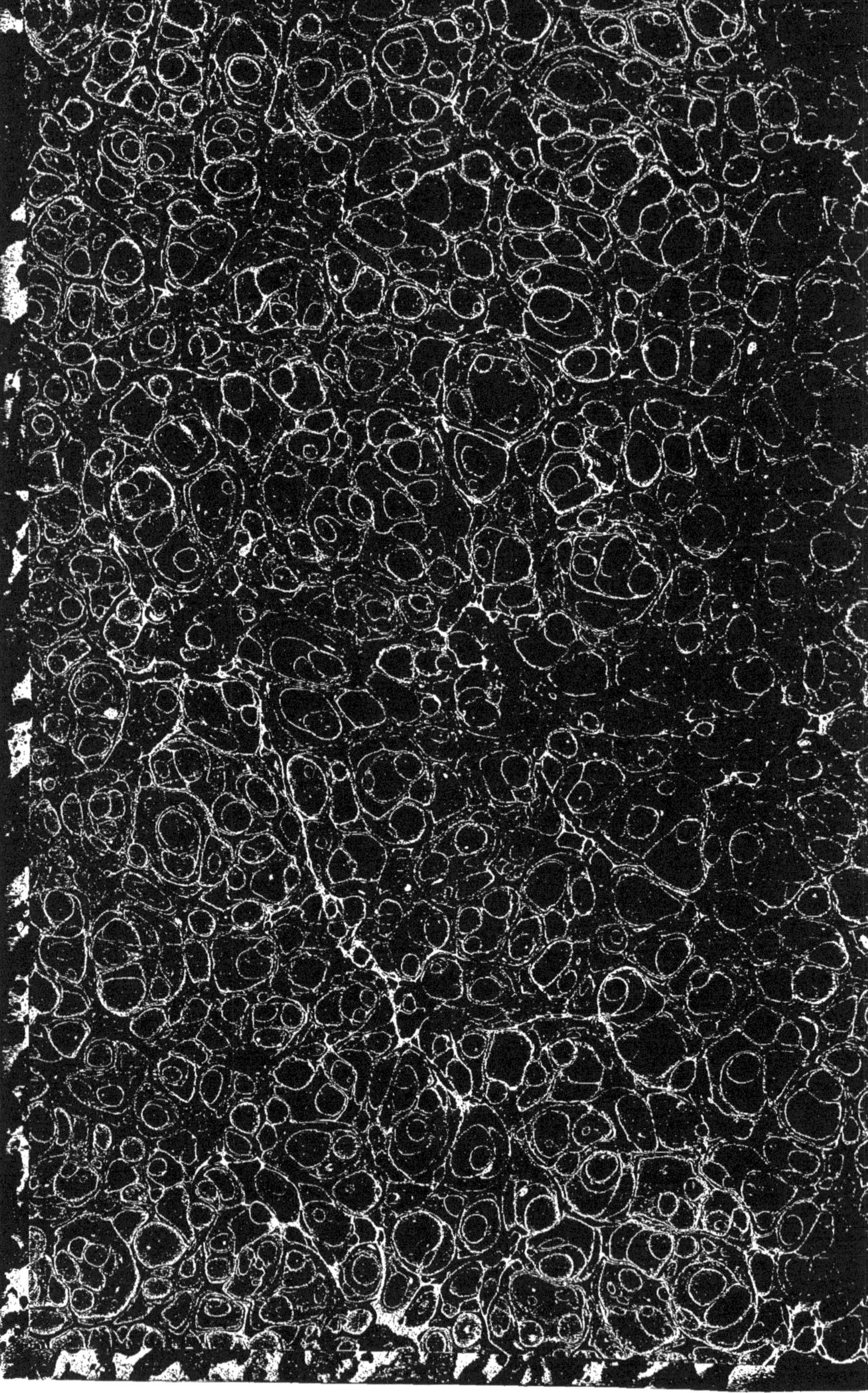

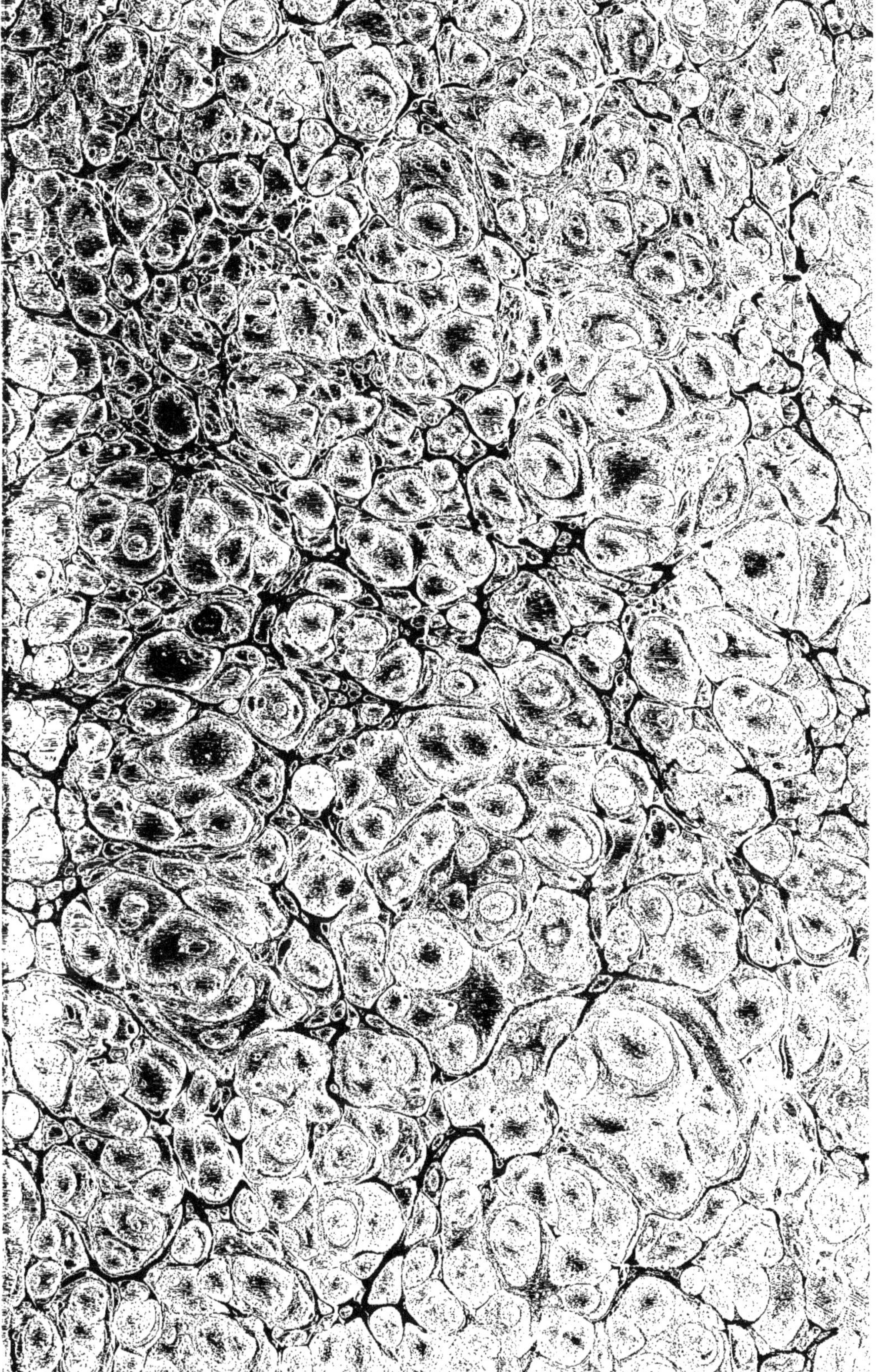

(par Gautier)

ENCYCLOPÉDIE DU DROIT

OU

RÉPERTOIRE RAISONNÉ

DE LÉGISLATION ET DE JURISPRUDENCE.

(Extrait du 2e volume.)

DES BANQUES,

ET DES INSTITUTIONS DE CRÉDIT

EN AMÉRIQUE ET EN EUROPE.

PARIS.

COULON ET Cie, ÉDITEURS DE L'ENCYCLOPÉDIE DU DROIT;

A LA LIBRAIRIE DE Mme VEUVE DONDEY-DUPRÉ, RUE VIVIENNE, 2;

ET CHEZ TOUS LES LIBRAIRES DE PARIS, DES DÉPARTEMENS ET DE L'ÉTRANGER.

1839.

IMPRIMERIE DE Ve DONDEY-DUPRÉ,
Rue Saint-Louis, No 46.

ENCYCLOPÉDIE DU DROIT

OU

RÉPERTOIRE RAISONNÉ

DE LÉGISLATION ET DE JURISPRUDENCE.

INTRODUCTION.

Il est des temps où l'on est condamné à l'ignorance faute de livres ; il en est d'autres où il est difficile de s'instruire parce qu'on en a trop.

(PORTALIS, *Disc. prélim. sur le Cod. civ.*)

Lorsqu'une révolution a changé les bases de la société et créé de nouveaux rapports entre les citoyens, un droit nouveau commence, expression des besoins et des intérêts sortis de cette révolution.

Les principes de ce droit sont d'abord incertains, et le législateur lui-même éprouve quelque embarras à les formuler, tant que les rapports qu'ils sont appelés à régir ne sont pas nettement définis. Les nombreux essais de législation tentés pendant les premières années de la révolution française témoignent assez de la vérité de ce fait, et des hésitations de ceux qui avaient alors mission de *déclarer* les lois nouvelles de la France ; 15,479 décrets ont été publiés dans l'espace de six années, et ces décrets, qui pour la plupart se modifiaient ou s'abrogeaient l'un l'autre, sont tombés devant d'autres lois, qui les ont presque tous abrogés ou modifiés.

Il est arrivé une époque où l'on a pu apprécier exactement les besoins de la société nouvelle, et l'esprit qui devait présider à la rédaction de ses institutions civiles; éclairé d'ailleurs par les tentatives précédemment faites, on a pu songer à établir une législation uniforme et définitive.

C'est alors qu'ont été publiés les différens Codes qui ont consacré les principes sur lesquels devait enfin reposer le droit commun de la France.

Mais l'intelligence de ce droit ne fut pas d'abord à la portée de tous.

La législation des Codes abrogeait ou modifiait, pour chaque partie de la France, le droit local qui l'avait jusque là régie; elle introduisait un droit souvent nouveau, pour l'interprétation et l'application duquel on était presque sans traditions : il n'y avait d'autre guide que les textes des lois nouvellement promulguées; le sens en était accessible à quelques esprits exercés, mais ils étaient *lettre morte* pour le plus grand nombre.

On a pu dire alors *qu'on était condamné à l'ignorance faute de livres.*

Ces textes ont été depuis commentés, interprétés, appliqués, et la science du droit nouveau possède aujourd'hui, à côté des dispositions législatives, un vaste dépôt de maximes, d'opinions, d'autorités, de décisions judiciaires; une doctrine enfin, qui, par l'application qu'elle a faite de la loi aux hypothèses données, peut en être considérée comme la vivante expression, *viva lex.*

Mais cette doctrine est contenue dans des compilations, des recueils, des traités et de nombreux volumes de recherches et de dissertations qui forment un dédale au milieu duquel on a peine à la retrouver, en sorte qu'on peut dire que nous sommes arrivés à une époque où *il est difficile de s'instruire parce qu'on a trop de livres.*

Dans son *Manuel de l'Étudiant en Droit et des jeunes Avocats*, le savant jurisconsulte M. Dupin indique en effet, « non pas, à beaucoup près, tous les » livres de droit, mais ceux-là seulement qu'il croit le plus utile aux jeunes » avocats de connaître et d'étudier; » et la nomenclature qu'il en donne comprend encore 141 ouvrages, formant ensemble 525 volumes tant in-fol. qu'in-4°

et in-8°; on peut juger par là de la prodigieuse quantité de livres que devrait contenir une bibliothèque complète de droit.

Il nous a paru que ce serait faire une œuvre utile, et répondre à un besoin généralement senti, que de résumer, en les coordonnant, tous les monumens épars de la législation et de la jurisprudence, et d'en composer un ouvrage qui réunît dans un même cadre l'ensemble des connaissances relatives à la science du droit, les présentât dans un ordre qui pût abréger et faciliter le travail, et qui suppléât, par un petit nombre de volumes, à une bibliothèque de droit : tel est l'objet de notre *Encyclopédie.*

La pensée que nous réalisons aujourd'hui n'est cependant pas nouvelle, et les travaux des Rousseau-Lacombe, des Denisart, des Prost de Royer, des Guyot, des Favart de Langlade et des Merlin (1), disent assez que de tout temps on a compris la nécessité de ces sortes d'ouvrages.

Parmi toutes ces publications, on a distingué comme la plus complète le *Répertoire de Jurisprudence de Guyot,* qui a paru en 1776-1785, et dont M. Merlin a donné depuis, sous son nom, plusieurs éditions, en faisant subir à l'ouvrage quelques retranchemens sur la législation ancienne, et en ajoutant successivement les savans réquisitoires qu'il prononçait devant la cour de cassation.

Le *Répertoire* de M. Merlin a eu tout le succès que devait lui assurer la haute réputation de l'ancien procureur-général à la cour de cassation; tel qu'il existe aujourd'hui, cet ouvrage ne peut plus atteindre le but auquel il était destiné. *Trente années* ont passé sur le Code civil, en sorte que ce n'est plus que rarement qu'on rencontre des questions qui obligent de recourir à l'*ancienne législation.* Or, c'est en cette partie que le *Répertoire* de M. Merlin est surtout précieux; mais, de l'aveu de tous les jurisconsultes, il est demeuré fort en arrière

---

(1) Nous ne parlons point ici de l'ouvrage de M. Dalloz. Cet estimable auteur n'a jamais prétendu faire autre chose qu'un « *ouvrage particulièrement consacré à la science des arrêts,* » comme il le dit lui-même dans son introduction, et il y a réussi de manière à mériter la reconnaissance de tous les jurisconsultes.

de la législation et de la jurisprudence modernes, et, sous ce rapport, il est au-dessous des nécessités actuelles.

Ce que Guyot avait fait pour l'ancienne législation, et M. Merlin pour l'époque transitoire qui avait précédé et suivi la publication de nos Codes, nous avons essayé de le faire pour le droit moderne. Notre *Encyclopédie* est donc destinée à occuper la place si bien et si utilement remplie jusqu'à ce jour par le *Répertoire* de M. Merlin.

Nous avons, cependant, dû tenir compte des justes critiques dont cet important ouvrage avait été l'objet, et nous nous sommes servis des vives lumières qu'il avait répandues sur la science du droit pour nous éclairer dans notre marche et éviter des imperfections depuis long-temps signalées.

L'*Encyclopédie du Droit*, rédigée par ordre alphabétique de matières, contiendra :

L'indication et l'explication de tous les termes de droit et de pratique.

Puis, sur chaque matière :

L'origine philosophique et historique de la législation. — Un sommaire du droit ancien et du droit intermédiaire.

Un exposé doctrinal du droit moderne, tel qu'il résulte des dispositions législatives, des travaux des jurisconsultes et des décisions des magistrats. — Les améliorations devenues nécessaires par les progrès des idées, les modifications des mœurs et le développement de l'industrie. — La discussion et la solution des questions principales en énonçant l'opinion des auteurs.

Le *sommaire des arrêts rendus* par la cour de cassation et les cours royales depuis l'origine de la cour de cassation jusqu'en 1836, *ainsi que les avis et décisions du conseil d'état, avec l'indication précise des divers recueils. — La bibliographie ou l'indication des auteurs français et étrangers qui ont écrit sur la matière.*

On avait négligé jusqu'à ce jour de s'occuper, dans les ouvrages de droit, des législations étrangères ; et cependant, par suite du principe qu'un acte est régi par la loi du pays où il a été passé, un grand nombre de contrats consentis hors de France doivent être appréciés par nos tribunaux suivant les lois étrangères.

Il fallait combler cette lacune, au moins pour les contrats qui résultent le plus habituellement des rapports entre les nationaux et les étrangers, et surtout des relations commerciales.

C'est le but auquel nous avons essayé d'atteindre en donnant, pour chacun des principaux pays où s'étendent nos relations, un sommaire de la législation sur la nature, les formes et les conditions de validité de ces contrats ; les conséquences qu'ils entraînent, leur durée et le temps nécessaire pour les prescrire.

On comprend aisément qu'une œuvre de cette importance devait être au-dessus des forces d'un seul homme ; sa vie n'aurait pu suffire à la réaliser, et quelque vastes qu'eussent été ses connaissances, il n'aurait pu les posséder assez complètes, sur la généralité du droit et sur chaque matière en particulier, pour en approfondir l'esprit et en exposer convenablement les détails.

Nous avons donc appelé à nous le concours des principaux jurisconsultes dont s'honorent la magistrature, le professorat et le barreau de la France. A l'étranger, nous avons eu recours aux hommes dont la réputation scientifique pouvait donner à leurs travaux un caractère d'authenticité tel qu'on pût avec succès invoquer leur autorité devant les tribunaux français. A chacun nous avons demandé de traiter les matières spéciales qui avaient fait l'objet de ses travaux et de ses méditations (1).

Cet appui ne nous a pas manqué, et les noms de nos collaborateurs, placés au

---

(1) Nous n'avons fait qu'imiter en cela l'exemple de nos devanciers. On sait, notamment, que le Répertoire de M. Merlin est l'œuvre d'un grand nombre de jurisconsultes, parmi lesquels on peut citer MM. Asselin ; Berthelot ; l'abbé Bertholio ; Boucher d'Argis, avocat ; Boucher d'Argis, conseiller, Boissou ; Bugniatre ; Dareau ; Decorail de Sainte-Foi ; Delacroix ; de Mirbeck ; de Polverel ; de Rogéville ; Desessarts ; Devozelle ; Ducaurroi de la Croix ; Elie de Beaumont ; François de Neufchateau ; Garrat ; Garran de Coulon ; Gilbert de Marrette ; Guenard de Lisle ; Guyot ; Hen-

bas de chaque article, disent assez quelles honorables sympathies et quels dévouemens à la science nous avons rencontrés (1)!

Grâce à cette puissante collaboration, grâce aux conseils éclairés des jurisconsultes composant notre comité de rédaction, nous conduirons à bonne fin l'œuvre que nous avons commencée, et dont nous possédons la plus grande partie des matériaux ; et nous espérons pouvoir dire, avec juste raison, *que nous avons élevé un monument à la science du droit, le plus complet de ceux qui ont paru jusqu'à ce jour, et le plus digne aussi, par les noms de ses rédacteurs, de faire autorité.*

---

rion de Pensey ; Henrion de Saint-Amant ; Henriquez; Henry ; Lacretelle ; Laforêt ; Lambert ; Lanjuinais ; l'abbé Laubry ; L'Huillier ; Merlin ; Minier ; Montigny ; Mourat ; Piales ; l'abbé Remy ; Roubaud ; Sanson Duperron ; Seur ; Tarrible ; Treillard ; Truchon, etc.

(1) Parmi les personnes honorables dont la collaboration nous est acquise, soit que nous ayons déjà publié leurs travaux, soit que nous les possédions en manuscrits, nous pouvons citer MM. Teste, ancien bâtonnier des avocats près la cour royale de Paris, garde-des-sceaux, ministre de la justice ; Dupin, ancien bâtonnier des avocats près la cour royale de Paris, procureur-général à la cour de cassation ; Isambert, Mérilhou, Miller, conseillers à la cour de cassation ; Tarbé, avocat-général à la cour de cassation ; Boullet, premier président de la cour royale d'Amiens ; Taillandier, conseiller à la cour royale de Paris ; de Golbéry, conseiller à la cour royale de Colmar ; Delapalme, avocat-général à la cour royale de Paris ; J. Glandaz, Ch. Nouguier, substituts du procureur-général près la même cour ; Quenoble, président du tribunal de 1re instance d'Amiens ; Fouquet, juge au tribunal civil de la Seine ; Glandaz, ancien président de la chambre des avoués près le tribunal de première instance de la Seine ; Bugnet, Demante, Rossi, professeurs à la Faculté de Droit de Paris ; Gautier, pair de France, sous-gouverneur de la Banque de France ; Lebobe, Horace Say, juges au tribunal de commerce de la Seine ; Macarel, conseiller d'état ; Ernest Descloseaux, Marchand, maîtres des requêtes au conseil d'état ; West, docteur-médecin ; Boulatignier, professeur de droit administratif ; Charlemagne, député, ancien magistrat ; Faustin Hélie, chef de bureau des affaires criminelles au ministère de la justice ; Tournus, sous-directeur du contentieux au ministère des finances ; Baroche, Odilon-Barrot, Coffinières, Delangle, de Cormeille, de Vatimesnil, Ph. Dupin, Duvergier, J. Favre, D.-B. Leroy, Marie, Mollot, Paillet, Vervoort, avocats à la cour royale de Paris ; de Mittermaier, professeur à l'université d'Heidelberg, président de la chambre des représentans des États de Bade, etc., etc., etc.

ENCYCLOPÉDIE DU DROIT

OU

RÉPERTOIRE RAISONNÉ

DE LÉGISLATION ET DE JURISPRUDENCE (*),

EN MATIÈRES

CIVILE, ADMINISTRATIVE, CRIMINELLE ET COMMERCIALE,

PUBLIÉ SOUS LA DIRECTION

DE

MM. SEBIRE ET CARTERET,

Avocats à la cour royale de Paris.

Extrait du deuxième volume (6e livraison).

BANQUE (1). Ce mot, dérivé de l'italien, tire son origine du nom que, dans cette langue, on donnait à la table ou au banc sur lequel les marchands faisaient leurs paiemens et la vérification de leurs recettes. De cette acception primitive il s'est étendu, d'abord aux établissemens qui avaient pour obje texclusif ou principal le service des paiemens et des recettes des commerçans et le négoce des monnaies étrangères, des métaux précieux et des obligations, ensuite à cette branche de commerce elle-même.

1. Avant d'être le berceau des arts, l'Italie avait été celui du commerce : les croisades ouvrirent à ses peuples une voie jusque là ignorée. Les premiers ils apprirent d'elles à connaître les besoins variés que fait naître parmi les hommes la diversité des climats et des mœurs, et s'appliquèrent à les satisfaire. C'est là que, dès les dixième et onzième siècles, le commerce acquit un degré d'étendue et de grandeur qui révéla en lui l'agent le plus puissant de la richesse et de la prépondérance des nations, et qui l'a élevé au rang des sciences les plus utiles. A mesure que, dissipant partout autour de lui la barbarie, le commerce s'est propagé dans le reste de l'Europe, les termes particuliers à cette science ont été transportés, presque sans changement, de la langue italienne dans celle de tous les autres peuples de l'ancien continent. Tels sont, outre le mot de *banque*, ceux de *crédit*, de *prime*, *change*, d'*escompte*, d'*agio*, d'*usance*, de *ducroire*, de *facture*, de *connaissement*, et une foule d'autres.

2. Pris dans son acception la plus générale, le mot de banque exprime aussi parmi nous le commerce qui consiste à effectuer pour compte d'autrui des recettes et des paiemens, à acheter et à revendre soit des monnaies en matières d'or et d'argent, soit des lettres de change et des billets à ordre, des effets publics, des actions d'entreprises industriel-

(1) Article de M. Gautier (de la Gironde), pair de France, sous-gouverneur à la Banque de France.

(*) L'ouvrage sera composé de douze volumes, grand in-8°, imprimé en deux colonnes, semblable en tout au présent extrait.

La publication a lieu par livraison de plus de deux cents pages; trois livraisons forment un volume; il paraît une livraison tous les mois.

les, en un mot, toutes les obligations dont l'usage du crédit de la part des états, des associations et des particuliers, amène la création.

Faire la banque, c'est exercer ce genre de commerce; une maison de banque, c'est une maison qui en fait son occupation exclusive ou principale.

3. Mais, pris dans un sens individuel, ce mot ne s'applique qu'à une association pourvue d'un capital considérable et fondée dans le but exclusif soit d'acheter, revendre et recevoir en dépôt des espèces et matières d'or et d'argent, de prêter sur ces valeurs et de faciliter, par des compensations et des viremens en comptes courans, les paiemens de particulier à particulier; soit d'escompter des valeurs commerciales, c'est-à-dire d'acheter des négocians, à un prix ordinairement déterminé d'avance, des lettres de change, billets à ordre et autres obligations payables à des termes plus ou moins éloignés, dont ces établissemens soldent au comptant la valeur en leurs billets au porteur et à vue; billets que le crédit dont ils jouissent, le plus souvent sous la sanction ou le privilége du gouvernement, les autorisent à mettre en circulation, et qui, étant remboursables en espèces à la volonté du porteur, représentent en effet des espèces et en tiennent lieu dans la circulation.

—

ART. 1er. — *Banques de dépôt, — de circulation. — Origine et utilité de ces banques. — Papier crédit, etc.*

4. Il y a donc deux sortes de banques : les banques de dépôt, qui font l'office de caisses de prêts sur nantissement et de caisses des comptes courans, mais non celui de caisses d'escompte, et les banques d'escompte et de circulation, qui font à la fois le service de caisses de prêts sur nantissement, de caisses de comptes courans et de caisses d'escompte, et dont le caractère spécial est presque toujours d'émettre des billets payables au porteur et à vue, c'est-à-dire un papier de crédit.

Mais cette distinction tend de plus en plus à s'effacer : les banques d'escompte et de circulation étant d'une utilité beaucoup plus générale que celles de dépôt, il est peu de banques de dépôt qui ne soient devenues banques d'escompte et de circulation, et il n'est point de banque d'escompte et de circulation qui ne soit en même temps banque de dépôt. Ce changement tient au développement du commerce et au perfectionnement successif de son indispensable instrument, le crédit, auquel il a fallu donner plus de ressort, à mesure que le commerce acquérait plus d'importance et d'étendue.

5. L'agrandissement successif du commerce s'est fait d'abord par les mains des Vénitiens, des Génois, des Florentins, des Portugais, de la ligue hanséatique, des Hollandais. A cette première époque, et avant que le sceptre de cette industrie ne passât entre les mains des Anglais, les banques de dépôt suffisaient aux besoins d'une circulation jusqu'alors limitée, et qui était fort loin encore d'avoir atteint le degré d'activité et de généralité auquel elle est parvenue depuis. Aussi est-ce sous cette forme qu'à des époques déjà très-anciennes ont été fondées les banques de Venise et de Gênes, et ensuite celles de Hambourg, de Nuremberg, d'Amsterdam et de Rotterdam. Plus tard, le développement du cercle des entreprises commerciales a fait reconnaître la nécessité d'élargir les bases du crédit. La banque d'Angleterre, fondée en 1694, six ans après la révolution qui, en consolidant la liberté, ouvrit une ère nouvelle à l'industrie, fut la première qu'un gouvernement qui faisait dès lors lui-même un grand usage du crédit, dota de la faculté d'émettre des billets au porteur et à vue, c'est-à-dire de battre monnaie. A son exemple, les nombreuses banques qui ont été fondées depuis, soit dans la Grande-Bretagne et l'Irlande, soit en France, soit aux États-Unis et dans plusieurs capitales de l'Europe, ont presque toutes été constituées sur le prin-

cipe de la circulation. A l'époque de nos premières révolutions, les banques de Venise et d'Amsterdam périrent l'une et l'autre sous la conquête : la première n'a pas été rétablie. La banque d'Amsterdam, reconstituée en 1814 sur de nouvelles bases, de banque de dépôt qu'elle avait été autrefois, devint banque de circulation; et la banque de Hambourg, comme un monument des temps anciens au milieu de constructions modernes, subsiste à peu près seule encore comme banque de dépôt. Néanmoins, on trouve à Londres et dans quelques autres parties de l'Angleterre des établissemens prenant le titre de banque qui n'émettent point de billets, qui se bornent à recevoir des dépôts, à ouvrir des comptes courans et à faire le service des recettes et des paiemens des négocians, ou qui, s'ils escomptent, paient les obligations qu'ils achètent avec des billets de la banque d'Angleterre ou d'autres banques de circulation. Mais, en France, il n'existe point d'établissemens de cette nature qui prennent ou auxquels on donne ce nom ; il n'est même jamais appliqué, comme il l'est en Angleterre et aux États-Unis, aux établissemens privés qui font le commerce de banque, et qu'on désigne parmi nous sous le nom de *maisons de banque* ou de *banquiers*.

6. Lorsqu'on parle d'une banque, on n'entend donc par là qu'une association autorisée par le gouvernement et ayant reçu de lui le privilége d'émettre des billets au porteur et à vue; une association qui a pour but d'utilité générale de multiplier par le crédit la puissance des capitaux, à l'aide de la circulation de ses engagemens, et pour moyen de prêter à un taux d'intérêt fixe et modéré, sur des valeurs solides, les sommes que le fonds qui lui a été constitué et la confiance publique mettent à sa disposition. Ce n'est pas qu'il n'y ait en France, ou plutôt à Paris, quelques établissemens qui n'aient pris le titre de banques et qui n'ont pas cette destination : tels sont la *banque de prévoyance* et la *banque philanthropique,* qui ne sont autre chose que des tontines, et la *banque immobilière,* qui est une compagnie d'assurances des créances hypothécaires. Mais ce n'est là que l'abus d'un mot, et, malgré leur nom, ces établissemens ne sont pas des banques, par la raison que, d'après le sens que la législation ainsi que l'usage attachent à cette expression, il n'y a en France de banques que les associations qui, en vertu du privilège qui leur en a été donné par le gouvernement, émettent des billets au porteur et à vue en paiement des escomptes et des prêts qu'elles font au commerce, telles que la Banque de France et les banques de Bordeaux, de Rouen, de Nantes, de Lyon, de Marseille, de Lille et du Havre. Toutes ces banques sont constituées d'après une législation et des bases statutaires uniformes, et dont nous rendrons compte après que nous aurons jeté un coup d'œil général sur l'utilité des banques, ainsi que sur les causes qui, au fur et à mesure des développemens du commerce, en ont amené la fondation et tendent de plus en plus à en augmenter le nombre.

7. De la multiplicité des achats et des ventes découle celle des paiemens. La nécessité de transporter et de compter, pour faire et pour recevoir les nombreux paiemens qu'entraîne chaque jour un grand mouvement d'affaires, de fortes sommes en monnaie métallique, donne lieu pour les négocians à des frais qui, à chaque instant reproduits, deviennent considérables, et à des pertes de temps et d'intérêt plus dispendieuses encore. Elle les expose en outre à des erreurs et à des abus de confiance qui peuvent quelquefois compromettre gravement leurs intérêts. Le premier expédient auquel ils ont recours pour obvier à ces inconvéniens, c'est de s'adresser aux banquiers, auxquels ils remettent, à l'approche de leur échéance, les factures et les effets de commerce qu'ils ont à recevoir, afin d'en faire encaisser le montant au crédit de leurs comptes; puis ils asssignent sur eux le paiement de leurs propres obligations ; ils se trouvent par là affranchis de l'embarras et du risque matériel de leurs recouvremens et de leurs paiemens.

8. Mais ce service ne saurait être gratuit : il faut que les négocians en acquittent le prix au moyen, soit d'une commission, soit d'une jouissance d'intérêt. Le principal des inconvéniens qui naissent pour eux de la multiplicité de leurs opérations de caisses, la dépense, n'est donc pas écarté. La solvabilité de ces banquiers n'est pas toujours infaillible, et par conséquent le commerce n'obtient les facilités que lui prête leur intervention qu'au prix d'un découvert et par là d'un risque quelconque. Enfin les compensations et les viremens, ces moyens si faciles et si commodes de simplifier les paie-

mens et d'éviter les mouvemens d'espèces, ne sont possibles que dans le cercle plus ou moins limité des relations des banquiers que chaque négociant emploie.

9. L'entremise de ces agens ne remédie donc qu'incomplètement aux inconvéniens de la fréquence du mouvement des espèces; elle ne les écarte qu'en partie; elle suffit peut-être à un certain degré d'activité; mais quand la multiplicité des paiemens s'accroît par l'augmentation des affaires et du nombre des négocians; quand leur importance augmente par le progrès général du commerce, l'insuffisance de ce secours se révèle, et c'est alors que la nécessité d'une banque se fait sentir. Car, à ne la considérer même que sous cet unique rapport, c'est-à-dire comme agissant seulement en qualité de caisse de comptes courans, une banque n'en présenterait pas moins une efficacité, une étendue d'action et des garanties de sûreté auxquelles il est impossible que des banquiers puissent jamais atteindre.

10. Les banques ne se forment qu'avec le concours d'un grand nombre d'actionnaires et un capital considérable, et les règles prescrites par leurs statuts sont pour le public la garantie de la prudence de leur administration. De ce qu'elles sont constituées par voie d'association, il résulte donc pour elles, sous une multitude de rapports, une supériorité manifeste sur tous les établissemens privés qui se proposent le même objet. La coopération, ou tout au moins l'adhésion d'un grand nombre de négocians étant l'élément indispensable de leur fondation, elles entrent en action avec une clientelle assurée, et qui ne peut que s'accroître au fur et à mesure que leur utilité se manifeste. Leur capital étant connu et liquide entre leurs mains, les règles qui leur sont ou qu'elles se sont prescrites donnent la certitude que ce capital ne sera pas détourné de sa detination; leur administration étant livrée, ne fût-ce que parce qu'elle est collective et nécessairement délibérative, à une publicité quelconque, et par là à la surveillance de tous ceux qui ont intérêt à savoir ce qu'elles font, leur crédit s'établit promptement sur la plus solide de toutes les bases, la connaissance de leurs affaires, de leurs ressources et de leur conduite. Comme le nombre de ceux que la sûreté qu'elles présentent engage à avoir recours à leur ministère est considérable, elles trouvent dans les jouissances de fonds qui sont nécessairement pour elles le résultat de la quantité et de l'importance des opérations de caisse dont elles sont chargées, les moyens de les faire sans frais et sans commission, d'où il résulte que c'est à titre totalement gratuit que, pour la plupart, elles prêtent leur secours au commerce. Enfin, ces opérations se simplifient d'elles-mêmes entre leurs mains par le grand nombre de compensations et de viremens qu'elles opèrent entre leurs nombreux cliens. En effet, il suffit d'un mandat de celui qui doit au profit de celui auquel il est dû pour que, par un simple article d'écriture au débit de l'un et au crédit de l'autre sur les livres de la banque, le paiement soit fait et reçu sans aucun mouvement d'espèces.

Le commerce trouverait donc dans les banques, alors même qu'elles n'agiraient que comme caisses de comptes courans, un degré d'économie, de sûreté et de commodité, qui lui rendrait leur secours très-précieux, et auquel il est impossible que des établissemens particuliers puissent jamais atteindre. C'est évidemment là le principe originaire de leur formation. Mais une banque ne peut pas n'être qu'une caisse de comptes courans; car, d'une part, cette nature d'opérations ne saurait fournir d'emploi utile du capital, et de l'autre, elle est loin de satisfaire à tous les besoins nouveaux auxquels donne lieu, sur une place de commerce, le développement d'une grande activité.

11. C'est une nécessité pour les banques que d'avoir un capital considérable, parce que c'est sur la connaissance qu'a le public de la puissance de ce capital que se fonde principalement leur crédit, qui est la base de leur prospérité comme de leur efficacité. Cependant, une banque qui n'agirait que comme caisse de comptes courans n'aurait pas besoin, pour son service, d'avoir un capital; car presque toutes s'interdisant avec raison de faire à découvert aucune avance, et les sommes qu'elles sont chargées de recevoir fournissant et au-delà à celles qu'elles sont chargées de payer, un fonds disponible à elles appartenant serait en effet une superfluité et deviendrait pour elles une charge, si, en se réservant par leurs statuts la faculté de se livrer à des opérations autres que le service des paiemens et des recettes, elles ne s'assuraient les moyens de rendre

productif ce fonds indispensable à l'établissement et au maintien de leur crédit, et cependant inutile au principal office auquel elles sont destinées. C'est pour cela que toujours, et de tous les temps, ces banques se sont réservé la faculté de faire le commerce des monnaies et matières d'or et d'argent, et se sont instituées, en même temps que caisses de comptes courans, caisses de prêt sur dépôt des mêmes valeurs. C'est ce que faisaient, avant l'établissement des banques de circulation, celles de Venise, de Gènes, de Hambourg, d'Amsterdam, de Rotterdam, de Nuremberg; c'est ce qu'ont fait depuis toutes les banques qui ont été, postérieurement à celles-là, fondées avec un cercle d'action beaucoup plus étendu.

12. Si les banques n'ont pris pour objet du commerce qu'elles se réservaient de faire, et admis pour gage des prêts qu'elles s'obligeaient à consentir, que les monnaies et matières d'or et d'argent, c'est que ce sont les seules marchandises qui ne soient sujettes à aucune détérioration, dont la valeur soit à peu près invariable, dont la vente soit toujours possible, les seules, en un mot, qui puissent présenter aux banques cet avantage indispensable au maintien de leur crédit, que, soit en les achetant pour leur propre compte, soit en les admettant pour gage ou nantissement de leurs avances, elles n'aliènent pas la disponibilité de leur capital. Cette disponibilité du capital est, en effet, autant et plus peut-être que son étendue, la source du crédit de ces établissemens; leur plus grand intérêt est donc de ne jamais la compromettre. Car, pour que le commerce ait foi dans une banque, pour qu'il puisse compter de sa part sur le pouvoir autant que sur la volonté de lui rendre les services qu'il a droit d'attendre d'elle, il faut qu'il soit certain, non pas seulement qu'elle ne commettra pas la sûreté de ses fonds, mais encore qu'elle n'en puisse faire un emploi qui, dans des temps difficiles, en paralyserait l'usage. C'est à quoi les banques seraient évidemment exposées si elles achetaient par spéculation des valeurs mobilières autres que des monnaies et matières d'or et d'argent, ou si elles prêtaient sur ces valeurs, et bien plus encore, si elles achetaient des biens fonds ou si elles prêtaient sur hypothèques. Car des marchandises et même des biens fonds peuvent dépérir, se déprécier, et devenir momentanément ou même définitivement invendables; en telle sorte que la réalisation du capital qu'elles représentent devienne pour un temps, et quelquefois absolument impossible. Les monnaies et matières d'or et d'argent, au contraire, ayant une valeur à peu près fixe, et leur vente étant toujours possible, elles sont les seuls objets qui puissent constamment être échangés, sans perte ou avec très-peu de perte, contre la monnaie courante. Par conséquent, en spéculant ou en prêtant sur ces objets à l'exclusion de tout autre, une banque n'en demeure pas moins certaine de pouvoir rétablir, à l'instant où la nécessité s'en présente, la disponibilité de son capital. Pour s'assurer plus infailliblement encore une garantie si nécessaire à leur sûreté et à leur crédit, les banques ne prêtent ordinairement que pour un temps limité et ordinairement assez court, qui, le plus souvent, n'excède pas trois mois, et à l'expiration duquel, si elles le jugent nécessaire à leur sûreté, elles peuvent refuser le renouvellement et exiger le remboursement du prêt, ou, à défaut, vendre le gage.

13. Ce n'est pas seulement dans leur propre intérêt, c'est aussi dans l'intérêt des négocians eux-mêmes que les banques ont dû, dès leur origine, se livrer au commerce des monnaies d'or et d'argent, et se prêter à des avances sur dépôt de ces valeurs; et c'est sans doute là encore un des motifs qui ont dû contribuer le plus à amener la formation de ces agences commerciales.

14. Au temps où les peuples étaient encore, comparativement les uns aux autres, à des degrés divers et très-distans de civilisation, et où ceux qui étaient déjà avancés et initiés à l'industrie apportaient le commerce chez ceux qui ne produisaient pas encore, la monnaie et les métaux précieux durent être long-temps les principales et souvent les seules valeurs que les premiers pussent recevoir des autres, et rapporter chez eux en échange de leurs exportations. Il fallait, au retour, pour consommer l'opération et pouvoir la recommencer, convertir ces valeurs en monnaie du pays. L'aloi de ces monnaies étrangères, le titre de ces métaux étaient inconnus, et leur valeur indécise et variable. L'état peu avancé des sciences chimiques laissait se perpétuer sur cette valeur des doutes qui exposaient les négocians à des erreurs très-dommageables.

Le commerce des métaux précieux et des monnaies, concentré entre les mains d'un petit nombre d'hommes plus experts que d'autres dans l'appréciation de leur valeur, était devenu un monopole dont ils abusaient, et dont les résultats abondans vinrent bientôt joindre à la supériorité technique qu'ils possédaient déjà, celle de la richesse : les négocians étaient à leur merci. Divers moyens furent mis en usage pour échapper à leurs exactions : en Hollande, pour se soustraire au monopole de fait, on constitua un monopole légal, et on y gagna du moins la garantie d'une responsabilité morale, si elle n'était même réelle, de l'intégrité de son exercice. Le métier de changeur devint un office public et privilégié. Les régences municipales nommaient dans chaque ville les changeurs comme elles nommaient le receveur des taxes locales. En Italie, on conçut une idée plus large et plus féconde; on s'aperçut que le moyen le plus infaillible de briser le joug que faisaient peser sur le commerce les Lombards et les Juifs, c'était de leur opposer la concurrence, et de susciter des acheteurs intègres et plus puissans qu'eux; on vit que, pour pouvoir attendre l'effet de cette concurrence, il fallait se procurer la possibilité de différer la vente, sans sacrifier le revenu d'un capital considérable, c'est-à-dire sans se condamner à une perte d'une autre nature, qui se serait aggravée en raison de la durée du délai, et qui n'eût pas tardé à excéder celle à laquelle on cherchait à se soustraire. L'association seule pouvait conduire à ces résultats: seule elle offrait aux négocians les moyens de constituer un capital qui pût dominer celui des possesseurs du monopole, et en même temps, de s'assurer par leur propre administration ou du moins par leur surveillance, de la loyauté de leur acheteur, de la bonne volonté et de la modération de leur prêteur.

15. Vers la même époque où l'on s'aperçut qu'il y avait utilité à créer une agence pour le service des paiemens et des recettes, on reconnut donc aussi qu'il y avait nécessité de fonder un établissement richement doté, qui fît en grand le commerce des monnaies et des matières d'or et d'argent, et qui, en recevant ces objets en gage, pût, à un intérêt modéré, en avancer la valeur. Une concordance frappante existait entre ces trois offices divers, et conduisait naturellement à les réunir dans une même fondation; car le capital indispensable au premier, et dont pourtant il n'offrait pas l'emploi, trouvait dans les deux autres les moyens de fructifier. On institua donc des banques dans le but de faire à la fois le service de caisse de comptes courans et de caisse de prêts sur dépôt; on les autorisa en même temps à faire le négoce des monnaies étrangères et des matières d'or et d'argent, et le commerce, outre qu'il fut débarrassé des risques, des pertes de temps et des frais auxquels donnaient lieu auparavant ses recouvremens et ses paiemens, fut assuré de trouver toujours, pour les monnaies et valeurs métalliques qu'il rapportait en échange de ses exportations, un dépositaire infaillible, un prêteur désintéressé, ou un acheteur intègre.

Telles furent les causes qui amenèrent la création des banques de dépôt. Nous allons rendre compte non moins sommairement de celles qui firent naître plus tard les banques d'escompte et de circulation.

16. Le crédit, mobile nécessaire de toute industrie, est le lien qui rapproche et qui réunit dans un but commun les deux élémens presque toujours divisés et pourtant également indispensables de la production, le capital et le travail. N'était le crédit, le capital sans travail demeurerait improductif, et le travail sans capital impuissant. Il n'y aurait donc de production que par la réunion fortuite dans la même main du capital et du travail, et que dans la limite que traceraient l'étendue de l'un et l'aptitude de l'autre. C'est l'enfance de l'industrie. Ces deux facultés se rencontrent sans doute quelquefois ensemble chez le même individu; mais ce ne peut être là qu'une exception assez rare, par la double raison que la possession du capital éloigne en général du travail, et que la disposition au travail a sa source la plus ordinaire dans l'absence ou l'insuffisance du capital. Il n'y a d'ailleurs jamais, chez le même homme, de proportion exacte et durable entre l'une et l'autre; et chacun reconnaît bientôt, ou que son travail ne suffit pas à l'emploi utile de son capital, ou, plus souvent encore, que son capital ne saurait suffire à mettre en activité toutes les facultés de son travail. Aussitôt donc que l'industrie grandit, le travail est naturellement conduit à s'efforcer d'attirer à lui le capital pour en obtenir, en faveur de l'emploi lucratif qu'il lui promet

les ressources nécessaires au développement auquel il se sent capable d'atteindre. Le capital, de son côté, recherche naturellement aussi le travail, et aspire, afin de fructifier lui-même, à en féconder autant que ses facultés en peuvent entretenir. L'un est la force motrice, l'autre l'usine; le crédit est le canal qui les met en rapport, et qui, au profit de tous deux, fait servir la puissance de l'un à l'activité de l'autre.

Le crédit, en effet, n'a nullement le pouvoir de produire; cette faculté créatrice n'appartient qu'au travail; mais le travail ne peut l'exercer qu'avec le concours du capital. L'office du crédit, c'est d'être l'instrument de ce concours, en rétablissant la circulation du capital aussitôt qu'elle s'arrête, en lui restituant sa disponibilité aussitôt qu'elle est accidentellement suspendue; le crédit amène le capital au travail, que sa destination est de mettre en mouvement.

17. Le mécanisme du crédit est fort simple; il suffit d'un exemple pour l'expliquer. L'armateur rapporte des pays lointains des matières premières et des denrées alimentaires. Il faut qu'il les vende au fabricant qui met les unes en œuvre, au marchand qui revend les autres au consommateur. S'il ne leur fait pas crédit, ceux-ci ne pourront évidemment acheter de ces marchandises que jusqu'à concurrence du capital dont chacun d'eux est possesseur. Si l'armateur, au contraire, consent à leur accorder des termes pour le paiement, le fabricant acquiert la faculté de solder le prix de la matière première au moyen de celui des produits qu'il a fabriqués avec elles, et le marchand, celle de payer les denrées de consommation avec le produit de la vente qu'il en a déjà faite. Ainsi, à la faveur du crédit que l'un et l'autre obtiennent, ils parviennent à la possibilité de porter l'étendue, l'un de sa fabrication, l'autre de sa spéculation, à une somme de beaucoup supérieure au capital dont ils sont eux-mêmes effectivement possesseurs.Comme, encore que le vendeur ait dû augmenter le prix de sa marchandise, non seulement de l'intérêt du terme qu'il accorde, mais encore de la prime du risque à laquelle l'expose le délai du paiement, le fabricant et le marchand n'en revendent pas moins ordinairement la marchandise à un prix plus élevé que celui auquel elle leur revient, il en résulte pour eux un bénéfice dont l'appât les conduit à donner à ces opérations autant d'étendue qu'en peut comporter le crédit qu'ils trouvent chez le vendeur. En même temps, le besoin de conserver et d'accroître ce crédit, multiplicateur de leur capital et source de leur prospérité, les oblige à l'activité, à la prudence, à la régularité de mœurs, à l'économie; en sorte que ce n'est pas seulement par les capitaux qu'il lui prête que le crédit concourt au succès du travail, mais aussi par les qualités morales qu'il stimule chez ceux qui recherchent son appui. Le marchand fait à son tour crédit au revendeur, et celui-ci au consommateur. L'armateur lui-même, premier anneau de cette chaîne, se rattache aux derniers anneaux en obtenant à son tour du crédit de ceux qui lui fournissent les objets nécessaires à l'armement de ses navires, à la composition de ses cargaisons, et il arrive souvent qu'il donne du terme à l'industriel pour la matière première qu'il lui vend, en même temps qu'il en reçoit de celui-ci pour les produits fabriqués qu'il en achète. La même réciprocité s'établit dans toutes les innombrables sphères où se meut et circule l'activité industrielle et commerciale. Semblable à l'action que la chaleur et la lumière exercent sur les plantes, le crédit étend ainsi sa bienfaisante et fécondante influence sur l'industrie toute entière, chacun obtenant du terme de celui de qui il achète, et en accordant à son tour à celui à qui il vend. Toutes les forces productrices du pays, qu'elles soient capital ou qu'elles soient travail, sont ainsi mises en œuvre pour l'utilité commune.

Ce qui fait ressortir avec le plus d'évidence l'influence décisive que le crédit exerce sur la prospérité industrielle d'un pays, c'est que, lorsque, par l'effet de son extension abusive, le crédit est altéré, tout languit, et que lorsqu'il est suspendu, tout s'arrête. Nous aurons à parler plus tard, toujours à l'occasion des banques, de l'abus du crédit et des désastres qu'il traîne à sa suite, des causes qui y précipitent le commerce, et des moyens d'en prévenir les effets. Mais nous ne nous occupons en ce moment que des bienfaits du crédit, et le plus essentiel comme le plus fécond de tous nous reste encore à signaler.

18. En s'accordant réciproquement du terme pour le paiement des marchandises, les commerçans ont fait sans doute un premier pas, et un pas important, dans la voie du crédit;

mais cependant ils n'ont fait qu'établir, entre le capital et le travail, alors qu'ils se trouvaient déjà en contact, un rapport direct et immédiat; ils n'ont fait que répartir plus utilement entre les diverses natures de travail, le capital déjà engagé dans l'industrie, de manière à ce que celle qui en avait plus qu'elle n'en pouvait employer fît profiter de son superflu celle qui n'en avait pas assez. Mais ce n'était là qu'un secours incomplet, et dont devait se trahir l'insuffisance à mesure que le commerce prenait un plus large développement.

19. Il fallait encore établir, entre le capital et le travail, les rapports indirects dont ils étaient susceptibles; il fallait appeler au secours de l'industrie, en outre des capitaux qui y étaient déjà consacrés, ceux qui n'y étaient pas engagés encore ou qui s'en étaient déjà retirés; il fallait, en un mot, pour subvenir aux progrès nouveaux du commerce et prévenir le double dommage social de l'oisiveté des capitaux et de l'impuissance du travail, faire que les possesseurs de capitaux qui n'exerçaient eux-mêmes aucun travail, fussent entraînés par leur propre intérêt à chercher, dans l'encouragement indirect de l'un, l'emploi utile des autres. Voici par quels moyens les négocians parvinrent à ce résultat : pour constater et régler les dettes payables à terme que, par l'effet du crédit qu'ils s'accordaient réciproquement, ils contractaient les uns envers les autres, ils convinrent que les acheteurs feraient, au profit des vendeurs, des promesses ou obligations énonçant la somme due et le jour où elle serait payée en espèces, et que ces obligations auraient un caractère exceptionnel et spécial, propre, d'une part, à inspirer pour elles la plus grande confiance, de l'autre, à en rendre la propriété très-facilement et très-sûrement transmissible. A cet effet, ils s'accordèrent à établir, relativement à ces obligations, quatre conditions principales, que, pour les rendre inviolables, ils firent consacrer plus tard par la législation : la première, que le réglement consommé par la délivrance de l'obligation, en échange de la facture portant quittance, opérant une novation complète et irrévocable, éteignait la dette primitive ayant pour origine une vente à crédit, et lui substituait une dette nouvelle, ayant tous les caractères d'un simple prêt remboursable à époque précise et déterminée; la seconde, que tous ceux à qui la propriété du titre serait successivement transmise, deviendraient garans solidaires du paiement à l'échéance; la troisième, que, pour tous les coobligés qui appartiendraient à une profession industrielle, l'opprobre de la faillite, l'extrémité ruineuse et fatale du dessaisissement et de la cession de biens, la perte de leur honneur et de leur liberté seraient attachés au non-paiement de l'obligation à son échéance; la quatrième enfin, que la propriété en serait valablement transmise par un simple endossement.

Bien que consenties pour prix d'une vente, ces obligations ne retinrent donc aucun des caractères qui découlent de cette origine, et le contrat de vente se trouvant définitivement accompli par la quittance donnée par le vendeur, et remplacé par un contrat nouveau, d'une nature plus simple et à l'abri de toute contestation, nulle cause de rescision ni d'ajournement du paiement ne put plus être admise contre elles ; chacun des porteurs successifs devenant coobligé solidaire, chaque transmission de propriété vint donc ajouter une garantie de plus aux garanties originaires du paiement; tous les signataires successifs étant obligés, non seulement sur tous leurs biens mobiliers et immobiliers, présens et à venir, mais encore sur leur honneur et sur leur liberté, ces engagemens présentèrent donc, relativement à l'époque de leur remboursement, une sûreté que ne pouvait offrir aucune autre nature de collocation; enfin la transmission de la propriété étant pleinement constatée par la simple apposition de la signature du cédant au bas d'un endossement au profit du cessionnaire, nul doute, nulle difficulté sur la propriété ne put donc s'élever au préjudice de celui-ci.

Ces obligations, qui durent se faire d'abord, entre négocians d'une même place, sous la forme de *billets à ordre*, puis, quand le commerce eut pris plus d'étendue et de généralité, de place à place, sous la forme et le nom de *lettres de change* (V. ce mot), ces obligations, disons-nous, ne pouvaient manquer de devenir très-recherchées par les capitalistes : car, outre l'attrait que, comme nous venons de le montrer, elles présentaient, sous le double rapport de la certitude du paiement et de la sécurité de la possession, elles offraient seules encore cet avantage que, par la fixité invariable de l'époque de leur remboursement, elles n'engageaient le capital que pour un temps limité, et que, par la facilité avec laquelle l'acheteur pouvait à son tour en réaliser au besoin la valeur en espèces, elles maintenaient en tout temps la disponibilité du capital. C'était là une qualité très-précieuse, et qui devait les rendre l'objet d'une faveur constante. Un capitaliste, dont en cette qualité l'unique industrie consiste à rechercher le loyer le plus élevé possible de ses fonds, a évidemment intérêt à en conserver toujours la disponibilité, afin de pouvoir en changer l'emploi aussitôt qu'il s'en présente un plus profitable, et ce besoin ne se concilie que rarement avec la double nécessité de ne pas laisser ces fonds oisifs, et de ne pas les compromettre. Des achats de propriétés foncières ou des prêts sur hypothèques peuvent assurer, il est vrai, la conservation et la fructification du capital; mais ils compromettent toujours plus ou moins sa disponibilité, et avec eux l'on n'est jamais certain de pouvoir, par la revente ou par le recouvrement, le réaliser en espèces au moment précis où la nécessité imprévue en survient. Des prêts directs ou en compte-courant maintiennent, il est vrai, jusqu'à un certain point, cette disponibilité en même temps que le revenu; mais ils ne confèrent la garantie que d'un seul débiteur, et ils exposent par conséquent le capital. Les placemens en effets de commerce offrent seuls les moyens d'acquérir l'avantage sans encourir les inconvéniens, de conserver la disponibilité sans commettre la sûreté. Avec leur secours, un capitaliste peut colloquer solidement ses fonds pour aussi peu de temps qu'il lui plaît, et au moyen de la faculté qu'il a de négocier lui-même à son tour ces effets, il peut à chaque instant en réaliser la valeur sans perdre un seul jour d'intérêt.

20. De leur côté, les négocians recueillirent aussi de la création de ces obligations un résultat de la plus grande importance, et qui donna une beaucoup plus grande étendue aux facilités que leur prêtait déjà le crédit. La faculté si précieuse d'acheter à terme n'existait en général pour eux que sous la condition de la réciprocité, c'est-à-dire, à charge de ne vendre aussi qu'à terme; en sorte que si, au moyen du crédit dont ils jouissaient, ils obtenaient de ne payer qu'au bout d'un certain délai les marchandises qu'ils achetaient, en revanche, ils étaient, attendu le crédit dont jouissaient les autres négocians, soumis, pour les marchandises qu'ils vendaient, à n'en toucher le prix aussi qu'au bout d'un certain délai. Ils eussent donc reperdu d'un côté la latitude qu'ils avaient obtenue de l'autre, et seraient retombés par là dans le désavantage de ne pouvoir faire d'affaires que jusqu'à concurrence du montant de leur propre capital, si l'introduction de l'usage des billets à ordre et des lettres de change ne fût venue l'écarter, et n'eût eu pour eux cet effet que, demeurant en possession du bénéfice du crédit qui leur était fait, ils furent affranchis du préjudice de celui qu'ils faisaient eux-mêmes. Car l'attrait que présentaient ces effets faisant affluer vers eux de toutes parts les capitaux, il devint facile au vendeur qui avait reçu en paiement de sa marchandise un effet de commerce payable à un terme plus ou moins éloigné, de négocier, c'est-à-dire, de vendre cet effet au capitaliste, et d'en recevoir au comptant la valeur sous déduction de l'intérêt du terme à courir. Par ce moyen, le vendeur se trouva donc affranchi de la privation de capital à laquelle il s'était soumis en vendant à crédit; l'augmentation de capital disponible qui résultait pour lui du terme qu'il obtenait pour le paiement de ses achats devint entière au moyen de la suppression du terme qu'il avait accordé lui-même pour le paiement de ses ventes, et l'étendue qu'il acquit ainsi la faculté de donner à ses entreprises n'eut plus d'autres limites que celles de la confiance qu'inspiraient son caractère et sa fortune.

21. Le prix au moyen duquel le négociant acheta et le capitaliste vendit cette facilité nouvelle, ce fut la bonification consentie par l'un et retenue par l'autre sur le montant de l'effet négocié, d'une part, de l'intérêt du terme à courir jusqu'à l'échéance, de l'autre, de la prime du risque auquel le capitaliste s'exposait en devenant acquéreur de l'effet. Ces indemnités, toutes deux variables de leur nature, l'une selon l'abondance ou la rareté des capitaux affectés à cette destination, l'autre selon le degré de solvabilité des obligés à chaque effet, furent réunies sous le nom d'*escompte* (V. ce mot), et devinrent la source des bénéfices du négoce très-important et très-actif dont les billets à ordre et les lettres de change, dès l'origine de leur création, devinrent aussitôt l'objet. Ce négoce dut naturellement tomber d'abord entre les mains des agens qui, sous le nom de *banquiers*, fai-

saient déjà pour le commerce le service de ses paiemens et de ses recettes, de l'échange et de l'achat des monnaies et matières d'or et d'argent, enfin des avances ou prêts sur dépôt de ces valeurs.

22. Nous avons déjà rendu compte des motifs qui avaient conduit les commerçans à se réunir dans des associations pour susciter aux banquiers, par la création de banques de dépôt et de comptes-courans, une concurrence puissante dans le commerce des métaux précieux et dans le service des prêts sur dépôt de ces métaux et des paiemens et recettes. A bien plus forte raison encore, les mêmes motifs durent amener bientôt les négocians à joindre entre les mains des banques, l'escompte des effets de commerce aux autres offices dont elles étaient déjà chargées, et successivement à en faire l'élément principal de leur utilité comme de leurs profits. Ce fut là l'origine des *banques d'escompte et de circulation*, et partout où cette utilité se fit jour et fut comprise, leur établissement rencontra d'autant moins d'obstacles que, loin d'être nuisibles aux banquiers eux-mêmes, il leur devait être, au contraire, éminemment favorable, et que, comme nous le verrons tout-à-l'heure, leur fondation conduisait nécessairement en outre à un développement nouveau de la puissance du crédit, le plus important et le plus fécond qui y eût encore été apporté.

23. Le taux de l'intérêt, ou, en d'autres termes, le prix du loyer des capitaux est essentiellement arbitraire; celui de la prime du risque auquel s'expose le cessionnaire d'un effet de commerce l'est beaucoup plus encore: l'un et l'autre dépendent sans doute, jusqu'à un certain point, comme tout autre prix, du rapport entre la demande et l'approvisionnement, c'est-à-dire, de la proportion entre la somme que les négocians ont besoin d'emprunter et la somme que les capitalistes sont disposés à prêter. Mais la volonté du capitaliste n'en est pas moins pour beaucoup dans leur fixation, et son penchant l'entraîne inévitablement à l'élever au-dessus d'une mesure juste et modérée. Le négociant qui a besoin d'argent pour ses affaires, est donc, à beaucoup d'égards, à la discrétion du capitaliste auquel il s'adresse. Comme il est arrêté dans ses entreprises et quelquefois même dans ses paiemens s'il n'en obtient pas, en échange des valeurs qu'il lui présente, l'argent qui lui est indispensable, la nécessité l'oblige presque toujours à subir la loi, trop souvent dure, qu'on lui impose. La concurrence est sans doute un frein à cet abus; mais cette concurrence, les plus puissans, ceux qui ont le plus de capital actuellement disponible, la dominent à leur profit, et en préviennent les salutaires effets. Dans ce rapport social, la richesse est la force, et sa possession le droit du plus fort.

24. Pour l'escompte de leurs effets de commerce, bien plus encore que pour la vente des matières d'or et d'argent, il importait donc aux négocians de créer, au moyen de l'association, une concurrence assez énergique pour résister à l'abus que les propriétaires de grands capitaux sont toujours enclins à faire de leur prépondérance. C'est pour cela que dans les pays où le commerce ayant acquis une grande importance, le crédit avait besoin d'un grand développement, il se forma successivement des banques qui, aux offices dont étaient autrefois chargées les banques de dépôt, réunirent l'escompte des effets de commerce.

L'utilité qui naquit de leur établissement est si évidente et si généralement reconnue, qu'il suffira de l'indiquer ici très-sommairement. Comme le capital des banques est ordinairement proportionné à l'étendue des affaires qui se font dans les lieux où elles s'établissent, et qu'il est consacré en plus grande partie à l'escompte des effets de commerce, ce capital est toujours fort supérieur à celui qu'un particulier pourrait affecter à cet emploi. Sauf quelques circonstances rares et exceptionnelles, les banques prennent donc, parmi le papier qui leur est présenté, tout celui qui leur paraît fournir des garanties suffisantes. Les négocians, quand ils sont eux-mêmes très-solvables, sont donc toujours certains de trouver chez elles tout l'argent dont ils peuvent avoir besoin, et quand ils ne le sont pas, d'en obtenir du moins l'admission de tout le papier suffisamment garanti qu'ils lui présentent, sans que ni les uns ni les autres soient jamais exposés, comme il leur arrive tous les jours avec les particuliers, à ce que l'insuffisance ou l'épuisement des capitaux leur soit opposé comme motif ou prétexte de ne pas consentir aux négociations qu'ils proposent.

Les banques, dont l'escompte est la seule, ou tout au moins la principale industrie, et que leur intérêt oblige à prendre tout le bon papier qui leur est présenté, sont donc en tout temps, pour les négocians qui ont de bon papier, une ressource infaillible. Il n'en est pas de même des capitalistes, que l'espérance d'un placement plus lucratif détermine souvent à élever outre mesure le taux de leur escompte, ou même à refuser d'escompter. C'est surtout en temps de crise que cette différence se fait sentir. Les banques sont alors obligées par leur propre intérêt, au risque de quelques pertes qu'elles savent devoir leur en épargner de plus considérables, de maintenir les crédits qu'elles font au commerce. Les capitalistes, dont l'intérêt particulier n'est pas, comme celui des banques, étroitement lié à l'intérêt général, et que le même motif ne saurait faire agir, pour lesquels d'ailleurs une perte accidentelle est plus sensible et moins facilement réparable, se retirent, au contraire, et cessent d'escompter; les valeurs sur lesquelles les négocians avaient compté pour parer à leurs besoins demeurent donc stériles entre leurs mains.

25. Soumises à des règles fixes et au contrôle de la publicité, les banques escomptent en général à un taux déterminé, connu d'avance et ordinairement modéré, tandis que les capitalistes n'escomptent qu'à un taux débattu pour chaque effet, gradué selon le degré de sécurité qu'il leur paraît offrir, et toujours plus élevé que celui des banques. Les unes comme les autres n'admettent, il est vrai, que des effets qu'elles jugent suffisamment garantis; mais, outre qu'opérant sur une bien plus grande échelle et ne se livrant ainsi qu'à des risques infiniment plus divisés, les banques peuvent être et sont en effet plus faciles, tous les effets qu'elles admettent, elles les prennent au même taux; au lieu que les capitalistes, parmi les effets qu'ils reconnaissent admissibles, imposent des différences d'escomptes basées sur le jugement qu'ils portent de la solvabilité des obligés, jugement totalement arbitraire, qui ne saurait avoir de règles, que leur intérêt tend incessamment à rendre injuste, et qui n'en est pas moins, de leur part, un motif sans réplique d'exiger un intérêt élevé et quelquefois usuraire du négociant que la nécessité force à recourir à eux.

Les banques assurent donc au commerce, à un prix beaucoup plus modéré, des ressources de crédit plus larges, plus certaines et plus faciles que les capitalistes, et l'effet immédiat de leur établissement, c'est toujours l'abaissement du taux de l'intérêt, c'est-à-dire la diminution des frais auxquels donne lieu le loyer de l'instrument indispensable de toute production, le capital.

26. Enfin les banquier ont eux-mêmes, comme nous l'avons déjà dit, un intérêt direct et très-important à l'établissement des banques. Car si, par leur concurrence et par la réduction qu'elles amènent dans le taux de l'intérêt, elles leur causent quelque préjudice, ce préjudice est beaucoup plus que compensé par les sources nouvelles de facilité et de profit qu'elles leur ouvrent. En effet, après que les banquiers ont escompté, à un taux d'intérêt plus élevé que celui des banques, le papier que, faute d'être à assez courte échéance ou revêtu d'un nombre suffisant de signatures connues, les banques ne prendraient pas, ils viennent à leur tour, après y avoir ajouté leur propre garantie, l'escompter à la banque à un taux inférieur à celui qu'ils ont déjà perçu. Grâce à cette faculté, ils ont la possibilité de porter leurs affaires à une étendue qui peut s'élever à un grand nombre de fois le montant de leur capital, et ce n'est plus à ce montant, mais à leur crédit, que cette étendue se proportionne. Outre les avantages qui résultent pour eux de la collocation de leur capital, les seuls auxquels ils pussent prétendre si cette faculté n'existait pas pour eux, ils joignent donc encore celui qui naît de la différence du taux d'escompte auquel ils prennent le papier avec celui auquel ils le donnent à la banque, et, comme ces opérations peuvent s'étendre et se renouveler dans une étendue qui n'a de bornes que celles de leur crédit, les bénéfices qui en résultent, quoique bornés, sont si multipliés et si souvent répétés, qu'ils excèdent bientôt de beaucoup celui que les banquiers pourraient espérer du revenu de leur capital propre, et parviennent facilement à une proportion très-considérable. Ce rôle intermédiaire que les banquiers jouent entre le commerce et la banque leur devient donc bientôt, s'ils ont du crédit et de l'habileté, infiniment plus profitable que celui qu'ils auraient à remplir si la banque n'existait pas.

Les banques sont donc à la fois favorables et au négociant qui a besoin de se procurer de l'argent au moyen du papier dont il est possesseur, et au banquier ou capitaliste qui lui fournit de l'argent en échange de ce papier, et par conséquent elles concourent, par une double action, à l'activité ainsi qu'à la prospérité de l'industrie.

27. Il ne nous reste plus, pour compléter cet exposé théorique, qu'à rendre compte du nouveau et fécond moyen de crédit à l'emploi duquel a dû inévitablement conduire l'établissement des banques d'escompte : nous voulons parler de la création et de la circulation d'un papier de crédit remplaçant la monnaie, et rendant au public, à moins de frais et avec autant et même plus de sûreté, les mêmes offices qu'elles.

28. Il est clair que si la masse des effets à escompter, ou le crédit dont a besoin le commerce, excède la masse des capitaux destinés à l'escompte, ou la somme que, soit les capitalistes escompteurs, soit les banques, peuvent employer à escompter, le crédit n'a plus une latitude suffisante, et qu'il doit arriver alors que l'équilibre entre la demande et l'approvisionnement étant rompu, le prix, c'est-à-dire le taux de l'intérêt, doit s'élever, au grand dommage de ceux qui empruntent. Car il en résulte pour eux cette alternative, et quelquefois même ce double inconvénient, qu'ils sont alors obligés de payer plus cher le loyer du capital qu'ils empruntent, et qu'ils ne trouvent pas à emprunter autant de capital que par leur travail ils en pourraient mettre en œuvre ; le développement de l'industrie est donc entravé ou arrêté : or la condition la plus nécessaire de la prospérité de l'industrie, c'est d'être libre ; le crédit rencontre donc des limites : or il est de l'essence du crédit de n'en point avoir, ou du moins de n'avoir que celles où s'arrêtent les facultés commerciales du pays.

29. Pour écarter cet obstacle, il fallait ouvrir aux banques elles-mêmes un moyen de crédit semblable à celui que les banques offraient aux capitalistes ; il fallait les placer dans une situation telle, que ce ne fût plus seulement sur leur capital propre et effectif qu'elles pussent coopérer aux secours à prêter au commerce, mais encore sur le capital supplémentaire qu'au moyen de leur crédit il devait leur devenir possible de se procurer ; il fallait leur ouvrir une nouvelle voie par laquelle elles pussent attirer dans le cercle d'action de l'industrie, une masse de capitaux plus considérable encore que celle dont, au moyen de l'association, elles avaient été dotées ; il fallait enfin que ce moyen de crédit eût une élasticité telle qu'il pût se prêter à tous les mouvemens du commerce, et s'étendre ou se resserrer de lui-même, en proportion de l'agrandissement ou de la réduction de ses dimensions.

C'est le résultat qui a été obtenu par la faculté donnée aux banques de circulation d'émettre des billets payables au porteur et à vue, lesquels étant à chaque instant remboursables en espèces à la volonté du porteur, équivalent exactement, pourvu seulement que le public ait confiance dans l'établissement qui les émet, à des espèces, avec cette différence à leur avantage qu'ils sont bien plus faciles à compter et à transporter ; que leur valeur n'est susceptible d'aucune altération, et par conséquent qu'ils sont d'un usage beaucoup plus économique et en même temps plus commode que les espèces. Il suffit en effet qu'une banque soit pourvue d'un capital proportionné à l'importance à laquelle ses affaires sont susceptibles d'atteindre, et que le public ait une pleine confiance dans l'intégrité et la sagesse de son administration, pour que les billets qu'elle émet soient préférés aux espèces, et pour qu'aussitôt que les motifs évidens sur lesquels repose cette supériorité sont compris, le mouvement commercial en absorbe autant que son activité et son étendue en peuvent employer ; car l'individu qui a besoin d'emprunter sur les effets de commerce qu'il négocie, ou sur les valeurs qu'il donne en gage, et qui reçoit en paiement de la somme qu'il emprunte des billets de banque, retire de cette monnaie de crédit, à moins de frais et de risques, la même utilité que si le paiement lui en avait été fait en espèces, puisqu'il a la certitude que ceux à qui à son tour il a des paiemens à faire ayant la même confiance que lui dans cette monnaie, la recevront de préférence aux espèces.

30. Quant aux banques, les avantages qu'elles retirent de ce moyen de faire leurs paimens sont d'une évidence qui dispenserait peut-être de toute explication, si nous n'avions à faire ressortir ici un fait important à l'intelligence du mécanisme de ces établissemens et des effets du crédit.

On croit assez généralement que les banques, en mettant en circulation un papier-monnaie, créent un capital fictif; c'est une erreur qu'il importe au crédit des banques de détruire. Comme nous l'avons déjà dit, le crédit n'a point le pouvoir de créer un capital, et l'usage que les banques font du leur ne peut donc nullement avoir cet effet. Mais le crédit remet en mouvement les capitaux qui s'arrêtent, et qui, sans son secours, demeureraient stagnans; il attire dans la circulation, au secours de l'industrie, les fonds qui, n'était son intervention, deviendraient étrangers au mouvement commercial, et par conséquent inutiles; et c'est en cela que consiste le double service qu'il rend à ceux qui possèdent le capital comme à ceux dont la fortune n'est encore que dans leur aptitude au travail. En émettant pour un million de ses billets au porteur et à vue, une banque n'engendre donc nullement un capital nouveau et qui jusque là n'avait pas existé; seulement elle remet dans la circulation un million qu'elle a en effet dans ses caisses ou dans ses portefeuilles, en or, en argent ou en effets de commerce, et qui, sans cette émission, demeurerait inactif. De leur côté, ceux qui reçoivent de la banque, en paiement de ce qu'elle leur doit, ce million en billets, n'acceptent nullement une valeur fictive, mais bien une valeur réelle, dont l'équivalent est dans les caisses ou dans les portefeuilles de la Banque, et qu'ils sont certains, aussi long-temps que la banque est administrée avec habileté et prudence, aussi long-temps que son capital demeure intact et qu'elle en maintient la disponibilité, aussi long-temps, en un mot, que son crédit n'éprouve aucune atteinte, de pouvoir, à leur volonté, échanger contre des espèces. La banque, en émettant ce papier monnaie, ne fait donc pas autre chose que ce que font les négocians en payant les marchandises qu'ils achètent en leurs billets; la seule différence, c'est que les billets des négocians sont à ordre et à une échéance convenue, et qui ne peut pas être devancée, tandis que ceux de la banque sont au porteur et à une échéance que la volonté de ce porteur fait arriver quand bon lui semble; différence qui est incontestablement toute à l'avantage des individus porteurs de billets de banque; et de même que la marchandise que le négociant a achetée est la contre-valeur, et que son honneur et sa fortune sont les gages de la somme que représente le billet à ordre que le vendeur a reçu en paiement; de même les espèces et les billets escomptés que la banque a en caisse sont la contre-valeur, et son capital et sa bonne administration, les gages de la somme que représentent les billets qu'a reçus en paiement le créancier de la banque. Ces billets, comme les billets à ordre et les lettres de change, sont donc la représentation, non d'un capital fictif et supposé, mais d'un capital effectif et réel. Ce qui valide cette représentation, ce qui fait qu'elle équivaut à la réalité et que le porteur de ces billets est aussi en sûreté que s'il avait reçu des espèces, c'est que la solvabilité reconnue de la banque qui les a émis lui garantit qu'aussitôt qu'il le voudra, il pourra les échanger contre des espèces, et qu'en vertu de cette certitude, tous ceux à qui il a lui-même des paiemens à faire les recevront comme des espèces. C'est en ce sens seulement que le crédit donne en effet une valeur pécuniaire à ce qui en paraîtrait le moins susceptible, à des qualités de l'ame et de l'esprit, la loyauté et la prudence.

31. Si les banques ont un grand intérêt à mettre en circulation la plus grande quantité possible de ces billets, c'est qu'elles obtiennent du prêt qu'elles font de leur promesse imprimée de payer, le même revenu qu'elles tireraient du prêt d'une somme égale en espèces; que ce revenu se perpétue aussi long-temps que la promesse continue à circuler, et que, par conséquent, elles font fructifier une seconde fois les valeurs qu'elles ont en portefeuille, et sur lesquelles elles ont déjà touché un intérêt, et multiplient par là le revenu de leurs capitaux. Ainsi elles frappent et mettent en circulation une monnaie dont la matière ne leur coûte rien ou presque rien, et dont la valeur, égale ou même supérieure à celle de l'argent, n'est fournie que par leur crédit, c'est-à-dire par la confiance qu'a le public dans leur fidélité à remplir leurs engagemens, et cette circulation se proportionne d'elle-même au mouvement commercial, augmentant quand il augmente et se restreignant quand il se réduit.

32. Commode, sûre et économique pour les particuliers, féconde en résultats lucratifs pour les banques, la circulation d'un papier de crédit est aussi éminemment favorable à l'intérêt général; car elle accroît la masse du capital circulant, et concourt ainsi, par les facilités qu'y puisent les transactions de toute

espèce, à la multiplication de la richesse publique. Non seulement elle prête un secours efficace à toutes les entreprises industrielles, mais encore elle fait intervenir le crédit, pour les faciliter, dans les transactions purement civiles. Les achats d'immeubles et de fonds publics, les prêts hypothécaires, les legs, les partages de succession, les donations, les dettes de toute nature, en un mot, toutes les obligations civiles, se paient en billets de banque, aussi bien que les achats de marchandises ou les négociations d'effets de commerce, et l'usage de ces effets, en se généralisant, attire ainsi dans le courant de la circulation industrielle des capitaux qui, sans leur entremise, n'y fussent jamais entrés. En voyant un papier-monnaie devenir l'agent de toutes les transactions, la masse du public se familiarise avec les idées et les formes du crédit, et quand l'état a besoin de recourir au sien, il trouve les esprits plus favorablement disposés à accueillir les obligations qu'il met alors en circulation.

Enfin de grands établissemens, tels que la banque d'Angleterre et la banque de France, placés auprès du gouvernement, lui fournissent souvent des secours précieux dans les temps difficiles, et le crédit qu'ils ont acquis sous son patronage rejaillit sur le gouvernement lui-même.

33. D'autres avantages bien moins considérables sans doute, mais qui ne sont pourtant pas sans quelque importance, c'est que les billets de banque, en remplaçant dans la circulation une somme égale en espèces, affranchissent le gouvernement des frais de fabrication et de la perte résultant du frai des espèces dont ces billets tiennent lieu; c'est, enfin, que lorsqu'une somme en billets de banque périt par naufrage, par incendie ou par toute autre cause analogue, le pays ou la communauté sociale, prise dans son ensemble, n'en éprouve aucune sorte de dommage, puisque ce que perd le porteur tourne au profit de l'obligé, et que la valeur perdue n'a fait que changer de main, tandis que, lorsque la même somme en espèces vient à être anéantie, la communauté est appauvrie d'autant, ce que perd le propriétaire ne tournant au profit de personne.

34. Les réflexions que jusqu'ici nous avons présentées sur l'origine du crédit et l'enchaînement des moyens qu'il met successivement en usage, et qui le conduisent jusqu'à l'établissement des banques d'escompte et de circulation, peuvent se résumer de la manière suivante : l'acheteur obtient du terme pour la marchandise que son industrie est de fabriquer ou de débiter, et par là il acquiert la possibilité d'en fabriquer ou d'en débiter pour le montant de plusieurs fois la valeur de son capital; le vendeur, en négociant à l'escompteur le billet à ordre qu'il a reçu en paiement de sa marchandise, et en rentrant ainsi dans le capital dont le terme qu'il a accordé suspendait pour lui l'usage, acquiert aussi la possibilité de porter l'étendue de ses spéculations à une somme fort supérieure à celle qu'il possède effectivement; l'escompteur, en négociant lui-même à la banque les effets qu'il a pris à l'escompte à un intérêt plus élevé, se procure la possibilité de porter à plusieurs fois le capital dont il est possesseur, les facilités que, par ses escomptes, il ouvre au commerce; enfin la banque, en émettant un papier de circulation, en payant avec ses promesses, au lieu de payer avec son argent les sommes que, sur des gages certains, elle prête au commerce, complète ainsi la carrière du crédit, et lui permet de se mouvoir dans une étendue qui n'a d'autres bornes, ainsi que nous l'avons déjà dit, que celles des facultés commerciales et industrielles du pays.

Art. 2. — *Description des banques étrangères : — Venise, — Gênes, — Amsterdam, — Hambourg, etc. — Banque d'Angleterre, — des États-Unis.*

35. Pour ne pas nous écarter de l'ordre dans lequel jusqu'ici nous avons cherché à nous renfermer, nous ferons précéder le compte que nous avons à rendre des bases de l'organisation et du système pratique des banques établies en France, par un court aperçu historique sur quelques-unes des principales banques étrangères antérieures aux nôtres dans l'époque de leur fondation.

On ne trouve dans l'histoire de l'antiquité aucune trace de l'esprit d'association, inconciliable peut-être avec un état social dont l'esclavage était la base, et qui ne peut naître d'ailleurs qu'alors que l'industrie a acquis un degré d'étendue et d'importance auquel ne se prêtaient ni les mœurs ni les institutions des anciens, ni la nature et la direction de leur civilisation. Il n'est parvenu jusqu'à notre temps, sur l'état du commerce chez les peuples de l'antiquité qui l'ont exercé en grand, les Phéniciens et les Carthaginois, que des notions vagues et incertaines. Le peu que nous en savons nous a été transmis par les historiens grecs et romains, accoutumés à compter pour peu le commerce, et qui, ne parlant jamais qu'en passant de celui de leur propre pays, n'ont pas pu penser à entrer dans aucun détail sur celui des autres. Ce qui est certain du moins, c'est qu'il n'y avait, non seulement à Rome, où un préjugé condamnait tout profit ayant sa source dans le prêt à intérêt, mais même à Athènes et dans les autres villes commerçantes de la Grèce et de l'Asie mineure, aucun établissement qui ressemblât à ce qu'ont été depuis les banques. La circulation des capitaux se faisait par l'entremise des négocians eux-mêmes, dont quelques-uns, remplissant en même temps l'office de nos banquiers, recevaient de l'argent en dépôt, payaient pour leurs cliens, prêtaient sur gages, achetaient et revendaient des monnaies étrangères, enfin se chargeaient même quelquefois pour le compte du gouvernement de la perception des impôts.

36. C'est vers le dixième ou le onzième siècle que se déploya la grandeur commerciale de Venise, source de la puissance à laquelle bientôt après parvint cette république; c'est à Venise aussi et vers cette époque que fut établie la première banque. Quelques auteurs font remonter sa fondation jusqu'en 1157; d'autres la placent dans l'année 1171. Ce qui paraît certain, c'est qu'elle existait dès la fin du douzième siècle, et qu'elle fut d'abord une corporation composée de créanciers de l'état auxquels on accorda, en dédommagement de la détention de leurs fonds, des priviléges dont la compensation se trouvait, pour le commerce, dans les services que cet établissement était tenu de lui rendre. Cette organisation primitive fut modifiée par un édit de la république, rendu en 1587, qui constitua à la banque de Venise, aux dépens de l'état, un capital de 5 millions de ducats dont cet établissement demeurait débiteur sous caution, mais ne payait aucun intérêt.

Une observation commune à la plupart des banques qui furent fondées à l'imitation de celle de Venise, et jusqu'à la fin du seizième siècle, c'est qu'elles furent, non des entreprises particulières, mais des institutions ou nationales ou municipales, fondées, dirigées et souvent dotées par l'état ou par la ville qui en était le siége, et auxquelles étaient attribués des priviléges ou monopoles en vertu desquels certaines opérations ne pouvaient être faites que par leur entremise; enfin, qu'en les créant on établit aussi pour leur usage une monnaie fictive ou de convention, d'une valeur fixe et communément supérieure à celle de la monnaie courante, dans laquelle leurs paiemens et recettes étaient faits et leurs comptes tenus au moyen d'un agio variable entre l'un et l'autre. Ceci révèle un des motifs principaux qui contribuèrent à leur établissement.

37. La féodalité, en créant un grand nombre d'états plus ou moins indépendans, qui avaient pour la plupart chacun leur type monétaire particulier avait amené, dans la valeur et le titre des espèces en circulation une diversité infinie, et qui survécut longtemps à l'affaiblissement et même à la destruction de ce système politique. Au milieu de la confusion que produisait dans les échanges cette multiplicité de monnaies diverses et pour la plupart altérées, le commerce, exposé tous les jours aux erreurs les plus dommageables, et trop souvent victime de la mauvaise foi, voyait la sécurité s'exiler par degré de toutes ses transactions.

Créer une monnaie fictive, et par là inaltérable, qui servît d'étalon à toutes les appréciations, et qui se substituât, dans la comparaison de la valeur des choses, à l'autorité trompeuse et discréditée des monnaies courantes, devint une nécessité indispensable. Pour atteindre ce résultat, il fallait que cette monnaie fût idéale et n'eût point de représentation matérielle, afin qu'à son tour elle ne pût être ni falsifiée ni soupçonnée de l'avoir été. C'est ce motif qui, en contribuant, avec d'autres causes déjà expliquées, à la création successive des banques dans tous les lieux qui devenaient le centre d'un grand mouvement commercial, fit constituer aussi pour chacune d'elles une monnaie fictive, que le commerce adopta aussitôt pour la tenue de ses comptes, et dans laquelle on convertissait, proportionnellement à leur valeur relative, toutes les autres monnaies en circulation et jusqu'à la monnaie courante du pays.

38. Venise, en fondant la première banque qui ait existé, donna cet exemple, qui fut depuis imité par toutes celles qui furent successivement créées, jusqu'à l'époque où l'on imagina, au moyen d'un papier de cir-

culation, de donner un corps et une représentation matérielle, mais à l'abri des altérations, à cette monnaie jusque alors idéale. Ainsi, la banque de Venise, qui n'était d'ailleurs qu'une caisse de comptes courans et de prêts sur dépôt, tenait ses comptes en lire grosse, monnaie imaginaire subdivisée en 20 soldi, chacun de 12 deniers, dont la valeur excédait de 20 p. 0/0 celle de la monnaie réelle en circulation dans cette république; l'argent de banque, bien que sans représentation matérielle et ne consistant que dans les crédits que la banque donnait aux négocians en échange des valeurs qu'ils déposaient chez elles, devint la monnaie spéciale du commerce et le régulateur de toutes les transactions. Cette banque a cessé d'exister en 1797, à l'époque où la république elle-même succomba sous la conquête.

39. Vers la fin du quatorzième siècle, les autorités municipales de Barcelone formèrent une banque de dépôt et de comptes courans, à laquelle il ne paraît pas qu'un capital spécial ait été constitué, mais dont le crédit était assis sur celui de la ville elle-même, qui avait affecté ses revenus à la garantie des fonds qu'elle recevait en dépôt.

40. Ce fut en 1407 qu'une banque fut fondée à Gènes, sous le nom de *Chambre de Saint-George*. Comme à Venise, elle eut pour premier capital le montant des dettes contractées par l'état envers les citoyens; sa direction était confiée à huit administrateurs choisis parmi les intéressés. L'île de Corse et quelques autres dépendances de l'état de Gènes lui furent données comme gages de la dette dont son capital se composait. Elle avait aussi une monnaie spéciale, supérieure en valeur d'environ 15 p. 0/0 à la monnaie courante. Elle jouissait de priviléges et était régie par des réglemens à peu près semblables à ceux de la banque de Venise. Pillée en 1740 par les Autrichiens, elle suspendit ses paiemens; mais la monnaie fictive dans laquelle elle tenait ses comptes continua de demeurer en usage; on changea seulement le nom de *valuta di banco* qu'elle portait, contre celui de *valuta di permesso*.

41. La banque d'Amsterdam, une de celles qui sont parvenues au degré le plus élevé de puissance et d'activité, fut fondée le 31 janv. 1609 sous la garantie de la ville, et placée sous la direction de ses bourgmestres. Comme celles dont nous venons de parler, elle ne fut qu'une caisse de comptes courans, de prêts sur dépôts, et d'échange de monnaies et matières d'or et d'argent; comme elles, elle eut une monnaie imaginaire, d'une valeur fixe, dans laquelle ses comptes étaient tenus, qui s'échangeait contre la monnaie courante au moyen d'un agio variable. Une des principales sources de son revenu étaient les dépôts de monnaies étrangères et de matières d'or et d'argent qu'attirait le commerce immense de la Hollande. La banque admettait pour gage de ses avances les monnaies étrangères et nationales, d'après une proportion relative à leur valeur réelle en argent de banque. Le déposant recevait un récépissé négociable, constatant la valeur en argent de banque des objets déposés, valeur dont il était aussitôt crédité et dont il pouvait disposer immédiatement. La banque percevait par chaque période de six mois que durait le dépôt un droit de garde qui était communément de 1/2 p. 0/0, et quelquefois, suivant la nature des valeurs déposées, de 1/4 ou même de 1/8 p. 0/0. Si le dépôt n'était pas retiré ou renouvelé à l'échéance, il devenait la propriété de la banque, qui le gardait alors pour son compte, ou en disposait à son profit; ce qui prouve que l'évaluation était très-rapprochée de la valeur réelle, c'est que souvent le dépôt n'était pas retiré. Tout effet de commerce stipulé en argent de banque, ou de plus de 300 florins s'il était stipulé en monnaie courante, ne pouvait être acquitté que par l'intermédiaire de la banque. Tout commerçant était donc obligé d'avoir à la banque un compte dont l'ouverture coûtait 10 florins, et dont, s'il l'épuisait, il ne pouvait obtenir le renouvellement qu'en payant de nouveau cette rétribution. La banque d'Amsterdam avait la prétention de ne remettre en circulation aucune partie des valeurs qui étaient mises en dépôt chez elle, et de posséder en monnaie ou lingots d'or et d'argent une valeur constamment égale à la quantité d'argent de banque que, par les crédits sur dépôt qu'elle donnait, elle mettait en effet en circulation. Ce qui a paru confirmer la vérité de cette assertion, c'est que lorsqu'en 1672 Louis XIV était aux portes d'Amsterdam, le commerce ayant retiré la plus grande partie des dépôts qu'il avait à la banque, on trouva sur les monnaies qui en sortaient les traces de l'incendie qui, peu d'années après la fondation de cet établisse-

ment, dévora une partie de l'hôtel de ville, dans les caves duquel les trésors de la banque étaient déposés. Adam Smith rapporte « qu'on croit à Amsterdam, comme l'article de foi le mieux établi, que chaque florin qui circule comme argent de banque a son florin correspondant qu'on trouvera en tout temps en or ou en argent dans le trésor de la banque; c'est ce dont la ville est garante. » Telle était en effet l'opinion générale en 1773, époque où Smith écrivait. Mais au moment de l'invasion de la Hollande par les armées françaises, on découvrit que les directeurs avaient prêté aux états de Hollande et de Frise une somme d'environ 24,000,000 de francs, et cette circonstance contribua sans doute au discrédit dont l'argent de banque fut frappé en 1793 et pendant les années de désordre qui suivirent, discrédit qui, d'une plus-value de 3 à 5 pour cent qu'il avait constamment eue sur la monnaie courante, le fit descendre au-dessous du pair.

42. Cette banque fut remplacée par une banque constituée par association particulière sur les mêmes bases que les autres banques existant dans les autres villes principales d'Europe et du nord de l'Amérique, et, comme elles, émettant des billets au porteur et à vue.

43. La banque de Hambourg, fondée en 1619, subsiste encore sur les mêmes bases qu'à l'époque de son établissement: elle n'émet point de billets, elle ne prend point d'effets de commerce à l'escompte; elle se borne à recevoir et à payer en compte courant pour les négocians, et à faire des avances sur dépôt de monnaies, lingots et matières d'or et d'argent. Les sommes que les négocians ont à leur crédit à la banque sont affranchies de toute opposition; les courtiers, juifs ou chrétiens, ne peuvent, ni sous leur propre nom, ni sous un nom emprunté, avoir compte à la banque; il est défendu aux citoyens de se faire ouvrir des comptes à la banque pour compte d'étrangers, sous peine de 200 reichsthalers d'amende et du double en cas de récidive. Nul ne peut retirer les fonds qu'il a à son crédit qu'après qu'ils ont séjourné au moins une nuit à la banque; si le dépôt n'est pas dégagé dans les trois jours après l'échéance, il est dû un mois entier d'intérêt. La ville est responsable de la valeur des gages confiés à la banque. Si, après un an et six semaines, le dépôt n'est pas dégagé ou renouvelé, la banque le fait vendre aux enchères pour se rembourser, et si l'excédant du prix de la vente sur la somme avancée n'est pas réclamé dans le délai de trois ans, il est acquis à la caisse des pauvres de la ville. Cette banque a toujours été très-bien administrée, et n'a pas cessé de jouir, depuis sa fondation, d'un crédit qui n'a été affaibli que momentanément par la spoliation complète dont elle fut victime à l'époque de l'occupation française.

44. La banque de Nuremberg fut fondée en 1621 et celle de Rotterdam en 1625. L'une et l'autre, instituées à l'imitation de celles d'Amsterdam et de Hambourg, ne furent aussi que des caisses de comptes courans et de dépôts. Dans l'institution de celle de Stockholm, qui eut lieu en 1557, on trouve le premier germe du perfectionnement important qui reçut plus tard son complet développement par la fondation de la banque d'Angleterre. Nous voulons parler de la création et de la circulation d'obligations ou d'un papier de crédit. Les récépissés que la banque de Stockholm délivrait aux négocians qui avaient des fonds à leur crédit chez elle, circulaient en effet comme argent comptant dans toute la Suède; ils étaient reçus en paiement de marchandises de toute espèce, et même, depuis un édit du 11 janvier 1726, en paiement de lettres de change. L'invention de billets de banque faisant office de monnaie n'est évidemment qu'une extension et un perfectionnement de cette pensée première.

45. Ici se placerait, dans l'ordre des dates, ce que nous avons à dire de la banque d'Angleterre, qui fut fondée en 1694. Mais nous croyons auparavant devoir épuiser la nomenclature un peu stérile des banques secondaires et de beaucoup inférieures en importance à celle-là, qui existent dans plusieurs autres villes de l'Europe.

Instituée en 1703, la banque de Vienne, avant la reconstitution qui en a été faite en 1816, n'avait pas un caractère principalement commercial, et quoiqu'elle fit le service des paiemens et des recettes des négocians ainsi que des avances sur dépôt, elle était plutôt un instrument destiné à exécuter les opérations de finances que rendaient souvent nécessaires en Autriche une dette publique fort considérable et un crédit fort altéré. On sait qu'en 1771 le gouvernement de cet état commença à mettre en circulation un papier monnaie que les besoins des longues guerres qu'il eut à soutenir vingt ans plus tard le forcèrent à multiplier à tel point, qu'il était tombé dans le plus grand discrédit. Pendant toute la durée de ces guerres, l'office principal de la banque de Vienne fut de soutenir ce papier-monnaie. Après la paix, en 1816, il fallut, au contraire, s'occuper de le retirer. C'est en partie dans ce but qu'à cette époque cette banque fut remplacée par une autre institution de même nature, fondée par actions et avec un capital fourni par le commerce et la propriété, et indépendante du gouvernement. Le capital de cette banque est effectivement d'environ 30,000,000 de florins divisés en 50,621 actions de 600 flor.; elle émet des billets de 5, 10, 25, 50, 100, 500 et 1,000 florins, lesquels n'ont pas cours forcé, mais sont reçus dans toutes les caisses publiques et circulent comme argent dans toute l'étendue des possessions autrichiennes. Les opérations de la banque consistent dans l'escompte des effets de commerce, les avances sur dépôts de lingots et monnaies et de fonds publics, enfin les prêts au gouvernement. L'administration de cet établissement est confiée à un gouverneur et un sous-gouverneur nommés par l'empereur, et à un conseil élu par les actionnaires; elle est placée sous la surveillance d'un commissaire du gouvernement. Aujourd'hui que l'état fait un usage moins fréquent et moins large qu'autrefois du crédit qu'il trouve à la banque, les escomptes sont la source principale du revenu de cet établissement; la force de son portefeuille varie de 6 à 20 millions de florins; les escomptes ont lieu à raison de 4 p. %; les prêts sur rentes ont aussi une assez grande importance, et s'élèvent communément de 6 à 10,000,000 de florins. La banque tient secret le montant de la circulation de ses billets, ainsi que celui de sa réserve en espèces. Néanmoins, on doit penser que la circulation de ses billets, qui ont cours volontaire, mais général, dans toute l'étendue des possessions autrichiennes, et que la banque fait rembourser dans plusieurs villes principales, et notamment à Trieste, est considérable. Les dividendes habituellement distribués par la banque de Vienne sont de 10 à 12 p. % du capital primitif, et le cours de ses actions est de près du triple de ce capital. La banque a concouru d'une manière très-utile aux efforts que le gouvernement a faits pour retirer l'ancien papier-monnaie, efforts qui ont obtenu un succès presque complet, puisqu'il n'en reste plus en ce moment en circulation que pour une valeur d'environ 16,000,000 de francs.

46. Les banques de Berlin et de Breslaw ont été fondées avec l'autorisation du gouvernement, l'une le 1er juin, l'autre le 1er octobre 1765. Elles comptaient en thalers banco, dont 100 valaient 131 thalers courans en monnaie d'argent. Aucune lettre de change excédant 100 thalers ne peut être payée que par l'intermédiaire de ces banques. Depuis le 1er janvier 1767, elles émettent des billets depuis 10 jusqu'à 1,000 thalers banco, dont le cours n'est pas forcé, mais qui circulent concurremment avec les espèces; ces banques prennent aussi à l'escompte des effets de commerce n'ayant pas plus de quarante jours à courir, et revêtus de trois signatures.

47. Plusieurs banques existent en Russie; la plus ancienne, fondée en 1770 à Pétersbourg et à Moscow, sous le nom de *Banque d'assignation*, n'est guère que l'instrument employé par le gouvernement pour l'émission du papier-monnaie. La banque de prêts de Saint-Pétersbourg est une espèce de mont-de-piété qui fait des avances sur dépôt, et paie l'intérêt des sommes qui y sont versées; elle est gérée au profit de l'hospice des enfans abandonnés. Un autre établissement du même nom fait aussi des avances sur dépôts à la noblesse et aux villes, prend des effets à l'escompte, et souscrit même des assurances. Une autre encore fait des avances sur hypothèques. Enfin la banque commerciale de Russie, fondée dans la capitale en 1818, fait des avances sur or et argent et sur marchandises, escompte, et fait, pour le service du commerce, l'office de caisse des comptes courans; elle a des succursales à Moscow et à Archangel. Son capital, qui est d'environ 36,000,000 de francs, a été déclaré inaliénable et insaisissable par le gouvernement, qui a affranchi cet établissement de toute taxe comme de tout service public, et qui s'est engagé à ne lui demander aucune assistance en faveur de l'état.

48. Enfin il y a aussi quelques banques en Italie : celle qui existe à Florence depuis une quinzaine d'années a un capital de 3,000,000 de lires (environ 2,000,000 de francs). Ses opérations consistent dans les avances sur matières d'or et d'argent et sur fonds publics,

et dans l'escompte des effets de commerce, escomptes qui se sont élevés en commune, de 1827 à 1834, à 16,800,000 lires par an; elle paie en billets qui circulent dans cette ville comme argent. Il en a été fondé une à Livourne, il y a deux ans, qui repose sur les mêmes bases, et qui, dans l'année qui a fini au 30 juin 1838, a escompté pour 18,881,246 lires de valeurs commerciales, et fait pour 357,610 lires d'avances sur dépôt; opérations qui ont produit un bénéfice de 128,974 lires. Le montant des billets de cette banque en circulation au 30 juin 1838 était de 1,509,100 lire, et le montant des effets en portefeuille de 3,008,890 lire.

49. La banque d'Angleterre, l'établissement de ce genre le plus colossal et le plus puissant qui ait jamais existé, fut, ainsi que nous l'avons déjà dit, fondée en 1694, sous l'influence du parti whig. Ce fut un gentilhomme écossais, nommé Wm Patterson (1), qui conçut et proposa le plan de son organisation, adopté aussitôt et secondé dans son exécution par le gouvernement, entre les mains de qui, d'après une des conditions de ce plan, devait être versée, à titre de prêt, la totalité du capital de l'établissement. La souscription fut remplie en dix jours, et le 27 juillet 1694, la banque reçut sa charte d'incorporation. Cet acte confia la direction de l'entreprise à un gouverneur et à un sous-gouverneur, assistés de vingt-quatre directeurs, élus chaque année parmi et par les membres de la compagnie. Ces fonctionnaires doivent être nés sujets anglais ou naturalisés, et posséder chacun, savoir : le gouverneur 4,000 l. st.; le sous-gouverneur 3,000, et les directeurs 2,000 du capital de la corporation. Treize d'entre eux au moins, desquels le gouverneur ou le sous-gouverneur font nécessairement partie, composent la cour des directeurs chargée de l'administration des affaires. Pour concourir à l'élection des membres de cette régence, il faut posséder, depuis six mois au moins, 500 liv. st. du capital. Quatre assemblées générales doivent être tenues chaque année, et ont le pouvoir de faire les statuts et réglemens nécessaires pour le gouvernement des affaires de la corporation, pourvu que ces statuts et réglemens ne soient pas en opposition avec les lois, ou soient confirmés ou approuvés dans les formes prescrites par elles.

Toute entreprise commerciale autre que l'escompte des lettres de change et billets à ordre, et le commerce des monnaies et matières d'or et d'argent, est interdite à la banque, ainsi que les achats de propriétés et de revenus fonciers. Néanmoins la banque est autorisée à faire des prêts sur marchandises, et, par conséquent, à revendre, à défaut de remboursement, le gage non retiré.

La banque ne bonifie point d'intérêts sur les fonds déposés chez elle; elle escompte, outre les obligations de l'état à échéance déterminée, les effets de commerce dont l'échéance n'excède pas trois mois, à un taux d'intérêt qui a varié de 4 1/2 à 5 p. 0/0 jusqu'en 1773, qui a été de 5 p. 00 depuis 1773 jusqu'en 1782, époque où on le réduisit à 4 p. 0/0, qui fut rétabli à 5 p. 0/0 en 1825, et de nouveau réduit à 4 p. 0/0 en 1827, enfin qui a été reporté passagèrement à 4 1/2 et à 5 p. 0/0, à l'occasion de la dernière crise en 1837; elle prête sur transfert d'effets publics et de diverses autres natures de valeurs, au choix des directeurs et à des taux d'intérêt divers; elle émet des billets au porteur et à vue et des billets qui ne sont transmissibles que par endossement à sept jours ou plus de vue, ces derniers appelés post-bills et de coupure indéterminée; la moindre coupure des billets au porteur a été de 20 liv. sterl. jusqu'en 1750, qu'il en fut émis de 10 liv. sterl., puis en 1793 de 5 liv. sterl., et enfin en mars 1797 de 1 à 2 liv. sterl. L'émission de ces derniers cessa par le fait, à une seule exception près, en 1821, et fut interdite par la loi le 5 avril 1829; en sorte que, depuis cette époque, 5 liv. sterl. est la plus faible somme à laquelle puisse descendre un billet au porteur émis par quelque banque que ce soit en Angleterre.

Le tableau suivant fait connaître approximativement et en commune le montant à diverses époques de la circulation des billets de la banque d'Angleterre :

Années.	Montant de la circulation.
1718	1,800,000
1721	2,000,000
1730	4,000,000
1754	3,900,000

(1) Abandonné depuis par le gouvernement et ses concitoyens, il mourut de misère et de désespoir dans une colonie qu'il avait tenté de fonder à l'isthme de Darien.

Années.	Montant de la circulation.
1761	6,000,000
1763	6,800,000
1772	6,200,000
1778	7,500,000
1783	6,700,000
1791	10,600,000
1792	11,000,000
1794	10,600,000
1795	13,500,000
1797	12,000,000
1798	12,500,000
1799	13,000,000
1800	15,000,000
1801	16,500,000
1802	16,000,000
1803	16,000,000
1804	17,500,000
1805	17,000,000
1806	18,000,000
1807	19,000,000
1808	18,000,000
1809	19,000,000
1810	22,000,000
1811	23,000,000
1812	23,000,000
1813	24,000,000
1814	27,000,000
1815	27,000,000
1816	26,000,000
1817	28,500,000
1818	27,000,000
1819	25,500,000
1820	24,000,000
1821	21,000,000
1822	18,000,000
1823	19,000,000
1824	20,000,000
1825	20,000,000
1826	24,000,000
1827	21,000,000
1828	22,000,000
1829	20,000,000
1830	21,000,000
1833	18,289,304
1834	19,000,000
1835	18,000,000

Au 21 août 1838, cette circulation était de 19,481,000 liv. sterl. Dans cette somme et dans celles qu'indique le tableau qui précède, est compris, avec le montant des billets au porteur et à vue, celui des billets à ordre en circulation, lequel n'était en 1754 que de 186,290 liv. sterl. et s'est successivement élevé à près de 2,000,000 de liv. sterl.

50. La charte de la banque d'Angleterre fut originairement accordée pour onze années, et a successivement été prorogée ou renouvelée à diverses époques, et, en dernier lieu, par une loi préparée plus d'une année à l'avance par un comité de la chambre des communes et revêtue de la sanction royale le 29 août 1833. Cet acte, en confirmant les priviléges accordés à la banque d'Angleterre par la législation précédente, sauf les modifications que des lois spéciales dont nous rendrons compte y ont successivement apportées, explique que celui de ces priviléges qui lui réserve le droit exclusif d'émettre des billets au porteur et à vue à Londres et dans un rayon de trois milles autour de cette capitale, n'y interdit pas la formation d'associations, même composées de plus de six personnes, ayant pour objet les opérations de banque, pourvu que ces associations n'émettent pas de billets au porteur payables à moins de six mois d'échéance. Ce privilége, aux termes de l'article 14 de cet acte, est prorogé jusqu'au 1er août 1855, mais sous la réserve, stipulée par l'article 5, que dans les six mois qui suivront l'expiration de dix années à partir du 1er août 1834, le parlement pourra y mettre un terme qui arrivera un an après la signification qui aura été faite à la banque de sa décision à ce sujet, pourvu toutefois qu'à cette époque la dette de l'état envers elle se trouve complètement remboursée.

51. Les billets au porteur et à vue mis en circulation par la banque d'Angleterre, soit à Londres, soit dans les lieux où elle a des succursales, doivent tous être remboursables à Londres et dans le lieu de leur émission. Ces billets sont déclarés *legal tender* pour tous paiemens de plus de 5 liv. st., aussi longtemps que la banque continuera à les rembourser en or à la demande des porteurs : en d'autres termes, l'offre de billets de la banque d'Angleterre en paiement de toute dette excédant 5 liv. st. ne peut pas être refusée, et, sauf le cas où le remboursement en or viendrait à être suspendu, ils ont donc en effet cours forcé. Cette disposition, que la hardie politique de M. Pitt, au milieu des plus graves embarras financiers, n'avait même pas osé proposer, est une addition très-importante aux priviléges de cet établissement. Car en donnant à ces billets, seuls entre tous ceux qui circulent en Angleterre, le privilége exclusif d'être monnaie légale, elle lui assure une prépondérance décisive sur toutes les autres banques, et les soumet,

en quelque sorte, à sa domination, puisque pour rembourser leurs propres billets elles ont un besoin indispensable des siens. C'est ce qui montre que cet acte de renouvellement du privilége, résultat de l'expérience, et accordé presque sans contestation, a eu pour objet nullement d'affaiblir, mais, au contraire, d'augmenter et de consolider la prépondérance de la banque d'Angleterre. Le remboursement de la dette de l'état envers la banque, montant à 14,686,804 liv. st., est ordonné jusqu'à concurrence du quart de cette somme, qui a été ainsi réduite depuis, en vertu de cette disposition, à 11,015,100 l. st.

52. La banque est soumise à l'obligation de communiquer chaque semaine au chancelier de l'échiquier le montant des espèces en caisse, du portefeuille et des sommes avancées sur dépôt, ainsi que celui des billets en circulation, et le résultat commun de ces communications doit être rendu public tous les trois mois par la voie des journaux. Enfin les lettres de change et billets ayant moins de trois mois à courir sont déclarés affranchis de l'application des lois relatives à l'usure.

53. Le capital primitif de la banque d'Angleterre était de 1,200,000 liv. sterl., qui furent, comme nous l'avons déjà dit, prêtés au gouvernement, qui en paya d'abord l'intérêt à raison de 8 p. 0/0. En 1696, à l'époque de la grande refonte des monnaies, la banque, qui, depuis les deux années de son existence, avait déjà rendu par ses escomptes de grands services au commerce, se trouva engagée dans de graves difficultés. Ses billets perdaient 20 p. 0/0, et elle fut même obligée d'en suspendre le remboursement. Cependant, grâce à la prudence de son administration et à l'assistance du gouvernement, elle surmonta heureusement cette première crise. Mais cette épreuve fit reconnaître la nécessité de lui prêter plus de forces. En conséquence, outre qu'en 1697 ses actions et leurs produits furent à perpétuité exemptés de toute taxe, et que la contrefaçon de ses billets fut déclarée félonie sans bénéfice de clergé, son capital fut, par une souscription nouvelle, augmenté de 1,001,171 liv. sterl. Plus tard, en 1708, ce capital fut encore doublé; ce qui le porta à 4,402,443 liv. sterl., et en même temps la banque obtint un acte du parlement qui l'investit d'un monopole très-important, en défendant à toute association de plus de six personnes d'émettre, dans toute l'étendue de l'Angleterre et du pays de Galles, des billets au porteur payables à une échéance moindre de six mois. Cette disposition, modifiée depuis, comme on le verra tout-à-l'heure, n'interdisait donc point aux particuliers ni aux associations composées de moins de six intéressés, la faculté d'émettre des billets au porteur à moins de six mois d'échéance, et même à vue; mais en défendant de s'associer au nombre de plus de six individus pour émettre ces billets, elle mettait, par le fait, obstacle à toute agglomération de capitaux assez considérable pour pouvoir, à cet égard, entrer en concurrence avec la banque, et par là, en la préservant de toute rivalité qui pût lui devenir réellement préjudiciable, elle assurait sa domination sur tous les autres établissemens de même nature qui pouvaient se former, et constituait en sa faveur un privilége très-important.

54. L'augmentation du capital de la banque d'Angleterre et celle de la dette de l'état envers elle ont constamment marché à peu près parallèlement. En voici le chiffre à quelques époques principales, avec le taux de l'intérêt payé par l'état:

Années.	Capital de la Banque.		Dette de l'état envers la banque.		Taux d'intérêt.
	liv. st.		liv. st.		
1709	4,402,343		3,375,027		8 p. %
1717	6,559,995	14 1	5,375,027	17 10 1/2	6 p. %
1722	8,959,995	14 8	8,375,027	17 10 1/2	5 p. %
1742	9,800,000		10,700,000		3 p. %
1746	10,780,000		11,686,800		de 3 à 4 p. %
1781	11,642,000		11,686,800		3 p. %
1816	14,553,000		14,686,800		3 p. %
1833	14,653,000		14,686,804		3 p. %
1835	14,553,000		11,015,100		3 p. %

On voit par la concordance de ces sommes et leur progression presque toujours uniforme qu'il a été de principe en Angleterre, depuis l'établissement de la banque, que le capital de cet établissement serait placé en entier dans les mains de l'état. Il devait en résulter, et il en est résulté en effet, une véritable solidarité entre l'état et la banque, solidarité originairement conçue, sans doute, dans le but de fournir au public une garantie, une sorte de cautionnement de la valeur des billets que la banque était autorisée à émettre, mais qui depuis, par les puissans secours que l'état, dans les occasions difficiles où souvent il s'est trouvé placé, a puisés dans cet établissement, a eu pour les intérêts politiques du pays des résultats non moins importans que pour ses intérêts industriels; car c'est grâces à ces secours que le système de finances de l'Angleterre, au lieu de ne se nourrir que des ressources matérielles du pays, a pu trouver dans le crédit son principal aliment, et fournir ainsi aux entreprises les plus vastes, aux dépenses les plus colossales qu'un peuple ait jamais faites pour assurer sa prépondérance.

Ni l'établissement de la puissance de cette nation dans les deux Indes, ni sa suprématie maritime, ni les efforts gigantesques qu'elle a faits pour les défendre et les affermir, n'eussent été possibles si la politique de son gouvernement n'eût emprunté au génie industriel de ses citoyens son plus efficace instrument, et si l'état comme les particuliers n'eût cherché dans le crédit le principe de sa grandeur à venir. Ce n'est en effet pas seulement par le prêt de son capital que la banque est venue au secours de l'état, mais aussi par des avances directes, déguisées tantôt sous la forme d'acceptations de traites du gouvernement, tantôt, et plus habituellement, sous celle d'escompte des billets de l'échiquier, avances dont le montant a varié de 1793 à 1797, selon les besoins du trésor public, de 7 à 11 millions sterling, et qui, à la suite de l'épuisement qu'avaient amené dans les finances les guerres contre la France, se sont élevées en 1814 à la somme énorme de 30,000,000 sterling (750,000,000 de francs), ont décru depuis dans une proportion rapide, mais étaient encore en 1833 de plus de 5 millions sterling. Ce n'est ni sans alarmes ni sans résistance de la part de l'administration de la banque d'Angleterre qu'elle s'est prêtée à entrer dans des découverts aussi considérables envers le trésor public. En déc. 1794, la cour des directeurs commença à faire à ce sujet des représentations au gouvernement, et demanda le remboursement d'une partie de la dette de l'état envers la banque. Un mois après, cette assemblée décida que les avances sur bons de l'échiquier seraient réduites à 500,000 liv. st., et informa M. Pitt que son désir était qu'il fît des dispositions pour l'année de manière à ne compter sur aucune autre assistance de sa part. Le 11 février 1796, la cour exprima l'opinion, fondée sur l'expérience du dernier prêt fait à l'empereur d'Allemagne, que tout nouveau subside accordé, soit à ce souverain, soit à tout autre, deviendrait fatal à la banque, sollicita instamment pour l'avenir l'exclusion de toute mesure semblable, et protesta à l'avance contre la responsabilité des conséquences funestes qui en seraient le résultat. Malgré ces remontrances, souvent reproduites depuis, de nouveaux subsides furent accordés aux puissances alliées, de nouvelles avances furent obtenues de la banque pour y subvenir, et les directeurs sacrifièrent leurs résistances aux pressantes sollicitations du ministère et au désir d'écarter les désastres qui, dans la situation alarmante où étaient alors les affaires publiques, eussent été, disaient-ils eux-mêmes, la conséquence probable de leur refus. C'est que, dans le conflit décisif où l'Angleterre était alors engagée, la fortune de la banque était, qu'elle consentît ou qu'elle refusât d'accroître ses avances envers l'état, compromise à l'égal de celle de l'état lui-même, et devait s'écrouler avec elle, si celle-ci s'écroulait.

55. Dans tout pays qui fait un large usage du crédit et qui a une dette considérable, les fortunes mobilières sont étroitement enchaînées à la fortune publique. Il en résulte deux choses : la première, que pour les dévouemens et les sacrifices dont il a besoin l'état n'en est pas réduit à ne compter que sur le patriotisme des citoyens, mais qu'il a aussi la garantie souvent plus sûre de leur intérêt; la seconde, qu'attendu la solidarité qui existe entre les intérêts privés et les intérêts publics, le gouvernement est obligé de consulter les premiers sur la gestion des seconds, et que cette nécessité est pour lui un frein salutaire. Le crédit ne peut donc atteindre au degré de sécurité nécessaire au développement

complet de sa fécondité que chez les nations libres, qui prennent elles-mêmes une part réelle, mais sagement mesurée, à l'administration de leurs affaires, et que des institutions adaptées à leurs mœurs et à leurs besoins protégent également contre le despotisme et l'anarchie, c'est-à-dire contre tout arbitraire.

56. La connexité étroite que, dès l'origine de la banque d'Angleterre, le lien du crédit a fondée entre elle et l'administration des finances de l'état, a successivement fait de l'une le principal instrument financier de l'autre. La banque est en effet chargée du recouvrement des revenus publics et du paiement des créanciers de l'état; elle lui fait en outre des avances sur le produit des impôts: c'est aussi par son entremise qu'a lieu la négociation des bons de l'échiquier. Outre le paiement des intérêts de la dette publique, le soin de constater et de surveiller les mutations qui surviennent dans la propriété de cette dette lui est également commis. Il lui a été alloué pour ce service 562 liv. st. 10 par million jusqu'en 1786; 450 l. st. depuis cette époque jusqu'en 1808, et postérieurement, 340 liv. st. par million jusqu'à concurrence de 600,000, et 300 liv. st. par million pour ce qui excéderait cette somme. En 1829, les rétributions dont le trésor public a tenu compte à la banque, pour prix de ces divers services, se sont élevées à 257,238 liv. st. (environ 6,431,000 fr.). Cette somme pourrait paraître excessive, si l'on ne voyait en elle que l'indemnité des frais que fait la banque; mais elle était aussi la prime de la garantie que cet établissement fournit de la régularité des actes qui ont lieu par son entremise, et cette garantie lui a souvent coûté cher, témoin la soustraction de 300,000 liv. st. qui fut faite en 1803 par un de ses principaux caissiers, et les pertes plus considérables encore que lui ont causées plus tard les crimes du faussaire Fauntleroy. Cette indemnité a été réduite de 120,000 liv. st. par la loi qui, en 1833, a prorogé le privilége de la banque.

Ces services ne sont pas les seuls que la banque rende à l'état: le 20 mars 1823, elle a fait avec lui un traité à forfait pour l'amortissement de cette partie de la dette publique qui se composait des pensions et annuités, et qui est connue en Angleterre sous le nom de Dead-Weight. A cette époque, les pensions militaires et de la marine s'élevaient à environ 5,000,000 liv. st. (125,000,000 fr.). Pour accélérer l'allégissement de ce fardeau, il fut décidé, en 1822, qu'il serait réparti sur quarante-cinq années. Après un essai infructueux pour négocier à des capitalistes l'amortissement de la totalité de cette dette, la banque se chargea de son extinction partielle, en consentant, à charge d'une rétribution annuelle de 585,740 liv. st. pendant quarante-cinq ans, de payer à différentes époques indiquées, depuis le 5 avril 1823 jusqu'à la fin de 1838, une somme de 13,089,419 liv. st. à la décharge de l'état.

57. La banque d'Angleterre a été plusieurs fois en proie à des crises dangereuses, dont elle s'est tirée le plus souvent par ses propres ressources, mais quelquefois avec l'aide du gouvernement, qui n'avait garde de laisser s'affaiblir un ressort dont l'action lui est si nécessaire. Nous avons déjà dit comment, dès les premières années de l'existence de la banque, il eut soin de prévenir les embarras et les dangers auxquels déjà elle avait été exposée en autorisant l'augmentation de son capital, en la défendant par des lois rigoureuses contre les contrefaçons et les fraudes, et par un privilége énorme contre toute concurrence. En 1745, les succès éphémères du prétendant occasionnèrent ce que les Anglais appellent *a run*, c'est-à-dire l'irruption subite et imprévue d'un grand nombre de demandes de remboursement. Les directeurs essayèrent d'y parer en faisant payer les billets en pièces de 1 shelling et de 6 pences; mais ils tirèrent un secours plus efficace, d'abord de la défaite de l'armée jacobite, et ensuite de la délibération prise par une assemblée des principaux négocians de Londres, et par laquelle tous ceux qui y avaient concouru contractèrent l'obligation de recevoir les billets de la banque en paiement de tout ce qui leur était dû, et de s'efforcer de les faire recevoir de même par tous ceux à qui ils devaient.

58. A la fin de 1792 et au commencement de 1793 les banques particulières, qui, dès cette époque, étaient en très-grand nombre, ayant émis une quantité exagérée de billets, il en résulta une panique générale et des demandes de remboursement qui forcèrent le tiers environ de ces établissemens à suspendre leurs paiemens; il s'ensuivit naturellement pour la banque l'épuisement de sa réserve en espèces et de graves embarras.

Mais ce fut surtout l'année 1797 qui fut critique pour elle. Les événemens de la guerre dans laquelle l'Angleterre était alors engagée, la crainte d'une invasion, les subsides fournis aux puissances alliées, le grand nombre des traites tirées sur le trésor par les agens du gouvernement dans les colonies et les pays étrangers, enfin l'étendue des avances dans lesquelles la banque, malgré sa résistance, avait continué d'être forcée d'entrer envers le gouvernement, amenèrent dans le cours des changes une dégradation dont le résultat fut d'épuiser les espèces en circulation. Assaillies par le remboursement, les banques de province furent embarrassées, et beaucoup tombèrent en faillite; la terreur devint générale, et les billets de la banque d'Angleterre ne purent échapper au discrédit universel. Des demandes d'argent fondirent de toutes parts sur elle, et le samedi 25 fév. 1797, elle n'avait plus d'espèces en caisse que pour une somme de 1,272,000 liv. st. pour faire face à une circulation de 8,601,964 liv. st., avec la perspective de voir le lundi suivant ces demandes devenir plus nombreuses et plus pressantes encore. Un coup d'état parut le seul remède en des circonstances si graves, et le lendemain 26 il fut rendu un ordre du conseil qui interdisait aux directeurs tout paiement en espèces jusqu'à ce que le parlement eût statué. Bientôt après, et à la suite d'une longue discussion, le parlement, qui était alors assemblé, non seulement sanctionna cette mesure, mais encore en prorogea les effets jusqu'à six mois après la signature d'un traité de paix général et définitif. Dans l'intervalle, une assemblée générale des principaux banquiers et négocians eut lieu à l'hôtel de ville, et il y fut décidé, comme en 1745, que les nombreux signataires de la résolution accepteraient eux-mêmes et emploieraient toute leur influence à faire accepter comme argent, par les autres négocians, les billets de la banque d'Angleterre. Cette manifestation commença à calmer les alarmes que la suspension des paiemens en espèces avait causées, alarmes qui bientôt après furent dissipées par la publication des résultats d'une enquête que le parlement avait ordonnée sur la situation de la banque, et qui fit connaître qu'après déduction de tout ce qu'elle pouvait avoir à payer la banque possédait encore un capital réel et libre de toutes dettes de 15,513,690 livres sterling (environ 387,842,000 fr.).

Cette suspension des paiemens en espèces de la banque est un des incidens les plus mémorables de l'histoire financière de l'Angleterre, et mérite bien que nous nous y arrêtions un instant pour recueillir les informations qui en résultent.

Il faut remarquer d'abord que la dette de l'état envers la banque s'élevait beaucoup plus haut que cette somme de 15,513,698 liv. st. dont la fortune de celle-ci se composait, puisque cette dette consistait :

1° Dans le montant du capital de la banque. . . . . . . liv. st. 11,642,000;
2° dans les avances faites à l'état par la banque en sus de la collocation permanente de son capital. . . . . . . liv. st. 10,672,490,

Ensemble. liv. st. 22,314,490.

En sorte que tout ce que cet établissement possédait lui était dû par le trésor public, et que la solvabilité de l'état était à peu près la seule garantie, non pas seulement du capital de la banque, c'est-à-dire de la propriété de ses actionnaires, mais aussi de ses dettes, c'est-à-dire de la propriété des porteurs de ses billets et de ses créanciers par compte courant. C'est ce qui prouve que dès cette époque, ainsi que nous l'avons déjà dit, le crédit de la banque et celui de l'état ne faisaient qu'un, et que l'une n'était en effet que l'instrument de l'autre. Mais loin que la manifestation de ce fait ait été préjudiciable à la banque, la connaissance de sa situation fit, au contraire, renaître la sécurité, et s'il en fut ainsi, c'est parce que le public avait confiance dans la solidité de l'état.

59. Si le gouvernement a pu, sans altérer le crédit de la banque, l'autoriser à cesser indéfiniment le remboursement de ses billets en espèces, ce ne peut être que parce qu'on savait que la presque totalité de l'actif de la banque avait été confié par elle à l'état, et qu'on ne doutait pas que l'état n'eût toujours la volonté, et tôt ou tard le pouvoir, de rembourser à la banque ce qu'il lui devait. Les porteurs de billets de banque furent tranquilles, parce qu'ils savaient que si leur débiteur direct c'était la banque, leur débiteur réel c'était l'état, et qu'à leurs yeux ce débiteur était solvable. Ce fut alors que se révéla cette vérité manifeste, bien que contestée, que les billets de la banque d'Angleterre n'étaient alors autre chose que le papier-mon-

naie de l'état. Une réflexion bien simple en complète la démonstration. La banque ne se fût évidemment pas trouvée dans la nécessité de suspendre ses remboursemens en espèces, si elle n'eût été en avances envers le gouvernement d'une somme aussi énorme que celle de 22,300,000 liv. st. (557,500,000 f.); car si un capital semblable, au lieu d'être paralysé par un prêt dont la banque ne pouvait exiger le remboursement, eût été disponible entre ses mains, elle eût pu, alors surtout que les avances qu'elle avait faites au commerce au moyen de l'escompte ne s'élevaient qu'à moins de 3,000,000 liv. st., elle eût pu, disons-nous, soit en restreignant à l'avance le montant de sa circulation, soit en se procurant, à l'aide de ressources si colossales, les moyens de parer à ses remboursemens, prévenir aisément l'extrémité fâcheuse à laquelle elle fut alors réduite. Que résulte-t-il de là? que c'est en réalité l'état et non la banque qui suspendit alors ses paiemens en espèces, et qu'au moyen de l'étroite connexité qui existe entre l'un et l'autre, l'état put dissimuler la banqueroute temporaire à laquelle la situation de ses affaires le condamnait, et rejeter en apparence sur la banque seule cette violation de la foi promise, jugeant sans doute qu'au moyen de ce détour elle porterait une atteinte moins grave au crédit public. On s'est évertué en Angleterre, avec cet ensemble et cet accord qui règnent toujours en ce pays alors qu'un grand intérêt public est en question, à donner le change sur l'évidence de ces faits, et on a écrit des volumes pour défendre l'acte de restriction des attaques dont il a été l'objet, et pour prouver qu'il n'a nullement placé la banque dans la dépendance du gouvernement. Sur le premier point, il est clair que c'est une nécessité invincible qui a conduit le gouvernement à suspendre le remboursement en espèces, qu'on ne peut donc ni le louer ni le blâmer d'avoir fait une chose qu'il n'était pas en son pouvoir de ne pas faire, et que son seul mérite a été la sagacité qui lui a fait donner à la suspension de ses propres paiemens une forme qui a fait illusion à presque tout le monde, et entreprendre avec confiance une mystification qui, aidée d'un si grand nombre de compères, ne pouvait pas manquer de réussir. Sur le second point, il est vrai sans doute que ce n'est point l'acte de restriction qui a mis la banque dans la dépendance de l'état; mais cette dépendance n'en existait pas moins; c'est de la dette de l'état envers la banque qu'elle procédait, et la suspension des paiemens en espèces n'en fut pas la cause, mais l'effet.

60. L'événement justifia les combinaisons qui avaient déterminé cette mesure. Devenus un véritable papier-monnaie et l'agent à peu près unique de la circulation, les billets de banque, qu'on avait cru jusque alors ne pouvoir se soutenir que par la foi qu'on avait dans la possibilité de les échanger à volonté contre des espèces, n'en continuèrent pas moins d'être volontairement reçus partout en paiement, et, dans les commencemens du moins, presque sans perte. On corrobora cette confiance par le soin qu'on mit d'abord à en borner l'émission. Vers la fin de 1800, l'échange des billets de banque ne se faisait plus néanmoins qu'à 8 p. 0/0 de perte; plus tard, en 1810, cette perte s'étant élevée jusqu'à 13 p. 0/0, la chambre des communes fit une enquête pour rechercher les causes de cette dépréciation. Le résultat de cette enquête fut peu instructif : on trouva que la cause de la dépréciation, c'était l'excès des émissions, dont le chiffre atteignait alors 22,000,000, et le remède à y apporter, de reprendre les paiemens en espèces. Facile à prescrire plus qu'à mettre en pratique, ce remède, dont l'efficacité était en effet infaillible, ne fut point employé, et le gouvernement ayant continué à accroître, par les dépenses excessives dans lesquelles la guerre l'entraînait, la masse des billets de la banque en circulation, au point qu'elle s'éleva jusqu'à 27,000,000, leur valeur continua à décliner jusqu'en 1814, époque où la perte qu'ils éprouvaient était de plus de 25 p. 0/0.

61. Les billets de la banque d'Angleterre ne furent pas le seul moyen mis alors en usage pour suppléer au vide que faisait dans la circulation l'éloignement des espèces, effet inévitable de l'acte de restriction. En 1797 il n'existait pas au-delà de deux cent quatre-vingts banques particulières en province; en 1813 il y en avait plus de sept cents, ayant toutes en circulation une grande quantité de billets dont le remboursement ne pouvait se faire qu'en billets de la banque d'Angleterre, et dont la valeur en espèces était par conséquent tombée dans une infériorité au moins égale à celle de ces billets. La dépréciation du papier, qui faisait alors le seul aliment de la circulation, jointe à une série de mauvaises récoltes, avait porté le prix des grains à un

taux excessif. La récolte de 1813 ayant au contraire été très-abondante, et le rétablissement des relations avec le continent européen ayant rouvert l'entrée aux importations, le prix des grains éprouva une baisse très-considérable qui ruina un très-grand nombre de fermiers. Cette circonstance, jointe à la révolution que dut inévitablement amener dans la situation des intérêts commerciaux le passage subit de l'état de guerre à l'état de paix, produisit une commotion qui fut fatale aux banques de province, et il survint un discrédit qui frappa de mort le papier qu'elles avaient avec excès lancé dans la circulation. Dans le cours des années 1814, 1815 et 1816, deux cent quarante banques de province suspendirent leurs paiemens, et quatre-vingt-douze d'entre elles furent déclarées en faillite. Loin que ce discrédit des banques particulières atteignît la banque d'Angleterre, la réduction subite et violente que ces événemens apportèrent dans la quantité de papier de ces banques qui était en circulation, agrandit au contraire celle des billets de la banque d'Angleterre, qui dépassa alors 28,000,000, et reporta leur cours presque au pair. Cette circonstance ayant facilité la reprise des paiemens en espèces, une loi, rendue en 1819, et communément appelée l'acte de M. Peel, fixa l'époque de cette reprise à 1823, et, en attendant, dans la vue de prévenir toute émission excessive de billets, et d'adoucir la transition au rétablissement des paiemens en espèces, il fut statué par le même acte qu'à partir de sa date jusqu'au moment de ce rétablissement, la banque serait tenue de rembourser ses billets à la demande des porteurs, en lingots d'or fin, dont le poids ne pourrait être moindre de soixante onces.

Cependant ce plan ne fut point mis en pratique, du moins pendant toute la durée que la loi lui avait assignée, et la banque ayant accumulé successivement une grande quantité d'or monnayé, reprit ses paiemens en espèces le 1er mai 1821.

62. Cette loi a été diversement jugée : beaucoup ont pensé et pensent même encore qu'elle a été nuisible aux intérêts de l'Angleterre : l'état n'était pas tenu, selon eux, de rétablir les paiemens en espèces. En reprenant l'or pour l'échelle sur laquelle se règle la valeur de toutes choses, cette mesure en a fait hausser le prix, et par là elle a aggravé les charges qui pèsent sur les classes industrieuses et suscité une baisse notable sur le prix de tous les produits; en obligeant à acheter au dehors une quantité d'or que l'on a évaluée à 30,000,000 liv. st., elle a déterminé un accroissement général de la valeur de ce signe; enfin elle a affaibli, si ce n'est anéanti, entre les mains de l'Angleterre, la faculté qu'au moyen de sa circulation en papier-monnaie lui donnait sa prépondérance commerciale, de maîtriser le cours des changes et de le maintenir favorable pour elle, et l'a remise à la merci de l'effet de l'abondance ou de la rareté de l'or dans les pays étrangers, qui accroît ou épuise tour à tour chez elle, au grand préjudice de la sécurité de ses affaires, la quantité de l'or qui y est en circulation.

63. Beaucoup d'autres jugèrent au contraire que la suspension des paiemens en espèces ayant été un acte exceptionnel et irrégulier, qui ne pouvait trouver d'excuse que dans une nécessité invincible, et qui devenait une violation de la foi publique le jour où cette nécessité avait cessé, sa révocation était pour l'état une obligation indispensable; que la reprise des paiemens en or n'eut nullement pour effet ni d'augmenter la valeur de l'or, ni d'abaisser celle des produits, mais seulement de faire remonter la valeur jusque là dépréciée du papier en circulation à la hauteur de celle de l'or; que l'achat à l'étranger de 30,000,000 d'or n'a pu avoir qu'une influence passagère et insignifiante sur la valeur de ce métal, puisqu'elle n'a rien changé à la masse de l'or en circulation dans le commerce du globe; enfin qu'une nation grevée d'énormes dettes et dont l'existence est toute entière dans son crédit, ne peut pas n'avoir pour signe d'échange qu'un papier-monnaie non réalisable à volonté en espèces, sans qu'il en résulte contre elle des défiances bien plus nuisibles à ses intérêts que les sacrifices auxquels elle est obligée de se soumettre pour payer, comme toutes les autres, en espèces; d'où l'on a tiré la conséquence, à laquelle nous nous associons pleinement, que le bill de M. Peel fut un acte commandé par l'intérêt bien entendu de l'Angleterre autant que par l'honneur et par la loyauté.

64. Une autre crise plus violente encore commença en 1824. L'année précédente, la spéculation avait pris un essor exagéré et imprudent. Les banques particulières, toujours avides de s'arracher les unes aux autres les

bénéfices que des circonstances semblables font naître pour elles, s'étaient livrées à des émissions excessives. Il en résulta un trop plein dans la circulation, et le cours des changes s'étant fort dégradé, une tendance à épuiser la réserve en or de la banque commença à se manifester. Il ne paraît pas que la banque, qui considéra sans doute cette tendance comme passagère, ait pris en temps utile les mesures nécessaires pour l'arrêter, en restreignant elle-même sa circulation. Mais elle se vit enfin forcée, pour prévenir l'épuisement total de sa réserve, à mettre des bornes à l'émission de ses billets, et ce fut le signal d'une perturbation très-grave.

Les banques de province qui n'avaient pas un capital suffisant, ou dont les affaires n'avaient pas été conduites avec assez de prudence, furent ébranlées aussitôt que, par l'effet de ces mesures, on vit s'accroître les difficultés graves qu'elles éprouvaient déjà à se procurer à Londres les espèces nécessaires à leurs remboursemens. L'alarme une fois répandue, elle devint générale; la confiance fut détruite et le crédit suspendu. En moins de six semaines, soixante-dix banques de province succombèrent malgré les avances qui leur avaient été faites à un taux d'intérêt inférieur de 1 p. 0/0 à celui de ses escomptes par la banque d'Angleterre, qui fut assaillie elle-même de demandes d'espèces si multipliées et si pressantes, que sa réserve en espèces, malgré les efforts et les sacrifices qu'elle fit pour l'entretenir, fut presque entièrement épuisée, et que, pour suppléer à son insuffisance et à la disparition à peu près complète de l'or en circulation, elle fut obligée de recourir à un expédient dont elle avait depuis 1821 cessé de faire usage, celui de faire une émission de 1,000,000 de liv. sterl. en billets de 1 et 2 liv. sterl.

65. Ce fut dans la vue de prévenir le retour des crises ruineuses que, dans cette occasion et dans les précédentes, avait fait naître la chute d'un grand nombre de banques particulières, que le gouvernement, de concert avec la banque d'Angleterre, conçut le dessein de réformer la loi de 1708 qui limitait à six le nombre des personnes qui pouvaient s'associer pour la formation d'une banque de circulation, et qui mettait obstacle, dans les villes de province qui étaient le siége d'un grand commerce, à la fondation d'établissemens pourvus de capitaux suffisans. C'est dans ce but que fut rendu l'acte 7, Geo. 4, c. 46, qui statua que ce ne serait plus que dans le rayon de soixante-cinq milles de Londres qu'on ne pourrait s'associer au nombre de plus de six personnes pour émettre des billets au porteur et à vue.

66. Pour atténuer les effets de la concurrence que cette mesure devait susciter contre la banque, et néanmoins pour concourir en même temps à son but, qui était de perfectionner le système du crédit en multipliant les garanties sans restreindre les facilités, cet établissement se décida alors aussi à instituer des succursales dans dix ou douze des principales villes du royaume.

Les résultats qu'on attendait de ce nouveau système ne se manifestèrent pas immédiatement. Les banques par actions ne se substituèrent pas aussi promptement et aussi généralement qu'on l'avait pensé aux banques particulières. En juillet 1836, sept ans après l'adoption de cette mesure, il ne s'était encore établi que trente-quatre banques par actions. Mais à dater de 1836, leur nombre prit un rapide accroissement : au mois de mars 1838, il y en avait soixante-deux, et les journaux se remplissaient chaque jour de prospectus nouveaux. Enfin, l'enquête de 1837 a constaté l'existence, dans les trois royaumes, de cent quarante-cinq banques par actions, dont les succursales (branches ou agencies) s'élevaient ensemble au nombre incroyable de neuf cent trente-sept. Sur cent quarante-cinq banques il y en avait cinquante-trois qui avaient d'un à dix de ces comptoirs, dix-neuf qui en avaient de dix à vingt, huit de vingt à trente, cinq de trente à quarante, deux de quarante à cinquante, et une, la banque nationale et provinciale d'Angleterre, dont le siége central est à Londres, mais dont l'action ne s'exerce, conformément à la loi, que hors du rayon du privilége, en avait soixante-treize.

Un autre moyen auquel on eut recours à la même époque pour diminuer l'abus des émissions des banques particulières et les dangers auxquels elles exposaient le public, ce fut de défendre de mettre en circulation des billets de moins de 5 liv. sterl.

67. Avant que d'exposer les motifs qui ont fait juger à peu près généralement que ces mesures n'avaient pas une efficacité suffisante, il est indispensable de rendre un compte sommaire de la législation qui règle en Angleterre l'association commerciale et l'usage de

la faculté d'émettre des billets au porteur et à vue, c'est-à-dire un papier de crédit remplaçant les espèces dans la circulation.

D'après cette législation, telle qu'encore aujourd'hui elle est en vigueur, tout négociant anglais, ou toute association au nombre de six individus au plus dans un rayon de soixante-cinq milles de Londres, et en nombre illimité dans le reste du royaume, sont autorisés, partout ailleurs que dans la ville de Londres et dans un rayon de trois milles autour d'elle, à émettre des billets au porteur et à vue de 5 liv. sterl. et au-dessus, à charge seulement de prendre à cet effet, dans chacune des villes où les émissions ont lieu, une licence coûtant annuellement 30 liv. sterl.; de payer, en remplacement du timbre dont ces billets peuvent être affranchis, une taxe de 3 shillings 6 pences par 100 liv. sterl. de billets mis en circulation, et de donner caution de rendre un compte exact du montant des émissions.

68. La loi anglaise n'admet point, comme la nôtre, la faculté, pour les associés dans une entreprise commerciale quelconque, de limiter leurs obligations à la somme qu'ils y versent ou s'engagent à y verser. Elle n'autorise donc ni les sociétés en commandite par actions, ni même en général les sociétés en commandite, et toute personne intéressée dans une association commerciale est obligée indéfiniment, sur ses biens et sa personne, au même titre et dans la même étendue, que si, au lieu de contracter collectivement, elle eût contracté individuellement. Il n'y a pour les individus qui s'associent dans un but industriel qu'un seul moyen d'échapper à cette responsabilité indéfinie; c'est de se former en corporation, ce qui ne peut avoir lieu qu'en obtenant une charte qui n'est accordée que par un acte du parlement. Dans ce cas, il peut être et il est en effet ordinairement stipulé par les conditions de la charte d'incorporation que les intéressés ne sont obligés que jusqu'à concurrence de la somme pour laquelle ils ont souscrit. Mais cette forme étant très-coûteuse, elle n'est mise en usage que rarement et pour des entreprises d'une grande importance.

69. Il y a donc dans le royaume uni trois natures de banques: 1° les banques autorisées par un acte spécial du parlement et formées en corporation, telles que la banque d'Angleterre, deux banques établies à Édimbourg, et la banque d'Irlande; 2° les banques provinciales ou à fonds unis (joint stock bancks), autorisées par l'acte 7, Geo. 4, c. 46, à s'établir en nombre d'associés illimité, mais qui ne peuvent émettre des billets au porteur et à vue qu'au-delà d'un rayon de soixante-cinq milles de Londres et de cinquante milles irlandais de Dublin; 3° les banques particulières (private banks) n'ayant pas plus de six associés, et qui peuvent partout, excepté à Londres et dans un rayon de trois milles autour de cette capitale, émettre des billets au porteur et à vue.

70. Les banques de la première classe sont les seules qui soient formées sous l'approbation de l'autorité, mais, en revanche, dont les associés puissent, lorsque telles sont leurs conventions, n'être obligés que jusqu'à concurrence de la portion du capital qu'ils se sont engagés à fournir. L'établissement des banques des deux dernières classes est donc pleinement libre, et leurs statuts, ainsi que leur gestion, affranchis de tout examen et de toute surveillance de la part de l'autorité; mais, en revanche, elles sont constituées sous le régime de la loi commune, c'est-à-dire que tous les associés sont indéfiniment obligés sur tous leurs biens; et pour qu'aucun ne puisse échapper à cette responsabilité, l'acte 55, Geo. 3, c. 184, prescrit même, à peine de nullité, que les noms de toutes les personnes comprises dans l'association soient mentionnés dans la licence.

71. La loi qui a renouvelé en 1833 le privilége de la banque d'Angleterre a établi, comme on l'a déjà vu, entre ses billets et ceux des banques par actions et des banques particulières, une différence essentielle; c'est que, tandis que l'admission de ces derniers en paiement est purement volontaire, l'offre en paiement des premiers est déclarée offre légale aussi long-temps que la banque d'Angleterre continuera à les rembourser en espèces à la volonté du porteur; en sorte que, pourvu que cette condition existe, ils ont effectivement cours forcé; un paiement fait avec eux ne peut donc être refusé et libère aussi irrévocablement que s'il eût été fait en or, tandis qu'un paiement fait avec des billets de banques par actions ou particulières peut être refusé, et même qu'après l'avoir accepté, si le porteur des billets en réclame le remboursement en temps utile et ne l'obtient pas, il conserve son recours contre celui de qui il les a reçus. Mais cette différence n'empêche pas qu'en

fait les uns comme les autres ne circulent habituellement comme espèces. Pour les uns comme pour les autres aussi, la propriété se transmet par la simple tradition; le remboursement par les banques par actions ou particulières est fait soit en or, soit en billets de la banque d'Angleterre; mais par celle-ci il ne peut être fait qu'en or, l'or étant en Angleterre le signe légal des échanges et l'argent n'y étant qu'une marchandise.

72. Ainsi les seuls priviléges que conserve aujourd'hui la banque d'Angleterre, c'est qu'elle seule a le droit, à Londres et dans un rayon de trois milles autour de cette cité, d'émettre des billets au porteur et à vue, et que dans un rayon de soixante-cinq milles, ce droit, accordé individuellement à tout négociant et à toute association de six personnes au plus, est interdit à toute association de plus de six personnes. Ce privilége, s'il a eu pour effet d'empêcher, dans le voisinage du siége de la banque d'Angleterre, l'établissement de grandes banques pourvues d'un capital considérable, a dû, en revanche, avoir celui d'encourager, de provoquer en quelque sorte dans ce voisinage la fondation en grand nombre de petites banques n'ayant qu'un faible capital, et au loin, au-delà du territoire privilégié de la banque, la formation d'associations plus nombreuses et pourvues de plus de capitaux, mais qui toutes, n'étant limitées dans leur concurrence ni contenues dans leur action par aucune règle, n'étant même soumises à aucun contrôle de la part de l'autorité, ayant en un mot devant elles un champ sans bornes et la faculté de tout risquer, devaient se multiplier au-delà des besoins réels de la circulation et se livrer à l'envi à des entreprises hors de proportion avec leurs moyens.

C'est en effet ce qui est arrivé. D'une part, la faculté de battre monnaie; de l'autre, les facilités qui en sont à la fois le prix et le moyen, ont été exploitées avec une égale avidité, et c'est dans une proportion, non pas arithmétique, mais géométrique, que se sont multipliés les uns par les autres les prêteurs, les emprunteurs et les entreprises.

73. Nous avons déjà dit comment des banques s'étaient établies partout et avaient étendu leurs branches jusque dans les plus petites localités. Là où le mouvement commercial eût été à peine suffisant pour en alimenter une, il s'en formait plusieurs, ne plaçant qu'une partie et le plus souvent que la moitié de leurs actions, les rachetant après les avoir émises, n'exigeant le versement que du tiers, du quart, souvent même que du vingtième du capital, recevant des capitaux à intérêt, escomptant à tout venant, et réescomptant ensuite; prêtant sur leurs propres actions, ou bien à découvert, ou sur des garanties illusoires; émettant autant de billets que possible, rivalisant d'imprudence, s'arrachant les cliens, cherchant même à s'entre-détruire. Par les facilités qu'elles ont prêtées aux diverses industries, elles ont puissamment concouru, sans doute, au développement de la prospérité du pays, mais cet avantage a été chèrement acheté.

74. De la concurrence que ces banques se sont réciproquement faite, il est résulté deux maux également graves : le premier, que par l'extension exagérée qu'elles ont donnée au crédit, elles ont encouragé une multitude d'entreprises imprudentes qui ont ruiné ceux qui s'y sont livrés; le second, qu'entraînées elles-mêmes, par le désir d'avoir le dessus dans cette concurrence, à lutter entre elles à qui se jetterait dans les découverts les plus hasardeux, dans la circulation la plus exagérée, ces banques ont compromis leur propre sûreté au point de ne pouvoir résister aux crises qui sont toujours le châtiment infaillible de ces extensions abusives du crédit; comme ces marins téméraires qui forcent de voiles pour devancer leurs rivaux, sans penser au danger de voir s'élever un coup de vent subit et imprévu qu'ils n'ont pas le temps de parer, et qui cause leur perte.

75. Dans la sphère élevée où la banque d'Angleterre est placée, elle est sans doute à l'abri des atteintes du discrédit; mais si la confiance qu'elle inspire n'en peut être ébranlée, elle ne laisse pas que d'avoir à souffrir dans ses rapports avec le commerce, autant que dans ses propres intérêts, des conséquences fâcheuses qu'entraînent ces abus auxquels elle est étrangère, et que sa prépondérance et l'habileté avec laquelle elle est dirigée ne suffisent pas pour prévenir.

76. Comme Londres est le point central du commerce de l'Angleterre et de l'immense circulation de capitaux à laquelle il donne lieu; comme la banque, par son ancienneté, la puissance de son capital et de son crédit et la généralité de son action, demeure, en dépit de la concurrence des banques locales, la caisse centrale du commerce du

royaume, il arrive nécessairement que toutes les fois qu'il survient une perturbation dans les affaires et une contraction du crédit, la banque en ressent aussitôt le contre-coup; car le premier effet du discrédit, c'est la disparition des espèces, dont la dégradation du change, conséquence inévitable de toute perturbation semblable, détermine l'exportation, dont la défiance qu'inspire le papier qui le remplace dans la circulation occasionne la demande empressée et générale. On vient alors en foule réclamer à la banque d'Angleterre le remboursement de ses propres billets, non qu'ils aient rien perdu eux-mêmes de la confiance publique, mais parce que l'or est cher et se revend à profit; l'encaisse en espèces de la banque s'épuise, malgré les efforts et les sacrifices coûteux qu'elle fait pour l'entretenir; et bientôt, pour ne pas se trouver elle-même dans l'embarras, elle est obligée de restreindre les facilités qu'elle prête au commerce, soit en bornant l'étendue ou le terme de ses escomptes, soit en en élevant le taux. Un motif assurément bien légitime, le soin de sa propre conservation, la force donc alors d'ajouter encore, malgré elle, à la gravité d'une crise dont elle est innocente, quoiqu'on ait eu quelquefois l'injustice de l'en accuser, et qu'il est hors de son pouvoir d'empêcher, bien que le plus souvent il lui ait été, long-temps à l'avance, facile de la prévoir.

77. C'est l'histoire de toutes les crises commerciales qui ont eu lieu en Angleterre, et qui, à trois époques principales, en 1792, de 1814 à 1816, et en 1825 et 1826, ont bouleversé le commerce de ce pays, et attiré sur lui des désastres auxquels il n'y a de comparables peut-être que ceux qu'entraîna en France la chute du système de Law.

Ces catastrophes, renouvelées trois fois dans l'espace d'un demi-siècle, et qui rejaillissent toujours plus ou moins sur les autres peuples, laissent nécessairement des traces profondes dans leur souvenir, et nuisent au crédit du commerce de l'Angleterre, contre lequel elles entretiennent des défiances dont ne triomphent jamais complètement sa puissante prépondérance et sa prospérité croissante. C'est un mal inaperçu mais réel, que ce défaut de sécurité qui retient les autres nations commerçantes dans leurs relations avec l'Angleterre, et qui leur fait redouter de s'engager avec elle pour trop ou pour trop long-temps, et quand on l'additionne, ce mal, avec les calamités intérieures que lui causent ces grandes perturbations auxquelles conduit l'abus du crédit, on trouve qu'un des plus pressans intérêts de ce pays, ce serait d'en prévenir le retour.

On ne peut raisonnablement espérer ce résultat des mesures qui ont été adoptées en 1826.

La suppression de la faculté d'émettre des billets de banque de moins de 5 liv. st. a sans doute fermé un des canaux par lesquels débouchaient avec excès dans la circulation les billets des *joint-stock-banks* et des banques particulières, et a contribué à y retenir la quantité d'espèces nécessaire aux appoints et aux petits paiemens; sous ce double rapport, elle a eu une utilité réelle; mais elle n'a pu, à elle seule, avoir pour effet d'asseoir sur une base solide la circulation dans les provinces. Il n'y avait point de billets de moins de 5 liv. st. en 1792; et cependant, à cette époque, un tiers des banques alors existantes tombèrent en faillite. Le principe du mal, c'est que la législation n'autorise point le gouvernement à exiger de ces banques des garanties de la solidité du papier qu'elles lancent dans la circulation, c'est-à-dire du maintien d'une proportion juste entre la somme de leurs émissions et leurs facultés de remboursement. Ces garanties manquent aux billets de 5 liv. st. et au-dessus, comme elles manqueraient aux billets d'une moindre somme, et eussent pu être assurées à ceux-ci aussi bien qu'aux premiers. Par conséquent, on n'a obtenu par cette mesure que d'ôter aux banques un moyen de multiplier un peu plus leurs émissions, palliatif tout-à-fait insuffisant.

78. Les banques provinciales, dont les restrictions apportées à la même époque aux priviléges de la banque d Angleterre ont permis l'établissement, doivent sans doute, lorsqu'elles sont pourvues de fonds suffisans et dirigées avec sagesse, être d'une grande utilité; car elles attirent à elle, pour les faire fructifier, les capitaux flottans et oisifs des pays où elles sont placées, et les distribuent, au moyen des prêts qu'elles font, au travail qui les met en œuvre. Mais l'expérience a prouvé que la responsabilité illimitée qui pèse, d'après la loi, sur tous ceux qui prennent part à leur formation, n'était pas une garantie suffisante de leur solidité, et que la concurrence

qui s'établit entre elles et les efforts qu'elles font pour la surmonter, les entraînaient bientôt, pour la plupart, à des confiances imprudentes, à des découverts exagérés, à des émissions de billets disproportionnées avec leurs ressources. Plusieurs causes y concourent.

L'esprit commercial est universel en Angleterre; personne n'y est étranger aux notions générales de l'économie et du crédit, à la pratique des meilleurs moyens de faire valoir sa fortune; nul n'y conserve donc jamais un capital oisif; quiconque a en ses mains une somme dont il n'a pas l'emploi immédiat, la dépose aussitôt dans une des banques de son voisinage, qui lui en sert l'intérêt. Ces fonds sont considérables; ils ont une partie mobile sans doute, mais aussi une partie fixe, qui, tant que la méfiance ne s'éveille pas, reste entre les mains des banques, en augmentation de leurs fonds disponibles, et dont la possession, bien que passagère, les excite, les force même, par la nécessité d'en tirer elles-mêmes parti, à l'extension de leurs découverts. Là, bien plus qu'en France, l'esprit commercial est aventureux; la carrière qui lui est ouverte étant bien plus large et la foule qui s'y jette bien plus pressée encore que chez nous, les crédits y sont fort divisés. Les banques, non sans raison dans les temps ordinaires, comptent, pour la sûreté de leurs avances, sur une commune dans laquelle les bénéfices l'emporteront sur les pertes, et, dans cette confiance, elles sont peu scrupuleuses dans le choix de leurs débiteurs, peu circonspectes dans l'émission de leurs engagemens; c'est fort bien tant que les affaires prospèrent: les créanciers par compte courant ne redemandent point leurs fonds; les débiteurs, à l'aide des facilités qu'ils obtiennent, font bonne contenance, et paient ou renouvellent exactement leurs engagemens; les porteurs de billets n'en réclament point le remboursement: on s'endort dans ce bien-être. Mais qu'un orage s'élève, et tout tombe à la fois sur les banques: les créanciers par compte viennent tous, le même jour, exiger le paiement du solde qui leur est dû; les débiteurs, qui ont aussi forcé leurs affaires, chancellent sous leur poids, demandent des termes ou cessent de payer; les porteurs de billets, alarmés, accourent en foule au remboursement; les difficultés se multiplient les unes par les autres, la réserve et les ressources s'épuisent; bientôt arrivent les embarras, le discrédit, puis la suspension, et trop souvent enfin la faillite.

79. On s'est beaucoup occupé en Angleterre de remonter aux causes de désordres si redoutables et qui se reproduisent si souvent. De nombreuses enquêtes ont été à plusieurs reprises faites à cet effet par le parlement. Celles qui ont été entreprises en 1836, 1837 et 1838, par un comité de la chambre des communes, présidé par le chancelier de l'échiquier, plus complètes et plus éclairées que celles qui les avaient précédées, ont présenté des résultats très-dignes de l'étude de ceux qui s'occupent de ces matières, et dont nous regrettons de ne pouvoir présenter ici qu'une analyse très-sommaire.

Elles ont constaté d'abord que les banques par actions prennent dans toute l'étendue du royaume-uni un accroissement rapide; que de nouvelles associations se forment journellement et étendent leurs branches jusque dans les petites villes et les villages, et qu'il existe un principe de concurrence et une impulsion vers l'association qui tendent à substituer, partout où la loi ne l'interdit pas, les banques par actions aux banques particulières.

On y voit ensuite qu'en l'absence de toute prescription légale et de toute surveillance de la part de l'autorité, les actes d'association qui forment la constitution de ces établissemens et qui règlent les conditions sous lesquelles s'exerce leur action, au lieu de contenir les réserves et les restrictions nécessaires à la sûreté du public et à celle de ces établissemens eux-mêmes, autorisent expressément, ou permettent par leur silence, des opérations et des actes susceptibles de compromettre au plus haut degré les intérêts, soit de leurs créanciers, soit de leurs actionnaires; en sorte qu'en général la seule garantie des uns et des autres est dans la sagesse avec laquelle ils peuvent être et sont en effet, pour la plupart, administrés, mais nullement dans les règles prescrites pour leur gestion.

Ainsi, quant à leur capital, par exemple, il est presque toujours nominalement fort considérable; mais il n'y en a jamais qu'une faible partie qui soit effectivement réalisée entre leurs mains. D'abord les banques ne placent presque jamais la totalité des actions entre lesquelles leur capital est divisé; la plupart en gardent le tiers, la moitié, et souvent davantage, se réservant ou plutôt réservant à l'autorité absolue, et le plus souvent sans contrôle, que leurs statuts remettent à leurs directeurs, de négocier plus tard à prime ces actions non placées; ensuite, aucune n'exige jamais le versement intégral du capital; peu en demandent la moitié; la plupart n'en réalisent que 12 à 15 p. 0/0, beaucoup que de 5 à 7 p. 0/0. En voici un exemple : la banque de Liverpool (1), instituée le 13 mai 1831 avec un capital nominal de 5,000,000 de liv. st. (127,500,000 fr.), divisé en cinquante mille actions de 100 liv. st. chaque, a déclaré en 1837 que sur ces cinquante mille actions il n'y en avait que trente-huit mille dix-sept de placées, et que, sur ce capital de 5,000,000 de liv. st., il n'y avait d'effectivement réalisé que 380,170 l. st. (9,694,335 fr.), ce qui ne fait qu'un peu plus de 7 1/2 p. 0/0. Nous pourrions citer beaucoup d'autres faits analogues. Ils prouvent que ce n'est pas du moins dans le capital versé que peut se trouver la garantie des larges émissions de billets que ces banques, aussitôt leur établissement, trouvent les moyens de faire, grâce aux facilités que dans ce pays les mœurs commerciales ouvrent au crédit. Cette garantie, allègue-t-on pour la défense du système, est dans la responsabilité des actionnaires, engagée non pas seulement jusqu'à concurrence du capital nominal, mais même indéfiniment et jusqu'à liquidation complète des dettes de la banque. On ne peut contester que ce ne soit là une sûreté réelle, si ce n'est pour les actionnaires, du moins pour les créanciers; c'est elle qui fait la base de la confiance avec laquelle on accueille en Angleterre les billets des banques par actions. Mais l'enquête constate que cette sûreté n'est pas complète, en ce que les lois n'assurent pas suffisamment au public que les noms enregistrés au bureau du timbre, comme étant ceux des associés solidaires, appartiennent en effet aux véritables propriétaires d'actions signataires de l'acte d'association, et qu'elles n'imposent pas l'obligation de publier ces noms, afin de faire connaître aux porteurs des billets de la banque quels sont les débiteurs sur la solvabilité de qui repose la garantie de leur remboursement. Il paraît aussi que la transmission de la propriété des actions n'est pas entourée de précautions suffisantes et qui puissent garantir aux créanciers que des actionnaires d'une solvabilité douteuse ne puissent, à leur insu, être substitués à des actionnaires solvables. Enfin le régime hypothécaire n'existe en Angleterre que dans les seuls comtés d'York et de Middlesex, et partout ailleurs, les biens immobiliers des actionnaires, quand ils en ont, ne peuvent être que difficilement atteints par les créanciers.

80. Si le public n'est pas suffisamment protégé contre les abus qui peuvent ainsi s'introduire dans l'organisation même des banques, ses intérêts et ceux des actionnaires eux-mêmes ne le sont pas davantage contre ceux qui peuvent naître à chaque instant de la gestion de ces établissemens. Les pouvoirs donnés aux directeurs sont pour la plupart conçus dans des termes très-généraux et qui leur laissent une latitude illimitée dans le choix des garanties sur lesquelles ils peuvent engager le capital. Presque tous comprennent, ou du moins n'excluent pas, l'autorisation de prêter sur fonds publics étrangers, sur actions d'entreprises industrielles, tant étrangères que nationales, de faire même des avances à découvert, et par conséquent de livrer le capital à tous les dangers auxquels peut l'exposer une gestion inconsidérée ou imprudente; presque tous aussi permettent ou tolèrent des achats de propriétés foncières, des collocations à long terme, qui aliènent la disponibilité de ce capital; toutes admettent la faculté de l'amortir et même de l'éteindre en rachetant les actions de l'établissement, c'est-à-dire, de dépouiller le public de la première et de la plus sûre des garanties sur lesquelles il a dû compter. Point de sauvegarde dans la publicité, qui n'est nulle part prescrite, et qui, dans plusieurs cas, est expressément et soigneusement écartée; une banque a même été jusqu'à s'assurer, par le serment, du secret de ses opérations : point de contrôle de la part des actionnaires, auxquels n'est donné nulle part le droit de faire inspecter, par des délégués de leur choix, les affaires de la société, auxquels il n'est nulle part prescrit de soumettre, dans leurs réunions générales, le détail de l'actif et du passif; auxquels enfin, dans quelques cas, les directeurs ne sont pas même tenus de présenter la balance annuelle des opérations de la société.

81. Les conclusions de l'enquête, conclusions qui n'ont pourtant encore été suivies

(1) Report, 1837, p. 121.

d'aucun effet, ont été que la loi devrait prescrire :

D'autres obligations préliminaires que celles de payer une licence et de déclarer les noms des associés; une surveillance qui eût pour effet de garantir que, dans les actes de société, les clâuses les plus essentielles à la sécurité du public ne seront pas omises; des limites à la fixation du capital nominal et à celle du montant nominal des actions, lequel varie à ce point que, dans quelques banques, il s'élève jusqu'à 1,000 liv. st., et que, dans d'autres, il descend à 5 liv. st.; la justification préalable, au commencement des opérations, de la souscription d'un nombre déterminé d'actions et du versement effectif d'une proportion déterminée aussi du capital; la publicité périodique de l'état de l'actif et du passif et la communication de la balance à l'assemblée générale des actionnaires; des mesures qui garantissent que les dividendes distribués aux actionnaires ne seront pris que sur les bénéfices et non sur le capital; des dispositions qui interdisent aux banques la faculté de vendre ni d'acheter leurs propres actions et de les admettre pour garanties de leurs avances; la formation d'une réserve et sa collocation en fonds publics ou autres sûretés, avec interdiction de la faculté d'en disposer comme du capital; des limites au nombre et à la distance des succursales; la condition expresse que les billets seront toujours remboursables au lieu de leur émission; enfin des règles précises déterminant les cas qui doivent entraîner de plein droit la dissolution de la société.

82. L'opinion a été encore beaucoup plus loin que le parlement, et dans plusieurs des nombreux écrits qui ont été publiés sur ce sujet, on trouve la proposition formelle de n'autoriser les banques par actions et les banques particulières à émettre des billets au porteur et à vue, qu'à charge de remettre entre les mains du gouvernement, soit en fonds publics ou en billets de l'échiquier, une garantie d'une valeur égale au montant de ceux de ses billets qui seraient effectivement en circulation.

On a insisté aussi avec force sur la nécessité de soumettre leurs opérations au contrôle de la publicité, et l'on a fait ressortir avec raison l'inconséquence palpable qu'il y a eu à soumettre la banque d'Angleterre, dont le capital tout entier est, entre les mains de l'état, la garantie du paiement de ses obligations, à rendre un compte hebdomadaire au gouvernement et trimestriel au public de son actif et de son passif, et à n'imposer aucune sorte d'obligation de ce genre aux banques par actions ou particulières, qui non seulement n'offrent aucunement cette garantie, mais dont le capital n'est pas même réalisé entre leurs mains.

83. Les imperfections graves du système des banques en Angleterre sont donc, dans ce pays même plus encore qu'ailleurs, généralement reconnues. L'expérience y a démontré que si les banques, lorsqu'elles sont soumises à des règles prudentes et à un contrôle réel, sont le moyen le plus efficace de prévenir la stérilité qui naît pour les capitaux de leur stagnation, et par là un des agens les plus actifs et les plus nécessaires de la prospérité industrielle, on trouve en elles aussi, alors qu'une gestion téméraire et désordonnée en fait un agent de trouble pour la circulation et un obstacle à la sécurité des affaires, la source des plus redoutables calamités. Les canaux dans lesquels se répand et se distribue le signe représentatif de la valeur de toutes choses doivent être maintenus constamment pleins; mais il ne faut jamais qu'ils débordent, car la surabondance de ce signe est beaucoup plus pernicieuse que son insuffisance. L'office des banques, c'est de l'entretenir à un niveau proportionnel à l'étendue de l'emploi utile et raisonné qu'en peut faire le commerce, niveau dont l'échelle est le cours des changes sur l'étranger. Un établissement aussi puissant que la banque d'Angleterre, à l'aide des ressources colossales dont il dispose, devrait pouvoir dominer toujours la circulation et la maintenir à la hauteur qu'elle-même juge nécessaire. Ce qui l'en empêche, c'est l'indépendance à laquelle une législation vicieuse et incomplète livre la faculté de multiplier la monnaie en circulation, indépendance dont une concurrence excessive dans toutes les branches de l'industrie provoque incessamment l'abus le plus dangereux.

84. Le système d'une libre concurrence est le plus favorable sans doute aux progrès de l'industrie ; l'absence de toute contrainte, de toute entrave, de tout contrôle, la liberté absolue enfin, est le sol où le commerce croît et se fortifie le plus promptement, et c'est surtout à la prudence des intérêts privés qu'on doit s'en remettre du soin d'éviter les dangers

dont la carrière du crédit est semée. La fidélité que l'Angleterre a gardée à ces principes a certainement contribué pour beaucoup à la grandeur de sa puissance commerciale : ce sont eux aussi qui font aujourd'hui la fortune prodigieuse des États-Unis. Mais l'un et l'autre peuple en ont fait une application trop large et trop imprudente au crédit et à la circulation, et l'un et l'autre aussi ont expié cette erreur en subissant ces crises nombreuses et presque périodiques dont la cause unique est dans l'abus du crédit et dans l'extension factice qu'il donne aux entreprises industrielles, abus dont l'effet inévitable est d'ébranler leur commerce, d'interrompre ses progrès et de jeter sur lui des défiances trop fondées. Il faut à l'esprit humain, a dit une femme célèbre (Mme de Staël), une combinaison d'obstacles et de facilités. Ce n'est pas seulement à la littérature que cette réflexion s'adapte avec une évidente justesse; c'est à toutes les opérations de l'esprit, et par conséquent aux combinaisons et aux entreprises de l'industrie. Des difficultés trop multipliées et trop graves les découragent, les paralysent; trop de facilités les endorment ou les enivrent.

85. L'insuffisance ou la surabondance de la masse de la monnaie en circulation exercent sur tous les intérêts de la société une influence trop directe et trop décisive pour qu'une législation sage puisse abandonner à une concurrence sans limites et sans règles la faculté de jeter dans cette circulation un signe destiné à remplacer la monnaie et à se substituer à elle. Si les besoins du commerce et les nécessités du crédit exigent que cette faculté soit concédée, non seulement aux particuliers, mais encore aux associations de particuliers, c'est pour les gouvernemens un devoir indispensable de prendre toutes les précautions nécessaires pour protéger le public contre l'abus qu'il est si facile d'en faire, et pour que, en accueillant ces obligations, nul ne soit exposé à se trouver victime de l'imprudence, de l'impéritie ou de la mauvaise foi de ceux qui les émettent.

86. Il nous reste, avant d'abandonner ce sujet, à dire un mot des banques d'Ecosse, d'Irlande et des États-Unis.

Il y a en Écosse, comme nous l'avons déjà dit, trois banques formées en corporation et ayant toutes leur siége à Édimbourg : la banque d'Écosse, fondée en 1695, et qui a un capital de 1,500,000 liv. st. ; la banque royale d'Écosse, établie en 1737, avec un capital de 2,000,000 de liv. st. ; enfin *the british linnen company*, instituée, en 1746, dans un but manufacturier, ainsi que son nom l'indique, mais qui depuis est devenue une banque, et dont le capital est de 300,000 liv. st. L'acte de 1708, qui ne permettait pas à des associations de plus de six personnes d'émettre des billets de banque, ne s'est jamais étendu à l'Écosse ; en conséquence, il y a eu dès long-temps, et il y a encore en grand nombre dans ce royaume, des banques composées d'une quantité variée et souvent considérable d'associés. En 1837 on en comptait vingt-six ayant trois cent quatorze succursales. Ces banques reçoivent en dépôt, à charge d'en payer l'intérêt, les plus petites sommes, et font par conséquent l'office de caisses d'épargne. On évalue la somme totale dont elles sont ainsi dépositaires à 18,000,000 de liv. st., dont on estime que la moitié consiste en dépôts de 10 à 200 liv. st. Elles sont par là en rapport, non seulement avec le commerce proprement dit, mais aussi avec toutes les classes laborieuses de la population, au grand profit de la morale, de l'ordre et de la sécurité de tous les intérêts. Ces banques ne sont pas soumises non plus à la disposition qui prohibe en Angleterre la circulation de billets de moins de 5 liv. st. Leur circulation totale a été évaluée, en 1836, à 3,800,000 liv. st., dont les deux tiers en billets de moins de 5 liv. Enfin elles ont ce caractère qui leur est particulier, qu'elles ouvrent des crédits à découvert sous caution (cash credits), c'est-à-dire qu'elles prêtent des sommes qui varient de 200 à 500 liv. st., qui excèdent rarement 1,000 liv. st., et ne sont jamais moindres de 50 liv. st., à quiconque les leur demande, sans dépôt ni transfert d'aucun gage, pourvu que deux personnes agréées par elles s'obligent solidairement avec l'emprunteur au remboursement à l'échéance du prêt. On évalue à 6 millions de liv. sterl. le montant total des crédits ainsi ouverts par les banques, et à 4 le montant de la somme pour laquelle il en est communément fait usage. Malgré la latitude qu'une disposition si libérale doit naturellement donner à leurs découverts, les banques d'Écosse sont en général solides; les suspensions et les faillites ont été de tout temps parmi elles moins fréquentes qu'en Angleterre, et elles ont mieux résisté aux crises de 1792 et de 1825. On a attribué cette circonstance à ce qu'elles sont en général composées d'un plus grand nombre d'associés, d'où il résulte, dit-on, que la responsabilité étant plus divisée, elle est plus facile à supporter pour chacun et présente plus de garanties. Mais les résultats des enquêtes de 1836 et 1837 démentent cette opinion. Les déclarations s'accordent en effet à constater que la division du capital en actions de très-faibles sommes atténue les garanties du public, au lieu de les augmenter. La supériorité que l'on reconnaît à cet égard dans les banques d'Écosse nous semble devoir être principalement attribuée :

1° A ce que la législation civile de ce pays admet les garanties hypothécaires, et prête au recours que le créancier est autorisé à exercer sur les propriétés immobilières du débiteur des facilités qui n'existent point en Angleterre; 2° à la prudence et à la circonspection qui distinguent en Écosse le caractère national, qualités qui ont le double effet de diminuer les risques auxquels les banques sont exposées, et de porter plus loin qu'ailleurs le soin qu'elles mettent à s'en préserver; 3° à l'appui que leur prête la banque d'Angleterre; 4° à l'intimité et à l'assiduité des relations établies entre elles, qu'entretient l'habitude de faire chaque semaine à Édimbourg une compensation de leurs billets et des soldes de leurs comptes, ce qui crée entre elles non seulement une surveillance réciproque, mais encore une sorte de solidarité morale et d'autorité hiérarchique.

87. La banque d'Irlande fut instituée en 1783 par une loi, et constituée en corporation avec les mêmes priviléges que la banque d'Angleterre et un capital effectivement versé de 600,000 liv. st. qui fut prêté à l'état à l'intérêt de 4 p. %. Ce capital fut augmenté de 1,000,000 en 1809, et porté à 3,000,000 en 1821; et les sommes dont il s'accrut vinrent aussi, cette fois à raison de 5 p. % d'intérêt, en augmentation du prêt fait au gouvernement. Sujet au même régime et objet des mêmes mesures que la banque d'Angleterre, cet établissement suspendit comme elle, en 1797, ses remboursemens en espèces, et sa circulation, qui n'était à cette époque que de 780,000 liv. st., s'éleva successivement à 4,000,000. Comme en Angleterre aussi, cette mesure eut pour effet l'établissement d'un grand nombre de banques particulières; il y en avait cinquante en 1814. Mais il fut fait un abus excessif, tant par elles que par les particuliers, de la faculté d'émettre des billets. Une enquête a constaté, vers cette époque, qu'il y avait en Irlande neuf cent quatre-vingt-quinze établissemens particuliers émettant des billets de coupures inférieures à 1 liv. st. et même de 6 et de 3 pences. Les conséquences d'un abus si grave étaient faciles à prévoir; la dépréciation du papier en circulation fut la première; le prix de l'or s'éleva de 10 p. %; le cours du change sur l'Angleterre, dont le pair est 8 1/2 p. %, s'éleva à 18. Les contrefaçons, les fraudes de toute espèce se multiplièrent à l'infini, et le mal prit bientôt une telle intensité qu'il devint indispensable d'y mettre un terme; il retomba durement sur les banques. Des cinquante qui existaient en 1804, il n'en restait plus sur pied que dix-neuf en 1812, et que huit en 1829. Toutes les autres et toutes celles qui furent encore établies dans cet intervalle, excepté un petit nombre qui liquidèrent volontairement, étaient tombées en faillite. Ces désastres rendirent nécessaire l'intervention du gouvernement, et en 1821 il fut conclu un arrangement avec la banque d'Irlande, d'après lequel l'établissement de banques par actions et en nombre indéterminé d'intéressés fut autorisé, pourvu que ce fût en dehors d'un rayon de cinquante milles de Dublin. Mais cet acte n'ayant point révoqué diverses restrictions que le statut 33, Geo. 2, c. 14, imposait au commerce de banque en Irlande, il demeura sans effet, et ce ne fut qu'à la suite d'une nouvelle loi, rendue en 1824, et par laquelle cette omission fut rectifiée, qu'il s'établit deux banques par actions à Dublin, en 1825, et une à Belfast en 1827. A la fin de 1837, il existait dans ce royaume, non compris la banque privilégiée et ses vingt-deux comptoirs, seize banques par actions, ayant ensemble cent trente-quatre succursales; en sorte que le nombre total de ces établissemens de crédit est de cent soixante-treize, et que, comme en Angleterre et en Écosse, il y en a jusque dans les plus petites villes.

La loi de 1836, qui défend l'émission de billets de banque de moins de 5 liv. st., ne s'applique point à l'Irlande. Il y a donc en circulation, dans ce pays, des billets d'une somme inférieure à 5 liv. st. en quantité qui varie du tiers à la moitié de la circulation totale.

88. Voici comment se composait, à la fin de 1836, la masse du papier de crédit en circulation dans le royaume-uni de la Grande-Bretagne et de l'Irlande, en y comprenant les post-bills ou billets à ordre et à jours de vue.

Banque d'Angleterre.	18,106,640	
Joint stock banks en Angleterre et pays de Galles.........	4,258,197	
Banques particulières.	7,753,500	
		30,118,337
Banque d'Écosse, environ............		3,800,000
Banque d'Irlande privilégiée..........	3,481,100	
Autres banques en Irlande, environ.....	1,600,000	5,081,100
		38,999,437

En sorte que si cette évaluation, dont le quatrième et le sixième terme ne reposent que sur des présomptions, est juste, la masse du papier de crédit circulant dans le royaume-uni s'élève à au-delà de 1,000,000,000 de fr.

89. Les espèces en circulation ont été évaluées, il y a quelques années, dans un des rapports du chancelier de l'échiquier à la chambre des communes, à 30,000,000 sterl., dont 22 en or et 8 en argent. Ainsi la circulation en espèces serait inférieure d'environ 200,000,000 de francs à la circulation en papier.

90. La constitution des États-Unis réserve au gouvernement central de la confédération le droit exclusif de frapper et de mettre en circulation la monnaie, ainsi que de déterminer sa valeur et celle des monnaies étrangères. Les états confédérés ne peuvent ni battre monnaie, ni créer et mettre en circulation un papier de crédit, ni donner cours forcé à aucune valeur remplaçant la monnaie d'or ou d'argent; en un mot, aucune disposition affectant l'exécution des contrats entre les citoyens n'entre dans leur compétence législative. Comme le congrès n'a pas lui-même droit de donner cours forcé à aucune valeur représentative de la monnaie, il en résulte que l'or et l'argent monnayés sont les seules valeurs ayant cours légal aux États-Unis en paiement des obligations. Ces précautions témoignent de la profondeur des souvenirs qu'ont laissés les désastres qu'à l'époque de la révolution amena la dépréciation du papier-monnaie alors en circulation. Bientôt nous en retrouverons ailleurs de semblables. Ces souvenirs furent d'abord un obstacle à l'établissement des banques : ce ne fut qu'au bout de quelque temps, et quand on eut cru voir que des billets de banque remboursables en espèces et que nul ne pouvait être contraint à recevoir en paiement, ne pouvaient jamais dégénérer en papier-monnaie, que le système des banques commença à prendre quelque développement.

91. Mais la catastrophe de 1814, en dévoilant les vices de ce système tel qu'il existait alors et qu'il a été rétabli depuis, révéla aussi cette vérité importante, et que les peuples ne doivent jamais perdre de vue, que lorsqu'un papier de crédit s'empare de la circulation toute entière, et envahit ses canaux au point d'en expulser la monnaie métallique et de devenir l'unique agent des échanges, le public se trouve entraîné malgré lui à la nécessité de l'accepter en paiement, quelque déprécié qu'il puisse être, et que cette nécessité devient pour lui, par la seule force du fait, tout aussi inévitable que si c'était la loi qui la lui imposât.

92. Les mêmes causes qui, en Angleterre, ont donné au crédit un développement abusif, existant plus actives et plus vivaces encore aux États-Unis, elles y ont successivement porté l'action des banques à une étendue proportionnellement plus large encore.

93. Toutes les banques qui existent aux États-Unis, une seule exceptée, sont des sociétés par actions, formées en corporation en vertu d'une loi, avec un capital déterminé, dont l'étendue forme ordinairement la limite des obligations des actionnaires. Cependant il y a, dans quelques états, des banques dont les associés sont indéfiniment responsables. Ces banques sont toutes de dépôt, d'escompte et de circulation : quelquefois elles colloquent une partie de leur capital en fonds publics; mais ce n'est nulle part obligatoire pour elles; le placement de ces capitaux est souvent fait en avances aux particuliers, avances qui sont souvent à long terme, et qui, surtout dans les pays principalement agricoles, reposent souvent aussi sur des obligations hypothécaires. Le créancier de ces établissemens n'a donc, en général, aucune autre garantie que la solvabilité de leurs débiteurs.

94. Le capital des banques qui existaient en 1790 dans les divers états ne s'élevait encore qu'à environ 2,000,000 de dollars. Il fut créé à cette époque, par une loi rendue par le pouvoir fédéral, une banque nationale sous le nom de *Banque des Etats-Unis*, dont le siége principal était à Philadelphie, mais qui avait des succursales dans toutes les principales villes commerçantes de l'Union; elle fut constituée avec 10,000,000 de dollars de capital et pour vingt-un ans. A l'expiration de ce terme, en 1811, sa charte ne fut pas renouvelée. Il y avait alors dans les divers états de l'Union quatre-vingt-huit banques ayant ensemble un capital qui s'élevait, non compris celui de la banque des États-Unis, à 42,609,000 dollars. La suppression de cette banque centrale, rétablie depuis, en 1816, sous le même nom, multiplia le nombre des établissemens de cette nature, qui s'est accru depuis à ce point, qu'au 1er janv. 1835 il en existait dans toute l'étendue de l'Union cinq cent cinquante-huit, ayant ensemble cent quarante-six succursales dont la situation commune se résumait dans le tableau suivant:

Actif.

11,140,657	propriétés foncières.
9,210,579	fonds publics.
365,163,834	escomptes et prêts.
40,081,838	créances sur d'autres banques.
21,086,301	billets d'autres banques.
4,642,224	autres emplois divers.
3,061,819	valeurs réalisables en espèces.
43,937,625	espèces.

Passif.

Capital	231,250,337
Dépôts et dettes par compte-courant.	83,081,365
Dettes envers d'autres banques	38,972,578
Autres obligations	19,320,475
Billets en circulation	103,692,495

95. Malgré les progrès de la prospérité de ce pays, une multiplication si subite et si considérable des instrumens du crédit n'a pu avoir sa cause unique, ou même principale, dans les besoins réels du commerce, mais a dû provenir surtout de l'impulsion excessive que l'esprit aventureux et entreprenant des Américains a donnée aux affaires.

96. Peu de temps après que la guerre eut éclaté, en 1812, entre les États-Unis et la Grande-Bretagne, toutes les banques du sud et de l'ouest de la partie des États-Unis connue sous le nom de *Nouvelle-Angleterre* furent obligées de suspendre leurs paiemens en espèces. La nécessité qui les réduisit à cette extrémité ne provenait nullement, comme en Angleterre, de la situation du gouvernement et d'avances exagérées qui lui eussent été faites; les causes en étaient diverses, et on s'accorda à les attribuer : à la suppression des exportations, qui fut le résultat de la guerre et du blocus des ports, et qui obligea à solder en espèces toutes les importations; à l'irruption, par le Canada, d'une masse considérable d'effets publics anglais, dont la négociation dans le pays, déterminée par un escompte de 20 à 22 p. 0/0, entraîna l'exportation de leur contre-valeur en numéraire; à l'impopularité de la guerre dans les états de l'Est et du Sud, qui rejeta sur les états de l'Ouest le principal fardeau des avances qu'elle nécessitait: enfin à la dissolution de la banque des États-Unis, qui entraîna la réalisation et l'exportation de capitaux étrangers montant à environ 7,000,000 de dollars, qui se trouvaient placés dans les actions de cet établissement. Mais ce qui dut y contribuer le plus, ce fut l'augmentation considérable de la masse du papier de crédit en circulation, l'effet de la création de cent vingt banques nouvelles, que l'on vit, dans l'espace de quatre années, s'établir dans les différens états en remplacement de la banque centrale, qui grossirent de 30,000,000 de dollars le capital affecté au service du crédit, et qui, s'étant livrées, en l'absence du pouvoir modérateur qu'avait exercé jusque là cet établissement, à des émissions désordonnées et excédant de beaucoup les besoins du commerce, portèrent de 45 à 60,000,000 le montant des billets de banque en circulation, et en firent tomber la valeur à 20 p. 0/0 au-dessous de celle des espèces. Dans un rapport fait par le secrétaire de la trésorerie au congrès, en 1815, le rétablissement d'une banque nationale fut indiqué comme un préliminaire indispensable à celui de la circulation en espèces, et cette opinion ayant été partagée par les négocians les plus éclairés et les plus considérables, une nouvelle banque des États-Unis fut constituée en 1816, à Phila-

delphie, par une loi fédérale, avec un capital de 35,000,000 de dollars, divisé en trois cent cinquante mille actions de 100 dollars chaque, dont soixante-dix mille furent souscrites par le gouvernement fédéral.

97. Après l'organisation de cet établissement en 1817, des délégués des banques de plusieurs états se réunirent à Philadelphie dans le but de se concerter sur les moyens de parvenir au rétablissement du remboursement en espèces, rétablissement qu'eût rendu possible, depuis deux ans que la paix était rétablie, l'amélioration du cours du papier de crédit en circulation ainsi que des changes, mais que retardaient sinon les vues intéressées des banques, du moins les dissidences qui existaient entre elles sur ce sujet. Un traité proposé par la banque des États-Unis, accepté par les délégués des banques des états et ratifié par le secrétaire de la trésorerie, fut le résultat de ces conférences. Les facilités que, par ce traité, la banque nationale s'engagea à fournir aux banques des états, les restrictions que, pour prix ou pour garantie de ces facilités, elle imposa à leurs émissions, enfin l'accumulation qu'elle fit d'une somme de plus de 7,000,000 de dollars effectifs: tels furent les moyens que la banque des États-Unis mit en usage pour rétablir la circulation en espèces. Ce fut donc à elle que le pays dut ce bienfait; mais il fut chèrement acheté. A la suite de cette mesure, les banques furent obligées de restreindre leurs émissions. En même temps donc que les dettes contractées en une monnaie dépréciée devinrent payables au pair, les facilités que le commerce était accoutumé à trouver dans les banques furent considérablement réduites par la diminution de leurs escomptes. Il en résulta une gêne extrême dans les affaires. C'est quand on est obligé de revenir aux vrais principes du crédit qu'on s'aperçoit de ce qu'il en coûte pour s'en être écarté.

98. Les vices du système de la circulation ont continué à amener aux États-Unis des perturbations commerciales moins graves peut-être, et surtout moins ressenties au dehors, mais plus fréquemment répétées que celles que la même cause a produites en Angleterre. On s'est beaucoup occupé de remédier à ce mal, sans en avoir jusqu'à présent trouvé le secret. Les législateurs de quelques états ont cherché à s'assurer de la prudence que les banques apporteraient dans la gestion de leurs affaires, en assignant à leurs émissions des limites proportionnelles à leur capital, en leur imposant l'obligation de ne les commencer qu'après la réalisation en espèces d'une partie considérable, et ordinairement de la moitié de ce capital, enfin en rendant les directeurs personnellement responsables de la violation de ces dispositions. D'autres ont limité à 5 dollars la plus faible coupure des billets de banque; d'autres encore ont statué, qu'en cas de non remboursement en espèces de leurs billets, les banques seraient tenues de payer au porteur l'intérêt du retard à raison de 24 p. 0/0 par an, et même que, par ce seul fait, leurs chartes seraient annulées; enfin, dans l'état de New-York, une loi, en même temps qu'elle a établi un système de surveillance et de contrôle sur les opérations des banques, a constitué un fonds de réserve prélevé, chaque année, à raison de 1 1/2 p. 0/0 sur leur capital et destiné à subvenir au paiement des dettes de ceux de ces établissemens qui deviendraient insolvables, déclarant les directeurs des banques qui ne se soumettraient pas à cette loi et au prélèvement qu'elle ordonne, personnellement responsables envers les actionnaires et les créanciers de toutes les pertes qui seraient le résultat de leur refus. Mais soit que ces mesures n'aient pas été exécutées, soit qu'elles n'aient pas l'efficacité qu'on en attendait, des faits récens ont prouvé qu'elles n'ont pas donné au système du crédit et de la circulation la stabilité qui lui manque, et qu'elles ont été impuissantes à prévenir les crises auxquelles le commerce de ce pays est trop souvent condamné.

99. Aussi le public a-t-il continué, avec une préoccupation d'esprit croissante, à rechercher les causes véritables du mal, et les passions politiques, intervenues dans ce travail, ont bientôt fait du choix du remède une de ces questions capitales à la discussion desquelles nul ne peut se dispenser de prendre part, et autour desquelles viennent se ranger, en deux camps opposés, tous les intérêts et toutes les opinions.

De ces deux partis, l'un a voulu arriver au but en s'efforçant d'attirer et de retenir dans la circulation une plus grande quantité de numéraire, écartant, pour lui faire place, une partie du papier de crédit. C'est pour cela que, mettant à profit sa prépondérance dans les conseils du gouvernement, il a refusé à la banque des États-Unis le renouvellement de sa charte, retiré les fonds que la trésorerie y avait placés, prescrit le paiement en espèces des droits de douane et du prix des concessions de terre dans l'est, ameuté enfin, à l'appui de ses projets, toutes les passions populaires, et surtout la plus ardente et la plus impérieuse de toutes, l'impatience des supériorités.

100. L'autre, jugeant sans doute que dans un pays où le progrès toujours croissant du mouvement industriel rend si nécessaires les ressources du crédit, et où les mœurs et l'habitude en ont profondément enraciné l'usage, on devait tendre à les régler et non à les restreindre; que placés, relativement à l'Europe, dans des conditions commerciales qui doivent les maintenir habituellement débiteurs envers elle, et séparés de ce réservoir central de la circulation monétaire par une distance qui jette deux mois d'intervalle entre l'appel fait aux espèces et leur arrivée, les États-Unis d'Amérique ne peuvent pas prétendre à ce que la monnaie métallique soit jamais durablement, chez eux, l'agent principal de la circulation, et doivent se conserver toujours la faculté, sinon de se passer d'elle, du moins de pouvoir supporter la décroissance accidentelle de sa quantité. Ce dernier parti a voulu parvenir à la réforme reconnue nécessaire en remédiant à l'abus sans empêcher l'usage; en établissant des règles qui préviendraient les émissions forcées et les crédits abusifs, sans gêner la circulation et sans mettre obstacle aux avances suffisamment garanties; en élevant à 20 dollars la moindre coupure des billets de banque; enfin en constituant un pouvoir régulateur entre les mains d'une banque centrale, munie de forces suffisantes pour maitriser habituellement la circulation en espèces et le cours des changes.

101. Cette lutte n'est pas encore finie; il n'est pas douteux que les efforts faits par un des partis pour y triompher n'aient contribué à amener la crise qui a encore eu lieu en 1837, et qui a obligé les banques à suspendre leurs paiemens en espèces. En refusant à la banque des États-Unis le renouvellement de sa charte et en la contraignant ainsi à ne continuer ses opérations que comme une des banques de l'état de Pensylvanie, le gouvernement lui a ôté son caractère fédéral et par là l'influence régulatrice qui aurait pu prévenir l'éloignement des espèces de la circulation. En exigeant le paiement en espèces des droits de douanes et des concessions de terres, et en fermant ainsi à la circulation du papier de crédit un débouché considérable, le gouvernement a concouru à rendre sa surabondance plus manifeste et plus nuisible dans les autres emplois. Néanmoins la cause principale de cette perturbation a été, comme toujours, l'extension abusive des affaires et des crédits. Les États-Unis ont fait venir d'Europe plus de marchandises d'importation que leur consommation n'en pouvait absorber, en même temps qu'ils ont produit plus de marchandises d'exportation, et principalement de cotons, que la consommation de l'Europe n'en pouvait déboucher, d'où, pour les unes comme pour les autres, la chute des prix et l'impossibilité de vendre, et pour leur commerce, une double cause d'inaction et de perte. Cette crise, qui a été grave, qui a causé aux États-Unis un nombre considérable de suspensions et de faillites, et dont les effets ont rejailli sur l'Angleterre, la France, la Suisse et la Prusse rhénane, touche néanmoins à son terme, et déjà, grâce aux importations considérables de numéraire qui ont été faites d'Europe, une partie des banques ont repris leurs paiemens en espèces.

102. Dans un discours prononcé au sénat, le 18 janvier 1837, M. Rives estimait que la quantité de billets de banque en circulation dans toute l'étendue de l'Union était de 120,000,000 de dollars (636,000,000 de fr.), et la quantité d'espèces seulement de 28,000,000 (63,000,000 de fr.). Selon les probabilités que cet homme d'état a établies, la suppression des billets de banque de moins de 20 dollars amènerait dans la masse du papier de crédit en circulation une diminution de deux cinquièmes, c'est-à-dire de 48,000,000, qui seraient nécessairement remplacés par une augmentation de même somme dans la quantité des espèces, et suffirait, selon lui, pour ramener l'ordre et la stabilité dans la circulation.

Art. 3. — *Des banques en France. — Système de Law. — Caisse d'escompte. — Législation actuelle. — Banque de France. — Banques des départemens.*

103. Les banques sont en France une institution encore récente, dont l'établissement régulier et définitif ne date en effet que du commencement de ce siècle, et dont le développement n'est pas complet.

Ce n'est pas qu'on y ait tardé plus qu'ailleurs à reconnaître dans le crédit le pouvoir de féconder le travail, source de toute prospérité privée et publique. Mais des désastres effrayans ont été à deux reprises, pendant le cours du siècle précédent, le fruit de l'abus du crédit, de l'ignorance ou du mépris des lois de son existence, et de l'idée fausse et immorale que quand son unique base, la confiance, vient à s'altérer, la force peut le soutenir. L'homme étant ainsi fait, que, de tous les malheurs auxquels il est exposé, la perte de son argent est celui qui laisse dans son esprit les traces les plus profondes, le souvenir de ces désastres a été successivement à l'application des théories les plus simples du crédit, un obstacle long-temps insurmontable, et qui est loin d'être encore écarté.

Cette cause n'est pas la seule. Avant que la révolution, en fondant l'égalité, eût mis la richesse au premier rang des supériorités sociales et fait de l'industrie le plus court moyen d'y parvenir, la France était un sol où les banques ne pouvaient que difficilement s'acclimater. Car l'agriculture, à laquelle ces établissemens ne peuvent prêter leur secours que par l'intermédiaire du commerce, était la seule vocation industrielle qui fût honorée; aussi, quoique la plus lente à fructifier, attirait-elle tous les capitaux. Entourés de préjugés profondément enracinés, qui détournaient d'eux les sucs nécessaires à leur croissance, le commerce et les manufactures ne pouvaient que végéter faiblement; ils ne s'enrichissaient pas même des fruits qu'ils produisaient; car, lorsqu'ils avaient créé une fortune, elle s'en détachait aussitôt pour se diriger vers la propriété foncière, et se couronner des honneurs et des prérogatives qui y étaient attachés. Leurs établissemens étaient d'ailleurs disséminés sur divers points du territoire indépendans les uns des autres, n'ayant entre eux que peu de rapports nécessaires, séparés même par la difficulté des communications et par la diversité et souvent l'antagonisme des intérêts, et parmi lesquels aucun n'avait une importance suffisante pour que le besoin d'une banque pût s'y faire ressentir. Différens bassins de circulation partielle existaient, doués à divers degrés d'abondance et d'activité; il n'y avait point encore de circulation générale.

Mais, depuis que les préjugés qui éloignaient autrefois des professions industrielles les intelligences et les capitaux sont détruits, que le travail a conquis l'estime qui lui est due, et qu'on ne déroge plus que par l'oisiveté; depuis que la double action de la division des fortunes et du perfectionnement des mœurs, en rendant chaque jour plus générale la disproportion entre les besoins et le revenu, attire au contraire de plus en plus les intelligences et les capitaux vers ces professions; depuis que le progrès de la richesse publique et des sciences, en multipliant les voies de communication, en rendant facile, prompt et économique, le transport des choses et des personnes, a rapproché toutes les distances et fait naître des communautés nombreuses et croissantes d'intérêts; depuis que Paris, devenu une des cités les plus industrieuses du monde, et plus puissante encore par ce qu'elle produit que par ce qu'elle consomme, s'est faite en France le chef-lieu et le point central du commerce comme de la civilisation et du mouvement politique; en un mot, depuis la transformation complète que les conséquences de la révolution ont opérée dans la carrière industrielle, il y a lieu de s'étonner et de s'affliger à la fois qu'en matière de crédit nous soyons encore si peu avancés, et qu'alors que deux peuples, nos rivaux dans les heureuses luttes des progrès, ont trouvé dans le crédit l'instrument, l'un d'un si prodigieux développement, l'autre d'un si rapide accroissement de leurs forces, nous n'ayons fait encore que de timides essais de sa puissance. L'Angleterre et les Etats-Unis, on vient de le voir, en sont peut-être à l'abus; nous n'en sommes pas même encore à l'usage.

104. *Système de Law.* — La banqueroute de Law est aujourd'hui oubliée; celle des assignats, plus générale et plus ruineuse encore, en a effacé les cicatrices en imprimant si profondément les siennes, et il est maintenant peu d'hommes qui se soient donné la peine d'en étudier les détails et d'en rechercher les causes. Mais les vieux négocians se ressouviennent qu'avant la révolution de 1789, *le système* était vivant encore dans les souvenirs, et que c'était dans ses formidables conséquences qu'on se retranchait pour résister à toute innovation favorable au crédit. Un homme d'état célèbre, dans un écrit publié il y a quelques années et digne de son beau talent, a donné du plan général de crédit conçu et exécuté par Law

une description remarquable autant par l'intérêt qu'elle attache à une matière si aride, que par la justesse des aperçus, et dont ce que notre sujet nous oblige à dire de la banque qui faisait partie de ce plan ne sera guère qu'une imparfaite analyse. L'auteur y donne des éloges, légitimes sans doute, à l'ingénieuse invention du système; mais il en attribue surtout la chute aux fautes graves qui, dans l'enivrement d'un premier et prodigieux succès, furent commises dans son application. Peut-être n'a-t-il pas fait, dans ce résultat, à la cause fondamentale qui rendait ce succès impossible, toute la part qui lui revenait. Cette cause, c'était la stérilité de l'industrie et la disproportion de ses forces avec l'instrument que Law créait pour son usage. Pour qu'un système général de crédit puisse durablement s'établir, il faut que la tendance à mettre le crédit à profit, c'est-à-dire à emprunter et à prêter, soit générale aussi, et cette tendance ne peut naître que de l'activité et de la prospérité du travail. Les emprunteurs ne deviennent ou ne demeurent solvables que lorsque le travail auquel ils emploient le capital emprunté leur rapporte plus que ne coûte le loyer de ce capital. De leur côté, les détenteurs de capitaux ne peuvent contracter une disposition habituelle à les hasarder dans des prêts à intérêt, que lorsqu'ils trouvent de bons débiteurs et en grand nombre, afin que leurs risques soient divisés. Quelles sont donc les véritables, les seules bases du crédit? le travail éprouvé et productif, et la concurrence. Sur quoi Law entreprit-il de le fonder? sur un commerce à créer, concédé par privilége exclusif, sur des espérances et sur le monopole. Pour que la circulation du papier de crédit qu'il voulait établir eût des garanties suffisantes, il fallait des affaires réelles et dont les profits fussent assurés, des débiteurs nombreux et solvables; il ne lui donna pour garantie que des entreprises non encore ou à peine commencées, et dont les profits étaient au moins incertains, qu'un seul débiteur, qui ne pouvait devenir solvable que par le succès de ces entreprises. Conception radicalement vicieuse. Le *sytème* fut une machine ingénieuse, il est vrai, mais qui, dans un pays aussi dépourvu, que l'était alors la France, de ressources industrielles, ne pouvait pas trouver de moteur suffisant. Law crut pouvoir lever cette difficulté en joignant à son mécanisme un moteur factice. Il se trompa. Dans l'ordre moral comme dans l'ordre matériel, le mouvement perpétuel est un problème insoluble, et nul instrument ne peut trouver en lui-même le moteur qui le fait agir. Les banques n'ont pas plus le pouvoir de fonder le crédit, que le crédit n'a celui de produire le capital. Faire valoir une force déjà existante, voilà leur office; la créer n'est pas en leur pouvoir.

Une autre erreur grave dans laquelle, faute d'une expérience que de son temps on n'avait pas faite encore, Law se laissa entraîner, ce fut de faire la base de son plan de la fusion du crédit privé avec le crédit public. Ce sont deux forces qui doivent demeurer séparées, afin de se prêter un mutuel appui, mais qui s'éteignent tôt ou tard l'une dans l'autre en se confondant. C'est que, obéissant à des lois diverses, chacune d'elles est soumise à des causes d'affaiblissement ou de destruction dont l'autre est exempte. Séparées, l'une peut donc tomber sans entraîner l'autre; réunies, les accidens particuliers auxquels chacune d'elles est sujette les affectent ensemble, et peuvent devenir mortels à toutes deux.

105. Le système de crédit que Law avait conçu consistait dans l'établissement d'une banque nationale fondée et régie par le gouvernement et faisant à la fois les affaires de l'état et celles des particuliers; ayant des établissemens dans tous les lieux de quelque importance, chargée de la recette du revenu public comme du recouvrement des créances privées; payant les dépenses de l'état comme les dettes des négocians; escomptant l'impôt comme les effets de commerce; maîtresse de la fabrication des monnaies, substituant en tous lieux ses billets aux espèces et dominatrice de la circulation; apportant partout la compensation des dettes avec les créances; simplifiant les liquidations entre les localités comme entre les personnes; offrant à tous, selon leurs besoins, l'intérêt du capital, ou le capital à charge d'intérêt; faisant à peu près exclusivement le commerce d'outre-mer en vertu de monopoles, en un mot, *fac totum* presque universel.

106. Law proposa tour à tour ce plan à l'Écosse, aux Pays-Bas, à la France, à la Savoie, à l'Autriche, mais partout sans succès. Louis XIV mourut. Law accourut aussitôt à Paris, pensant bien que, sous un règne nouveau et passager, un pays obéré par de longues et désastreuses guerres, dont les effets

publics perdaient 70 p. 0/0, et où la banqueroute paraissait inévitable, devait plus qu'aucun autre être disposé à accueillir son gigantesque projet, comme les malades désespérés sont les plus enclins à accepter les remèdes empiriques.

On eut d'abord la sagesse de ne pas l'adopter en entier, et de n'en prendre que ce qui dès lors était praticable et utile peut-être, mais à coup sûr sans danger. Un édit du 2 mai 1716 autorisa Law à fonder une banque particulière, dont le capital fut de 6,000,000 divisé en douze cents actions de 5,000 liv. chacune. Elle eut pour attributions d'escompter les effets de commerce, de recevoir les fonds versés chez elle par les négocians, de faire entre ceux-ci des compensations et viremens en comptes-courans, et d'émettre des billets remboursables au porteur et à vue, en écus du poids et au titre de la date de l'édit. Cette dernière disposition, en donnant à la monnaie dont ces effets étaient la représentation, une valeur fixe et invariable, offrait un refuge contre les fraudes et les erreurs auxquelles donnaient souvent lieu l'altération des monnaies, ainsi que l'incertitude de leur titre et de leur poids. Le papier de crédit et l'escompte fait à un taux fixe et modéré, étaient des choses nouvelles, et dont l'utilité frappa vivement le public. Le gouvernement s'empressa de donner l'exemple de la confiance dans la banque en recevant ses billets en paiement. Les résultats promis par Law se réalisèrent: ils lui attirèrent la faveur générale, et lui confirmèrent celle du régent, qui se décida bientôt à entrer plus avant dans l'exécution de ses projets. On s'occupa d'abord d'agrandir la circulation des billets et de la propager dans les provinces. A cet effet, un édit du 10 avril 1717 ordonna que les billets de la banque seraient, dans toute l'étendue du royaume, non seulement reçus en paiement des revenus publics, mais encore échangés à volonté contre des espèces par tous les officiers dépositaires de ces revenus. De cette disposition dut résulter et résulta en effet bientôt la suppression de la plus grande partie des déplacemens d'espèces, l'économie des frais de leur transport, l'accélération de leur circulation, l'abondance du signe des échanges, l'accumulation de l'or et de l'argent monnayé dans les caisses de la banque, l'affermissement progressif du crédit de cet établissement. Avec un capital de 6,000,000 seulement, le montant de ses billets en circulation atteignit bientôt 60,000,000.

Heureux si l'on se fût arrêté là! mais Law tenait à l'ensemble de son plan, et le régent à l'issue qu'il promettait d'ouvrir aux inextricables embarras financiers dans lesquels il était engagé. Encouragés par ce premier succès, ils marchèrent donc plus avant, mais par un détour.

Pour arriver plus tard à réunir entre les mains de la banque, outre les attributions qu'elle possédait déjà, le monopole du commerce d'outre-mer et l'administration du revenu public, Law résolut de créer d'abord séparément une compagnie qu'il ferait doter successivement de ces priviléges commerciaux et de ces fonctions administratives, et dont il opérerait ensuite la fusion avec la banque. C'est dans ce but que, quinze mois après la fondation de ce dernier établissement, un édit d'août 1717 créa la compagnie des Indes occidentales, et lui donna, avec la souveraineté de la Louisiane, le privilége exclusif du commerce de cette contrée, auquel fut en même temps ajouté celui du commerce des pelleteries et du castor dans le Canada.

La banque plaça dans les actions de la compagnie les 6,000,000 de son capital. Premier développement du vice fondamental du système. C'était enchaîner dès lors les destinées de la banque à celles de la compagnie, et confondre dans un avenir commun les chances très-vraisemblables de succès de l'une avec les chances au moins très-problématiques de succès de l'autre.

Ce fut encore dans la vue de donner plus de consistance et d'autorité à la banque que l'année suivante, et le 4 décembre 1718, elle fut déclarée banque royale. Law en fut nommé directeur; le capital fut remboursé aux actionnaires; l'état se rendit garant des billets en circulation.

Ainsi, d'établissement privé qu'elle avait été jusque là, la banque devint établissement public. C'était changer la base de sa fondation; c'était renoncer pour elle au crédit privé, pour ne lui donner désormais pour appui que le seul crédit public; c'était ôter à ses engagemens la garantie bornée, mais réelle, d'un capital effectif, pour y substituer la garantie indéfinie, mais douteuse, d'un état obéré. Ce fut un second pas et un pas immense vers la ruine de cette utile institution.

La banque continua néanmoins à rendre

de grands services à la circulation et à s'affermir dans la faveur publique. Pendant les premiers mois de 1719, la demande des billets s'accrut, et le montant de leur émission s'éleva à 110,000,000. Ils circulaient alors dans toute la France, et pour en généraliser encore plus l'usage, on défendit de faire des transports d'espèces entre les lieux où existaient des bureaux de remboursement, et où, par conséquent, les remises pouvaient se faire en billets.

Peu après, Law, poursuivant le développement de ses projets, fit attribuer à la compagnie des Indes occidentales, qui prit à cette occasion le nom de Compagnie des Indes, le privilége exclusif du commerce des pays situés au-delà du cap de Bonne-Espérance ; on acquit en même temps pour elle celui du commerce du Sénégal, en sorte qu'elle se trouva en possession du monopole du négoce avec l'Amérique, les Indes, la Chine et l'Afrique. Plus tard, et par un édit du 25 juillet de la même année, la refonte et la fabrication des monnaies furent encore ajoutées à ces vastes attributions, à des conditions qui assurèrent un bénéfice considérable à la compagnie.

107. Ce fut alors que commencèrent à se manifester cet engouement fabuleux dont les actions de la compagnie des Indes devinrent un moment l'objet, cet agiotage effréné dont tout ce que Paris renfermait d'hommes corrompus et avides furent les acteurs, et la rue Quincampoix le théâtre.

Après avoir, par un édit qui réduisait la valeur des espèces, déjoué une tentative concertée dans le but d'embarrasser la banque par des demandes imprévues de remboursement, et corroboré la faveur dont ses billets continuaient à jouir, Law, encouragé par le succès de tout ce qu'il avait entrepris jusque là, crut le moment arrivé de compléter son œuvre. Il ne s'agissait pour cela de rien moins que de donner à la compagnie des Indes l'entreprise des fermes, et de la charger du remboursement de la dette publique, montant à près de 1,000,000,000.

Si, par le premier de ses desseins, Law assurait à la compagnie des bénéfices importans et certains, et un grand accroissement d'influence, il fallait pour l'accomplir détruire l'association formée peu de temps auparavant, avec un capital de 100,000,000, pour l'exploitation de cette entreprise, et jeter le trouble et le désappointement au milieu des nombreux intérêts qu'elle avait fondés ; si, par le second, il remplissait un engagement pris avec le régent, libérait le trésor d'une charge devenue insupportable, et délivrait l'état d'embarras financiers qui ne pouvaient autrement trouver de solution que dans la banqueroute, il n'était possible de le réaliser qu'en déplaçant, pour la reposer sur d'autres bases, la charge énorme de la dette publique toute entière ; entreprise d'une audace dont il n'y avait jamais eu d'exemple, et qui eût pu réussir, grâce à l'influence entraînante que, par son génie, Law avait su se créer, si cette base, sur laquelle il entreprenait de placer ce poids énorme, n'eût été elle-même construite sur un sable mouvant. Substituer la compagnie à l'état, et rembourser la dette publique avec des actions, tel était le plan. Pour l'exécuter, il fallait que la compagnie prêtât à l'état 1,600,000,000 nécessaires au remboursement de la dette, et que, pour se les procurer elle-même, elle fit pour une somme équivalente de nouvelles émissions d'actions. Ce fut tenté, et tel était l'entraînement universel que Law avait su créer en faveur de ses hardis projets, que l'on put croire, pendant quelques mois, que cela avait réussi.

La compagnie avait, à l'époque de sa fondation et depuis, émis trois cent mille actions au capital nominal de 500 fr., dont cent mille au pair, cinquante mille à 10 p. 0/0 de prime, ou 550 fr., et cinquante mille à 100 p. 0/0 de prime, ou 1,000 fr. Le cours de ces actions, exalté par les illusions que l'imagination de Law avait créées, et qu'il avait eu le talent de faire adopter, était monté à plus de 4,000 fr. Dans l'espace de dix-neuf jours, du 13 sept. au 22 oct. 1719, la compagnie fit trois émissions successives de cent mille actions chacune, toujours de la valeur nominale de 500 fr., mais au prix de 5,000 fr., payables de mois en mois en dix termes égaux. On se les arracha. Pendant que dans les bureaux de la compagnie on les délivrait pour 5,000 fr. à une foule en délire, on les revendait 6,000 à 8,000 fr. dans la rue Quincampoix. L'enivrement était universel : ni l'orgueil de la naissance, ni la gravité de la magistrature, ni la sainteté du sacerdoce, ne furent des préservatifs suffisans contre la contagion de cette avidité furieuse qui avait envahi tous les cœurs, et l'on put voir alors que ce qu'il y a au monde de plus corrupteur, c'est le spectacle de la richesse acquise sans travail. Le cours des actions s'éleva en novembre à 15,000 fr., en décembre à 18 et même 20,000 fr. Law était l'objet d'une espèce de culte; le régent lui destina le contrôle général des finances: les gouvernemens étrangers s'alarmèrent de la puissance financière qui s'élevait en France; l'Angleterre crut devoir ménager assez l'auteur du système pour changer son ambassadeur parce qu'il lui déplaisait.

La banque, qui était encore demeurée séparée de la compagnie, et qui était, comme nous l'avons déjà dit, gérée pour le compte du gouvernement, participait à cette faveur: ses billets, singulièrement propres à accélérer les innombrables paiemens auxquels donnait lieu un tel agiotage, étaient vivement recherchés. On venait, pour s'en procurer, déposer à la banque des quantités considérables d'or et d'argent, et ils gagnaient jusqu'à 10 p. 0/0. La banque en avait alors en circulation pour 640,000,000.

108. Cependant, en province, où le même motif ne pouvait en exciter la demande, leur succès était loin d'être aussi général. Law voulut y suppléer. Un édit du 1er décembre 1719 interdit à la banque de recevoir dans Paris de l'or et de l'argent en échange de billets, en laissant subsister pour elle cette faculté dans les provinces, ordonna que l'impôt ne serait plus payable qu'en billets, et que tout créancier aurait le droit d'exiger que son paiement ne lui fût fait qu'en cette monnaie. Outre que, par ces mesures, on constatait et confirmait la plus-value des billets sur les espèces, elles devaient aussi avoir pour effet de diminuer la circulation dans Paris et de l'augmenter dans les provinces. Mais c'était employer la force à l'appui du crédit, et la force est un auxiliaire qui le tue en voulant le servir.

109. L'ivresse que Law avait su exciter en faveur de ses entreprises était arrivée à son dernier période, et le moment approchait où devait se dissiper comme un songe l'illusion qui les avait élevées si haut. On a vu que la compagnie des Indes avait émis jusque là :

600,000 actions de 500 fr. au capital nominal de 300,000,000 au capital réel de..	200,000 au pair	100,000,000
	50,000 à 500	27,500,000
	50,000 à 1,000	50,000,000
	300,000 à 5,000	1,500,000,000
		1,677,500,000

Les actions étant montées à 18 et 20,000 fr., ce que le public avait effectivement acheté pour 1,677,500,000 fr. avait acquis une valeur de 10 à 12 milliards. On n'avait pas songé à se demander jusque alors s'il était bien sûr que les produits du commerce de la Louisiane, du Canada, de l'Afrique et des Indes, joints aux autres avantages que Law avait assurés à la compagnie, pussent subvenir aux intérêts d'un si énorme capital. La réalité, c'était que les revenus de la Compagnie ne pouvaient s'élever en effet qu'à un peu plus de 80,000,000, dont 10,000,000 seulement étaient le résultat de ses opérations commerciales; le reste provenait, soit des intérêts dus par l'état sur les fonds à lui avancés par la compagnie pour le remboursement de la dette, soit des bénéfices que produisaient le bail des fermes, la fabrication des monnaies et le monopole du tabac. Or, ce revenu de 80,000,000 ne suffisait pas même au paiement de l'intérêt à 5 p. 0/0 des 1,677,500,000 fr. que le public avait effectivement donnés pour prix des six cent mille actions de la compagnie, et quant aux 10 à 12 milliards auxquels leur valeur avait été depuis portée, il n'en pouvait fournir l'intérêt qu'à raison de 2/3 ou 4/5 p. 0/0.

Quelques possesseurs d'actions, mieux informés ou plus clairvoyans que les autres, aperçurent ce résultat; ils en recherchèrent la cause: ils virent que la possession et le commerce de la Louisiane, en supposant même qu'ils justifiassent un jour tout ce qu'on en attendait, ne pouvaient en ce moment, et de long-temps encore, donner lieu qu'à des dépenses et non à des profits; qu'il en était presque de même de ceux des Indes, de la Chine, du Sénégal, et même du Canada; qu'il fallait, pour en tirer parti, du temps, des capitaux et une bonne administration, et que ce n'est pas assez de la concession d'un monopole pour créer subitement le commerce qui en est l'objet, et faire qu'il soit aussitôt productif. Dès lors, leurs illusions se dissipèrent: ils reconnurent que la valeur à laquelle les actions avaient été portées était purement chimérique, et ils s'entendirent pour convertir le plus tôt possible celles qu'ils possédaient en valeurs réelles. Profitant de l'aveuglement qui portait encore une foule d'imprudens à vendre leurs propriétés pour spéculer sur les actions, ils se mirent à acheter des terres, des maisons, de l'or, de l'argent, des pierreries, en un mot, tout ce qui pouvait offrir une valeur réelle et assurée.

Le premier effet de ce revirement fut un renchérissement subit de toutes choses, un commencement de baisse sur les actions, une inquiétude sourde sur leur avenir. Les billets de la banque ne furent pas encore atteints par ces premiers symptômes de discrédit; mais on commença à rechercher le numéraire, et l'amas qui s'en était formé dans les caisses de cet établissement diminuait rapidement. Law recourut aussitôt aux moyens forcés. Un édit fixa la valeur des billets à 5 p. 0/0 au-dessus de celle des espèces, comme si un édit y pouvait quelque chose; il ordonna aussi que les monnaies d'argent ne seraient plus admises que dans les paiemens de moins de 100 fr., et les espèces d'or que dans ceux de moins de 300 fr. Il n'est pas nécessaire d'ajouter que ces mesures ne firent qu'accélérer l'impulsion qu'elles avaient pour but de combattre. L'empressement à réaliser en espèces n'en devint que plus ardent. C'est en vain que Law, devenu contrôleur général, après avoir préalablement abjuré la religion protestante, s'efforça par tous les moyens de ranimer l'ardeur qui s'éteignait, de dissiper les alarmes qui présageaient la ruine de ses entreprises. Il vint en personne et en pompeux appareil dans la rue Quincampoix pour réveiller les courages, annonçant par ses agens de nouveaux édits en faveur de la compagnie, de nouveaux avantages qui allaient lui être attribués, et une hausse prochaine succédant à une baisse accidentelle et passagère. En effet, il donna à la compagnie les recettes générales, le bénéfice de l'affinage de l'or et de l'argent, la refonte de certaines monnaies; il annonça qu'elle allait consacrer une partie de ses capitaux à encourager la pêche et à fonder des manufactures; il accorda aux souscripteurs des actions des termes plus éloignés; il fit connaître, par l'intermédiaire des directeurs de la compagnie des Indes, qu'elle était en mesure de servir un dividende de 40 p. 0/0 sur le capital nominal de 300,000,000, ou de 6 à 7 p. 0/0 sur le capital réel de 1,677,000,000; ce qui était un mensonge, puisque, comme on l'a vu, le revenu de la compagnie n'excédait pas 80,000,000; enfin, pour stimuler les créanciers de l'état, qui, retenus par la défiance que commençaient à inspirer les actions, refusaient d'en accepter en remboursement de leurs titres, il fit décider par un édit que tous ceux qui ne se présenteraient pas pour recevoir leur remboursement, subiraient la réduction de leur rente à 2 p. 0/0. Singulier moyen de rétablir le crédit!

Ces mesures ne réussirent qu'à retarder la catastrophe; les actions reprirent un instant de faveur apparente, et remontèrent à 15,000 fr. Les créanciers de l'état recommencèrent à accepter leur remboursement; mais, au lieu de le recevoir en actions, ils le prirent en billets de la banque; ce qui porta les émissions à 1,000,000,000. L'empressement à réaliser en espèces demeura le même; les actions retombèrent, le renchérissement des marchandises et le discrédit du papier s'accrurent dans une proportion égale et rapidement croissante: ce n'était plus seulement à Paris, c'était aussi dans les provinces qu'on venait partout au remboursement.

Law ne vit de remède à ces désastres que dans de nouvelles violences: il défendit de porter des diamans, des perles et des pierreries; il prohiba les transports d'espèces hors des villes où existaient des bureaux de la banque; il donna cours forcé aux billets; il réduisit la valeur des monnaies d'or et d'argent; il prononça la confiscation des vieilles monnaies dont la refonte avait été ordonnée, et prescrivit des visites domiciliaires pour rechercher les contraventions.

Mais chaque rigueur nouvelle ne faisait qu'ajouter à la défiance et que rendre plus inévitable et plus prochaine la chute du système. Peut-être restait-il un moyen, non de l'empêcher, mais de l'amortir: c'était de séparer l'action du billet, de sacrifier l'une, acquise volontairement et dans une vue de spéculation et de profit, pour sauver l'autre, qui avait été reçue en vertu des injonctions de la loi et sous la garantie de la foi publique. Law fit tout le contraire; il confondit définitivement l'action avec le billet en réunissant la banque à la compagnie; il rendit le billet obligatoire dans tout paiement au-dessus de 100 francs; il défendit à tout particulier de garder plus de 500 francs en argent, sous peine de confiscation et de 10,000 francs d'amende; il alloua au délateur la moitié des produits de la confiscation; il défendit la fabrication d'ouvrages d'orfévrerie en or ou en argent au-dessus d'un poids déterminé; il éleva la valeur de ces métaux; enfin il fit rendre un édit, en date du 5 mars 1729, qui fixait la valeur de l'action à 9,000 francs, et créait un bureau dans lequel pourraient être échangés à volonté l'action contre 9,000 francs en billets, ou 9,000 francs en billets contre l'action.

Persuadé que les mesures coërcitives qu'il avait prises dans le but d'empêcher la dépréciation des billets ne pouvaient manquer de produire l'effet qu'il en attendait, il crut, en rendant facultative la conversion des actions en billets, fixer définitivement au taux prescrit par l'édit la valeur des actions. C'était encore par sa base que péchait ce nouveau plan. La contrainte ne pouvant exercer sur le crédit qu'une action destructive, les moyens violens mis en usage pour soutenir les billets n'étaient propres qu'à en accroître la défaveur, et la confusion des billets et des actions que créait l'édit, et dont on espérait le salut de tous deux, en associant les billets à la déconfiture des actions, ne pouvait que rendre plus rapide et plus rude leur chute commune.

On accourut en foule au bureau de ventes et d'achats, nullement pour y acheter des actions, mais uniquement et exclusivement pour en vendre. Il en résulta que l'émission des billets, qui ne s'était pas élevée à plus de 1,000,000,000, et que le remboursement des prêts sur dépôt d'actions, exigé quelque temps auparavant, avait réduite à 675,000,000, s'éleva subitement à 2,000,000,000. Dès lors l'avilissement du papier et le renchérissement de toutes les valeurs réelles firent des progrès encore plus rapides: en février le billet ne perdait guère que 10 p. 0/0, tandis que la valeur de l'action avait diminué de moitié; après l'édit, l'action ne baissa plus, mais ce fut le billet qui baissa pour elle, et qui perdit 40 à 50 p. 0/0. De nouveaux efforts pour le soutenir, tels que la prohibition de la circulation de l'or et l'abaissement de la valeur légale du marc d'argent, n'eurent aucun résultat. On recherchait avidement le numéraire; on le faisait passer à l'étranger; les billets n'étaient plus employés que par les débiteurs à payer leurs dettes en cette monnaie dépréciée, et il fallait de l'argent pour les achats journaliers; mais c'était secrètement qu'on en faisait usage.

110. La situation s'aggravait de plus en plus. Le remboursement des actions en billets avait porté les émissions de la banque à 2,696,400,000 francs. On vit que tout était perdu, et l'on ne s'occupa plus que de la démolition du système. D'Argenson, que sa décadence avait remis en faveur, fit rendre un édit qui prononçait la réduction progressive et de mois en mois de la valeur des actions et des billets, réduction qui, au mois de décembre, aboutissait à moitié sur les billets et à 4/9 sur les actions. Cet édit, véritable déclaration de faillite, excita de vives clameurs; le régent fut obligé de le retirer. Feignant de tout attribuer à Law, le régent lui ôta le contrôle général, mais non sa faveur.

111. Le 1er juin, la défense de garder plus de 500 francs en numéraire fut révoquée; on abolit quarante mille actions remboursées par la banque; on renonça aux 900,000,000 que la compagnie devait au trésor public pour solde de 1,600,000,000 destinés au remboursement de la dette; mais aussi on lui retira les 48,000,000 qu'elle avait été autorisée à prélever sur le revenu des fermes, en paiement des intérêts de ces 1,600,000,000, ce qui réduisit son revenu de 80,000,000 à 32. Ces 48,000,000, réduits eux-mêmes à 43 par des créations de rentes déjà faites pour compte de l'état par la compagnie, furent destinés au service de nouveaux emprunts; on créa 25,000,000 de rentes sur l'hôtel-de-ville au capital de 1,000,000,000, c'est-à-dire à 2 et 1/2 p. 0/0; on promit 360 fr. de dividende à ceux des actionnaires qui verseraient en actions ou billets un supplément de 3,000 f. par action, tandis qu'à ceux qui ne feraient pas ce versement, on ne donnerait que 200 f.; enfin la banque ouvrit aux négocians des comptes-courans pour recevoir leurs versemens en billets jusqu'à concurrence de 600,000,000.

Mais ces moyens d'amortir la chute désormais inévitable du système n'eurent point de succès: l'emprunt ne fut pas rempli; on ne versa en compte-courant que 200,000,000; on ne fournit pas le supplément de 3,000 fr. proposé sur les actions, dont la valeur était tombée à 5,000 fr., qui, les billets perdant 50 p. 0/0, n'en représentaient, en effet, que 2,500. La banque avait alors en circulation :

En billets de 10,000 fr.	1,134,000,000
— de 1,000	1,223,200,000
— de 100	299,200,000
— de 10	40,000,000
	2,696,400,000

La loi qui défendait tout paiement en numéraire au-dessus de 100 fr. dispensait la banque des remboursemens des billets de 10,000 fr. et de 1,000 fr. Elle n'avait donc à pourvoir qu'à celui des billets de 100 fr. et de 10 fr., montant ensemble à 339,200,000 f. Elle l'avait jusque là continué péniblement, ouvrant tard ses caisses et les fermant de bonne heure, payant lentement et souvent en monnaie de billon. Sa réserve en espèces n'en fut pas moins bientôt épuisée, et l'on fut réduit à l'autoriser à ne plus rembourser en espèces que les billets de 10 fr.

Aussitôt que cette mesure fut publique, les porteurs de billets de 10 fr., craignant d'éprouver bientôt à leur tour le sort dont venaient d'être frappés les porteurs de billets de 100 fr., se portèrent en foule à la banque pour y demander leur remboursement. La presse devint telle que trois personnes furent étouffées. A cet aspect, le peuple se soulève et accourt en tumulte chez Law, qui se réfugie au Palais-Royal. Le peuple l'y suit en fureur portant les trois cadavres; l'asile qu'il avait trouvé dans la demeure du prince ne l'eût pas sauvé, si celui-ci n'eût eu la présence d'esprit de faire ouvrir les portes et de faire annoncer des mesures propres à hâter le remboursement des billets de 10 fr. En effet, le lendemain, des changeurs furent établis, pour les retirer, sur les principales places publiques. On poursuivit la démolition du système. N'ayant pu réduire de moitié la valeur des actions et des billets, on essaya de doubler celle du numéraire. On porta la valeur du marc d'or à 1,800 fr., et celle du marc d'argent à 120 fr., avec décroissance graduelle de mois en mois jusqu'aux prix précédens de 900 fr. et de 60 fr.

Les espèces n'en reparurent pas davantage. On exigea ce que quelques jours auparavant on n'avait que proposé, un supplément de 3,000 fr. par action, et on l'exigea à peine de nullité. Enfin il fut décidé que les billets de 10,000 fr. et de 1,000 fr., qui, au 1er novembre, n'auraient été affectés à aucun des divers emplois qui leur avaient été ouverts par les édits précédens, cesseraient d'avoir cours et deviendraient actions rentières de la compagnie avec intérêts de 2 p. 0/0. C'était promettre 40 p. 0/0 pour dividende de la faillite de l'état. Au lieu de rembourser au porteur de billets le capital pour lequel il les avait reçus, on lui donnait seulement l'intérêt à 2 p. 0/0 de ce capital, sans même lui réserver aucune chance d'augmentation de ce revenu. Aussi les billets tombèrent-ils presque à rien : 1,000 fr. en billets ne représentaient plus que 10 fr. en espèces, et comme les actions ne se vendaient plus que 2,000 fr. en papier, ce qui, onze mois auparavant, avait valu jusqu'à 20,000 fr., ne valait plus, en octobre 1720, que 200 fr.

Après qu'on eut exercé des recherches et des taxations arbitraires contre ceux que l'opinion désignait comme s'étant enrichis au moyen de l'agiotage, on en vint enfin, et ce fut le complément du naufrage, au visa du papier encore en circulation. Les frères Paris furent chargés de cette opération : elle consista à examiner à quel titre les porteurs de 2,222,000,000 f. de papier, soit en actions, soit en billets, qui restaient encore du système, en étaient possesseurs, et à annuler celles de ces valeurs qui appartenaient aux nouveaux enrichis ; ce qui en diminua la masse de plus de 500,000,000. Le reste demeura subsistant, partie en rentes sur l'état, partie en actions de la compagnie des Indes, le capital de la dette publique demeurant à peu près le même qu'auparavant, mais l'intérêt réduit de 80,000,000 à environ 37,000,000. Si quelques particuliers avaient fait fortune, un bien plus grand nombre, parmi lesquels beaucoup de créanciers de l'état, avaient été ruinés ; le crédit était détruit pour long-temps; les mœurs publiques étaient profondément altérées.

112. Tels furent les résultats du système. La banque fut abolie ; la compagnie des Indes, réduite à ses priviléges commerciaux, continua d'exister sous le même titre. Law, poursuivi par le ressentiment public, persécuté, dépouillé, proscrit, alla végéter et mourir chez l'étranger, dans une misère qui attesta du moins sa bonne foi et la confiance que lui-même avait conservée jusqu'au der-

nier moment dans une conception qui, malgré les vices originaires qui en rendaient le succès impossible, malgré la témérité aveugle et les fautes graves qui rendirent sa chute si subite et si terrible, n'en attesta pas moins dans son auteur, outre un génie fécond et inventif et une grande puissance de persuasion, la perception distincte des trois sources les plus fécondes et jusque là les plus ignorées de la grandeur des nations, le commerce maritime, le crédit et l'esprit d'association.

113. Telle avait été l'impression produite en France par cette grande catastrophe, que ce ne fut que cinquante-six ans après que l'on crut pouvoir tenter de nouveau la fondation d'une institution de crédit.

114. *Caisse d'escompte.* — En 1776, sur les plans proposés par deux financiers nommés Panchaud et Clonard, un arrêt du conseil, en date du 24 mars, créa à Paris une caisse d'escompte destinée, comme ce titre l'indique, à escompter les effets de commerce au moyen de l'émission de billets remboursables au porteur et à vue. Le capital fut d'abord fixé à 15,000,000, sur lesquels 10,000,000 devaient être prêtés au trésor royal et dont le remboursement devait être effectué par annuités dans l'espace de treize années. Mais quand, après six mois, on n'eut pu réunir des souscriptions que jusqu'à concurrence d'une somme de 2,000,000, on s'aperçut du vice de ces dispositions, qui, en plaçant le capital presque entier de l'établissement entre les mains de l'état, le mettaient dans sa dépendance, et condamnaient d'avance son crédit à ne pas s'élever au-dessus du crédit énervé et chancelant de l'état lui-même. On y renonça donc, et il ne fut plus question du prêt de 10,000,000 à l'état. Le montant des souscriptions, qui s'élevait alors à 7,500,000 fr. divisés en deux mille cinq cents actions de 3,000 fr., fut exclusivement consacré aux opérations de l'établissement.

Ces opérations eurent d'abord peu d'extension. Les actionnaires décidèrent alors de porter le nombre des actions de deux mille cinq cents à quatre mille, et le capital à 12,000,000. Un arrêt du 7 mars 1779 sanctionna cette décision et fixa le taux de l'escompte à 4 p. 0/0 en temps de paix et à 4 1/2 p. 0/0 en temps de guerre. A la suite de ces changemens les opérations de la caisse prirent un plus grand développement.

En 1783, pendant le premier semestre, le montant des valeurs escomptées par la caisse s'éleva à 136,000,000, et celui de ses billets en circulation à 35,000,000. Mais pour faire face au remboursement, elle n'avait eu en caisse, pendant toute la durée de ce semestre, qu'une somme en espèces qui n'avait jamais excédé 5,000,000. Le trésor public devait alors 6,000,000 à la caisse d'escompte; la paix qui venait d'être conclue avait fait refluer le numéraire dans les ports et dans les provinces; 4,000,000 en piastres, que possédait la caisse, et qu'elle faisait convertir en écus, ne fournissaient, à cause de la lenteur de la fabrication, que 100,000 fr. par jour. La réserve en espèces s'épuisa, et le 3 octobre elle était réduite à 138,000 fr. Il fallut invoquer le secours du gouvernement. Un arrêt du conseil, du 27 sept., en donnant cours forcé aux billets de la caisse d'escompte, l'autorisa à les rembourser en effets de commerce de son portefeuille, et suspendit toutes poursuites pour leur paiement en numéraire jusqu'au 1er janv. 1784.

Quelque temps après, le gouvernement, qui venait de faire avec succès un emprunt de 24,000,000 en forme de loterie, remboursa les 6,000,000 qu'il devait; un procès-verbal qui fut alors dressé constata que la caisse avait en circulation pour 42,000,000 de billets, et que son actif excédait son passif de 14,140,473 f. La caisse reprit ses paiemens en espèces: la confiance se rétablit aussitôt. Mais les sacrifices que la caisse avait été obligée de faire pour se procurer des espèces avaient dévoré les bénéfices du semestre. Un arrêt du 23 nov. 1783 autorisa la création de mille actions nouvelles, ce qui porta le capital à 15,000,000.

115. Vers la même époque, un réglement, dressé par M. Panchaud, un des fondateurs, et par un homme qui depuis a joué un rôle si important dans les affaires publiques, M. de Talleyrand, apporta plusieurs modifications essentielles dans l'organisation de l'établissement.

En 1784, il se manifesta sur les actions un agiotage désordonné; bien qu'il n'y en eût que cinq mille, il fut vendu plus de trente mille dividendes. On cherchait à influer sur la fixation des distributions semestrielles, qui n'était pas encore alors déterminée par des règles précises, et on accusa les administrateurs eux-mêmes de n'être pas étrangers à ces manœuvres. Le gouvernement voulut y mettre ordre, et prescrivit, par arrêt du 16 juin 1785, que les dividendes ne pourraient désormais être pris que sur les bénéfices réalisés dans le semestre écoulé. Il s'éleva de vives réclamations contre cette mesure : on prétendit qu'elle violait l'indépendance de l'établissement et la liberté des délibérations de ses actionnaires. Il y eut une discussion publique par mémoires, à laquelle M. de Calonne, contrôleur général, prit lui-même part, en démontrant la justice et la nécessité de cette décision.

Le gouvernement persista à s'attribuer une surveillance plus directe sur les opérations de la caisse, en exigeant que les délibérations des actionnaires, qui avaient pour objet la fixation du dividende, ne devinssent exécutoires qu'après homologation par le conseil d'état. Un autre arrêt avait déjà annulé tous les marchés et engagemens à termes relatifs à des actions ou dividendes d'actions.

Les dividendes distribués aux actionnaires pendant les deux semestres de l'année 1786 s'élevèrent à 15 et 1/2 p. 0/0 du capital primitif. Malgré ces bénéfices, les actions éprouvèrent, pendant le premier mois de l'année suivante, une baisse considérable, dont la cause fut le pressentiment de l'intention qu'avait le ministre de chercher un secours au délabrement déplorable des finances de l'état dans un appel aux ressources florissantes et au crédit de la caisse d'escompte. En effet, dans une assemblée générale extraordinairement convoquée le 5 fév. 1787, on développa un plan destiné, disait-on, à donner plus de sûreté au public et d'avantages au commerce, en rendant la caisse utile à toutes les classes de citoyens, en faisant circuler ses billets dans les provinces, en subdivisant davantage la propriété des actions, en perfectionnant la forme de son administration, enfin, et c'était là le point principal, en plaçant entre les mains du gouvernement un cautionnement de 80,000,000 comme garantie du remboursement des billets en circulation. On parvint à faire donner à ces propositions la forme d'une demande spontanée de la part des actionnaires; un rapport du ministre, approuvé de la main du roi, fut adressé avec elle à l'administration, et, six jours après, un arrêt du conseil, du 18 fév. 1787, convertissant en loi ces propositions, ordonnait que la caisse d'escompte ferait au trésor royal le dépôt à titre de cautionnement d'une somme de 70,000,000, dont l'intérêt serait payé à raison de 5 p. 0/0, dépôt auquel étaient affectés pour gages les revenus publics en général et spécialement celui des fermes générales.

La caisse d'escompte fut en même temps autorisée à créer vingt mille actions nouvelles, dont dix mille à négocier au public à raison de 3,600 fr., et dix mille à délivrer par privilége aux anciens actionnaires à raison de 3,400 fr., et de deux actions nouvelles pour une ancienne. Les actions primitives, au nombre de cinq mille, devaient être échangées contre des actions nouvelles de même forme; en sorte que le capital serait divisé en vingt-cinq mille actions, à chacune desquelles fut attribuée une valeur de 4,000 fr. Le taux de l'escompte fut fixé à 4 p. 0/0 jusqu'à soixante jours, à 4 et 1/2 de 60 à 120 jours, et à 5 p. 0/0 de 120 à 180 jours. La caisse était donc autorisée à prendre du papier jusqu'à six mois d'échéance. La formation d'une réserve fut laissée à la volonté des administrateurs, dont le nombre fut porté à 18. Le privilége d'émettre des billets au porteur et à vue fut accordé pour trente ans.

Sous le prétexte d'une garantie à donner au public pour la valeur des billets en circulation, dont le montant s'élevait alors à 98,000,000, ces dispositions mettaient le capital presque entier de la caisse d'escompte entre les mains du gouvernement, et ne laissaient ainsi pour gage à ses créanciers qu'un crédit public déjà profondément altéré. Aussi eurent-elles pour effet d'envelopper d'avance cet établissement dans la déconfiture prochaine des finances publiques. Dès le mois d'août, il survint une crise provoquée par les défiances qu'inspirait déjà cette situation. La foule se porta à la caisse pour demander le remboursement des billets, et, dans l'espace de quelques jours, il en sortit 33,000,000 en numéraire. Cependant ses affaires étaient dans la meilleure situation : elle avait en portefeuille 72,000,000 de valeurs à des échéances qui ne dépassaient pas le 30 septembre, et tous ses engagemens pouvaient être éteints le 10 octobre; ses actions avaient valu, quelques jours avant ce mouvement, jusqu'à 4,747 fr. Sur ces entrefaites, l'administration de cet établissement fut informée que, sans qu'elle l'eût demandé, le gouvernement se disposait à rendre un arrêt de surséance pareil à celu de 1783. Elle s'y opposa avec fermeté, et demanda qu'avant tout le trésor remboursât les 70,000,000 que la caisse y avait versés. Le ministre, dans l'impuissance où il était de satisfaire à une demande dont la justice n'était pourtant pas contestable, vit qu'il fallait céder; il renonça à l'arrêt de surséance, et il donna ordre aux receveurs des deniers publics d'envoyer à la caisse d'escompte tout le numéraire dont ils pouvaient disposer. Les remboursemens, qui n'avaient pas été interrompus, se continuèrent dès lors avec facilité; l'argent reparut, la confiance se rétablit, et le crédit de l'établissement ne souffrit aucune altération.

116. Dès les premiers mois de 1788, l'édit du timbre, la séance royale, l'exil des parlemens, présages sinistres, jetèrent une grande agitation dans les esprits. La situation désespérée des finances du gouvernement, qui tenait entre ses mains une portion si considérable du capital de la caisse d'escompte, fit naître des inquiétudes parmi les porteurs de ses billets. On vint en foule au remboursement, et sa réserve, qui était de 50,000,000 en numéraire, fut bientôt réduite à 25,000,000. Un arrêt du conseil du 18 août, rendu à l'improviste, sans que l'administration eût été consultée, et qui ne fut connu d'elle que par l'affiche qui en fut apposée à la porte de l'établissement, autorisa la caisse d'escompte à rembourser ses billets en effets de son portefeuille. Elle avait encore alors 19,000,000 d'espèces, somme bien suffisante pour soutenir la circulation de ses billets. Cet arrêt, loin de lui être nécessaire, ne pouvait donc que lui être très-nuisible. Il eut pour motif de prévenir de sa part la demande du remboursement des 70,000,000, en lui ôtant en même temps tout prétexte de réduire ses escomptes, et pour effet de l'obliger, non encore à suspendre, mais à ralentir ses remboursemens. La détresse des finances publiques était alors à son comble, et toutes les ressources du trésor anéanties.

117. M. Necker ayant été rappelé, il réunit les administrateurs de la caisse d'escompte, leur confia cette situation, et leur déclara qu'il était impossible d'échapper à la suspension des paiemens de l'état et au bouleversement complet auquel un tel événement condamnait, s'il n'obtenait d'eux une avance de 15,000,000. La nécessité était évidente autant que pressante et la résistance impossible; dès le lendemain cette avance fut faite en billets sur des rescriptions et sur l'engagement personnel du roi. La même opération fut renouvelée à la fin d'octobre. Malgré l'accroissement de ses découverts envers l'état, la situation de la caisse demeurait bonne : quoique depuis le mois d'août jusqu'au 15 novembre, elle eût payé plus de 140,000,000, elle avait encore, au 20 décembre, 31,000,000 d'espèces en caisse pour 72,000,000 de billets en circulation; ce qui n'empêcha pas que le même jour l'arrêt du 18 août ne fût prorogé, et qu'on ne lui continuât une faculté dont jusque là rien n'avait encore fait sentir la nécessité. Une nouvelle prorogation eut lieu le 14 juin 1789, jour où la caisse avait encore en espèces 27,000,000 pour 80,000,000 de circulation. Mais, à la première de ces époques, on redoutait les troubles que pouvait occasionner le rapport de M. Necker sur la représentation nationale, et, à la seconde, le flambeau de la discorde était tout prêt à s'allumer.

Le 8 janv. 1789, sur la proposition de M. Boscary, les actionnaires, réunis en assemblée générale, décidèrent qu'il serait fait au roi par la caisse d'escompte un prêt de 25,000,000, comme un témoignage de leur dévouement et de leur zèle. Cette offre, qui portait un caractère d'esprit public très-honorable pour le commerce, fut acceptée avec empressement. L'assemblée nationale, peu de temps après qu'elle se fut constituée, s'occupa de la caisse d'escompte; elle manifesta le désir de recueillir sur son organisation et sa situation des renseignemens que les administrateurs s'empressèrent de lui fournir: Mirabeau fit un travail sur cet établissement, qu'il communiqua dans les séances des 16 et 21 septembre, et dans lequel il s'éleva avec force contre les opérations des ministres et contre la suspension des remboursemens en espèces; il proposa de ramener la caisse d'escompte aux véritables principes du crédit, en décrétant qu'elle reprendrait ses paiemens à bureau ouvert. Le 16 novembre suivant, M. Necker proposa de porter l'émission de ses billets à 240,000,000, et de la convertir en une banque nationale; cette proposition, vivement combattue par Mirabeau et défendue par Dupont de Nemours, conduisit à la demande d'une communication authentique du montant et de la nature des engagemens du trésor envers la caisse d'escompte. Lavoisier présenta l'état de situation de cet établissement, et le duc du Châtelet le rapport de la vérification qui en avait été ordonnée et le tableau des prêts faits au gouvernement. Ce travail constatait que l'actif de la caisse d'escompte excédait son passif de 102,000,000. Tous les projets divers qui avaient été présentés ayant été renvoyés à un comité, il fut proposé en son nom par Lecouteulx de Canteleu d'autoriser la caisse d'escompte à fournir 80,000,000 de ses billets au gouvernement, et de décréter la vente de 400,000,000 de propriétés du clergé, pour faire face au remboursement des billets de l'état envers elle.

Après de violens débats, ce projet fut adopté.

118. Quoique les secours fournis par la caisse d'escompte au gouvernement se fussent élevés, depuis le 4 sept. 1788 jusqu'au 17 nov. 1789, à près de 120,000,000, ce ne fut qu'au mois de juillet de la dernière de ces années que la somme qu'elle avait en caisse se trouva inférieure au quart du montant de ses billets en circulation. Mais, pour maintenir aussi long-temps cette proportion prescrite par ses statuts, en luttant contre la défiance qui rendait chaque jour les monnaies d'or et d'argent plus rares, la caisse d'escompte fut entraînée dans des dépenses considérables, qui n'eurent néanmoins pour fruit que de retarder le moment où la disparition à peu près complète des espèces en circulation obligea de leur substituer un papier monnaie. Ce furent les décrets des 19 et 21 déc. 1789 qui créèrent des assignats hypothéqués sur les biens du clergé. La loi du 22 avril 1790, en leur donnant cours forcé, ordonna qu'ils seraient premièrement employés à l'échange des billets de la caisse d'escompte jusqu'à concurrence des sommes qui lui étaient dues par la nation pour le montant des billets versés par elle au trésor public en vertu des décrets de l'assemblée nationale. Mais, comme les billets de la caisse d'escompte inspiraient plus de confiance que les assignats, une autre loi du même jour, en prescrivant qu'aucune émission de ces billets ne pourrait désormais être faite sans l'approbation de l'assemblée nationale, n'en ordonna pas moins que la caisse d'escompte verserait encore 20,000,000 de ses billets au trésor.

Ainsi on augmentait la dette en même temps qu'on ordonnait son remboursement. De nouveaux versemens furent encore exigés le 1er et le 19 juin, l'un de 20,000,000, l'autre de 30. La caisse d'escompte entretenait seule à grands frais, par les achats qu'elle faisait faire à l'étranger, une faible circulation de numéraire; elle en distribua en remboursement de ses billets, pendant le premier semestre de 1790, pour plus de 30,000,000, et prévint par là les désordres qu'aurait infailliblement entraînés dans Paris le manque des approvisionnemens les plus indispensables.

Au mois d'août, les billets de la caisse d'escompte continuant à inspirer plus de confiance que les assignats, l'assemblée nationale décréta un nouveau versement de 20,000,000. Le 14 octobre, un décret autorisa cet établissement à émettre sans autorisation préalable de nouveaux billets qui seraient reçus de gré à gré dans la circulation. On crut que cette disposition lui rendait son indépendance : le prix de ses actions s'éleva. Le 25 janvier suivant, l'assemblée générale des actionnaires adopta des mesures propres à donner un plus grand développement aux opérations de la caisse d'escompte, qui continua à se rendre utile en soutenant une des premières maisons de banque de Paris, en exécutant, pour le compte du trésor, plusieurs opérations importantes, et en maintenant le service de ses comptes-courans. Mais d'une part la stagnation des affaires éteignait les sources de son activité, et de l'autre, le torrent de l'anarchie grossissait, et déjà il était aisé de prévoir qu'il allait tout entraîner. En effet, le 13 juillet 1793, un membre de la convention se présenta à l'assemblée armé d'un arrêté du comité de sûreté générale qui le chargeait, en l'investissant, à cet effet, des pouvoirs les plus étendus, de reconnaître les fraudes qui pourraient avoir été commises dans les rapports de l'établissement avec le trésor public. « Ce fut, dit le vertueux Laffon de Ladebat, qui en était alors directeur (1), l'odieux prélude de sa suppression. On commençait alors par flétrir tout ce que l'on voulait détruire. » Enfin, le 4 août 1793, la convention décréta la suppression de la caisse d'escompte; le paiement à bureau ouvert des sommes montant à 19,000,000 qui y étaient déposées en compte-courant, la répartition en plusieurs paiemens de 905 livres tournois en assignats à chacune des vingt-neuf mille vingt-neuf actions, et la liquidation du surplus en rentes sur l'état.

(1) Dans le compte rendu qu'il a publié en 1807 des opérations de la caisse d'escompte, et d'où ce qu'on vient de lire est extrait.

119. *Banque de France.* — Quoique la banque de France n'ait été constituée sous ce nom que par la loi du 24 germ. an XI, qui consacra les bases de son organisation, son origine remonte cependant en réalité jusqu'au 29 juin 1796, époque où fut fondé, à Paris, sous la forme d'une société en commandite et sous le nom de caisse de comptes-courans, un établissement de crédit destiné au service des paiemens et recouvremens des négocians et à l'escompte des effets de commerce. Le numéraire commençait alors à reparaître, mais les mandats, qui avaient été quelque temps auparavant substitués aux assignats, étaient encore le signe légal des échanges; cette valeur ne tarda pas à s'éteindre. Les meilleures signatures s'escomptaient alors à 9 p. 0/0 l'an; les escomptes auxquels se livrait ce nouvel établissement étant faits à raison de 6 p. 0/0, il contribua puissamment à l'abaissement du taux de l'intérêt.

Un arrêté des consuls, en date du 28 niv. an VIII, en ordonnant que la moitié des cautionnemens imposés aux receveurs-généraux seraient employés en actions de cet établissement, et que les fonds de la caisse d'amortissement y seraient versés, lui donna le titre de Banque de France. Un mois après, le 24 pluv. an VIII, une assemblée générale des actionnaires délibéra un acte dans lequel furent posées toutes les bases d'une organisation nouvelle sous ce titre. Cet acte portait le capital à 30,000,000, le divisait en 30,000 actions de 1,000 fr. chacune, réservait la faculté de l'augmenter par l'émission de nouvelles actions, mais interdisait tout appel de fonds sur les actionnaires, déterminait les opérations auxquelles la banque pouvait se livrer, enfin réglait la forme de son administration. Les opérations de l'établissement ainsi reconstitué commencèrent le 1er vent. an VIII (20 fév. 1800). La caisse de comptes-courans fut mise en liquidation, et ses actions de 5,000 fr. vinrent pour la plupart se fondre dans les trente mille actions de 1,000 fr. de la banque de France.

120. La banque ne réalisa que successivement le capital de 30,000,000 qu'elle s'était constitué. C'est plutôt à la stérilité des affaires et à la marche faible et incertaine qu'avait alors le crédit qu'à l'insuffisance de ce capital, que doit être attribué le peu de développement que, pendant les premières années de son existence, prirent les opérations de cet établissement. Cependant, du 1er vent. an VIII au 1er vendém. an XII, la banque fournit en avances au commerce 1,356,000,000, et au gouvernement 272,000,000. Mais la circulation, pendant cette période, ne fut que de 30 à 35,000,000, et la moyenne proportionnelle des espèces en caisse que de 12,000,000; le maximum des fonds déposés en compte-courant ne s'éleva pas à plus de 21,500,000, et, en l'an IX, leur minimum descendit à 3,000,000.

121. En l'absence de dispositions légales qui assignassent des règles à la faculté d'émettre des billets au porteur et à vue, il s'était formé à Paris, à l'exemple de la caisse des comptes-courans, quelques établissemens destinés comme elle à l'escompte des effets de commerce, et qui les payaient en leurs billets au porteur et à vue. Cette rivalité, et le concours, dans la circulation, de papiers de crédit d'origine diverse et qui n'avaient pas tous des droits égaux à la confiance du public, ajoutèrent aux obstacles qu'opposait déjà aux progrès de l'activité et du crédit de la banque, la répugnance qu'on avait encore pour tout signe destiné à remplacer la monnaie. Aucune publicité, aucun contrôle, aucune organisation régulière même n'étaient d'ailleurs la garantie des citoyens contre les dangers auxquels pouvait les exposer leur confiance dans les établissemens contre la concurrence desquels la banque avait à lutter.

Ce furent ces motifs, en même temps que l'intention de fonder une grande et puissante institution capable de maintenir et de régulariser le crédit, d'exercer, par l'abaissement du taux de l'intérêt, une salutaire et permanente influence sur le développement de l'industrie, et de devenir l'appui du système des finances publiques, qui déterminèrent le gouvernement réparateur de cette époque à donner, par la loi du 24 germ. an XI, une existence légale et une constitution régulière à la banque de France, et à lui attribuer exclusivement la faculté d'émettre des billets au porteur et à vue.

122. Par les dispositions de cette loi, cet établissement fut doté pour quinze années du privilége d'émettre en France des billets de banque, sauf la faculté que se réserva le gouvernement d'instituer d'autres banques dans les départemens; tout commerce fut interdit à la banque, hors celui des matières d'or et d'argent; le capital fut porté à 45,000,000

divisés en quarante-cinq mille actions nominatives, et non susceptibles d'être converties en actions au porteur; le maximum des dividendes annuels fut fixé à 6 p. 0/0, le surplus des bénéfices devant former un fonds de réserve destiné à être colloqué en fonds publics inaliénables, à moins d'autorisation du gouvernement, jusqu'à l'expiration du privilége; la moindre coupure des billets fut fixée à 500 f.; la représentation de l'universalité des actionnaires fut attribuée aux deux cents actionnaires propriétaires, depuis plus de six mois, du plus grand nombre d'actions; leur réunion, sous le nom d'assemblée générale, fut investie du pouvoir d'élire les membres de l'administration, laquelle fut confiée à quinze régens et trois censeurs, renouvelés chaque année, les premiers par cinquième, les derniers par tiers, et susceptibles d'être réélus; il fut institué un conseil d'escompte composé de douze négocians de Paris, choisis par les censeurs sur une liste triple formée par les régens, renouvelés par quart chaque année, mais rééligibles, conseil destiné à concourir, avec voix délibérative, aux opérations de l'escompte; l'autorité exécutive fut remise à un président et à deux régens élus à cet effet par le conseil général, le premier pour deux ans, les derniers pour un an, et rééligibles: il fut interdit aux établissemens qui émettaient à Paris des billets au porteur et à vue d'en créer de nouveaux, et il leur fut enjoint de retirer avant le 1er vendém. de l'année suivante ceux qu'ils avaient en circulation; enfin il fut aussi statué qu'aucune banque ne pourrait s'établir dans les départemens qu'avec l'autorisation du gouvernement, qui pourrait leur en accorder le privilége, et que les billets émis par ces banques ne pourraient être d'une somme moindre de 250 fr.; qu'aucune opposition ne serait admise sur les sommes déposées en compte-courant dans les banques autorisées; qu'il pourrait être fait un abonnement annuel avec elles pour le timbre de leurs billets, et que les contrefacteurs de ces billets seraient assimilés aux faux-monnayeurs.

123. Pour compléter cette loi par les dispositions nécessaires pour en assurer et en faciliter l'exécution, l'assemblée générale des actionnaires délibéra, le 26 vendém. an XII, sous le titre de statuts fondamentaux, une série de dispositions dont nous ne rendrons compte qu'à l'occasion d'un acte subséquent qui les a confirmées ou modifiées.

124. Ce n'est qu'à cette époque où la banque reçut à la fois, avec l'institution légale, une organisation régulière, le privilége exclusif d'émettre des billets au porteur et à vue, et une augmentation considérable de son capital, que date en effet son existence, et qu'ont été posées les bases sur lesquelles s'est successivement élevé le puissant crédit auquel elle est depuis parvenue; crédit qui en a fait, à toutes les époques, la plus précieuse ressource du commerce, et souvent un des plus nécessaires appuis de l'état.

125. Dès la fin de l'an XII, son capital de 45,000,000 était presque entièrement réalisé; les réserves qu'elle avait déjà faites sur ses bénéfices avaient suffi à l'achat de 255,000 fr. de rentes; la circulation de ses billets avait dépassé 70,000,000 sans descendre au-dessous de 54. Les secours qu'elle avait prêtés s'étaient élevés pour le commerce à 564,000,000, et pour l'état à 176.

126. Cependant les espèces ne rentraient que lentement de l'exil auquel les assignats les avaient condamnées, et les défiances que la déconfiture de ce papier-monnaie avait laissées après elle s'opposaient encore au développement de la circulation des billets de la banque. Le signe représentatif de la valeur des choses manquait en France, et son insuffisance y devenait un obstacle à l'activité renaissante des opérations commerciales. Le numéraire, soumis à des déplacemens continuels que la difficulté des communications rendait lents et dispendieux, perdait un temps précieux sur les routes, et comme le taux de l'intérêt était encore alors très-élevé, la circulation avait beaucoup à souffrir de ces suspensions forcées de son utilité. La banque se décida alors à un grand sacrifice. Elle se procura à l'étranger des piastres et des matières d'or et d'argent pour les faire convertir en monnaie française. Commencée en l'an X et continuée pendant plusieurs années, cette opération eut pour résultat une augmentation de 101,000,000 dans la masse des espèces en circulation; secours qui, dans la disette d'espèces où l'on était alors, facilita beaucoup les affaires. Mais les frais que cette opération coûtèrent à la banque s'élevèrent à 1,645,000 f. encore qu'elle eût été affranchie du droit de seigneuriage aboli depuis, qui eût grossi ce sacrifice d'environ 1/2 p. 0/0.

127. Les trois années qui s'écoulèrent depuis la loi du 24 germ. an XI (14 avril 1803) jus-

qu'à celle du 22 avril 1806, qui doubla le capital et modifia les formes de l'administration, furent difficiles pour la banque. La guerre accroissait les besoins de l'état en même temps qu'elle mettait obstacle au développement de son crédit. Les obligations au moyen desquelles les receveurs généraux faisaient alors au trésor des avances sur le recouvrement des impôts ne se négociaient qu'à raison de 10 et même 12 p. 0/0. Le cours de la rente 5 p. 0/0 variait de 50 à 60. Un taux d'intérêt si élevé sur les effets publics influait nécessairement sur celui du commerce, qui n'était guère au-dessous de 8 p. 0/0. La banque escomptant à 6, elle exerçait sur le taux de l'intérêt commercial une action modératrice très-salutaire, mais à laquelle elle était loin de pouvoir donner toute l'étendue qui eût été nécessaire et que pouvait comporter la force de son capital. Car le gouvernement, que la guerre entraînait à d'énormes dépenses, et qu'aucune considération n'arrêtait quand il s'agissait de s'assurer les moyens de la soutenir, ne tint pas compte des ménagemens qu'il eût dû au commerce et à la banque elle-même, et sans s'occuper des conséquences que pouvait amener l'abus qu'il faisait de son pouvoir, il s'empara de toutes les ressources qu'il lui fut possible de puiser dans cet établissement. Les secours que, durant cette période et sous diverses formes, il se fit prêter par la banque s'élevèrent à plus de 500,000,000. C'est à raison de 6 p. 0/0 que cet établissement escomptait, soit au trésor lui-même, soit à son banquier, les obligations des receveurs généraux. Comme ces valeurs ne pouvaient se négocier ailleurs qu'à un taux beaucoup plus élevé, le trésor et son banquier s'efforçaient naturellement d'en faire accueillir le plus possible par la banque, à qui l'influence du gouvernement, moins encore peut-être que le sentiment du besoin indispensable que le pays avait de son concours, rendait difficile une résistance, qu'à plusieurs reprises elle ne manqua cependant pas de manifester.

La banque se vit donc forcée non seulement à réduire presque à rien les facilités que le but essentiel de son institution était de prêter au commerce, mais encore à s'engager envers le trésor dans des avances qui excédaient l'étendue que ses facultés lui eussent permis de leur donner. La circulation de ses billets était encore fort bornée; elle n'avait atteint qu'un moment le maximum de 80,000,000, et souvent elle était descendue à 50, et tandis que la moyenne des espèces en caisse ne fut en l'an XIII que de 14,000,000 pendant le premier semestre, et de 7,000,000 pendant le second, les comptes-courans ne fournissaient alors communément que 16 à 17,000,000. Avec de si faibles moyens, la banque avait avancé, dans le cours de cette année, 582,000,000 au commerce, et 274 à l'état. Les besoins du trésor devenant chaque jour plus impérieux, il fallut, pour y pouvoir satisfaire, se résigner à restreindre de plus en plus les escomptes du papier de commerce, et en décembre 1805, sur 97,000,000 de valeurs escomptées que renfermait le portefeuille, il y en avait pour 80,000,000 en obligations des receveurs généraux prises à 6 p. 0/0, et que, si la banque eût cherché à les escompter, personne n'eût voulu prendre même à 12 p. 0/0. La banque comptait sur le paiement à leur échéance de ces obligations des receveurs généraux dont son portefeuille se trouvait presque exclusivement composé. Mais cette attente fut trompée: le trésor disposa, sans égard pour les conséquences qui ne pouvaient manquer d'en résulter, des fonds qui devaient servir à ce paiement; les obligations ne furent acquittées qu'en mandats sur le banquier du trésor, lequel n'avait à donner lui-même en paiement que des obligations nouvelles. Dans cette situation, la banque reconnut l'impossibilité de continuer l'échange, à bureau ouvert, de ses billets contre des espèces; elle se vit réduite à en limiter le remboursement à 500,000 fr. par jour.

Cette mesure extrême, et qu'une nécessité irrésistible pouvait seule justifier, eut des conséquences très fâcheuses; à la gêne que la réduction des escomptes avait déjà jetée dans le commerce, à la diminution de travail qui en résulta pour les fabriques, à la misère qui pesait déjà sur un grand nombre d'ouvriers sans travail, la restriction des remboursemens ajouta une méfiance et un discrédit presque universels. La foule des porteurs de billets assiégeait les abords de la banque, et malgré la précaution qu'on avait prise de distribuer des bons de remboursement aux mairies des douze arrondissemens et de se prémunir contre les attroupemens, on eut lieu de craindre que l'ordre ne fût troublé. Cette suspension partielle commença à être mise à exécution en octobre 1805; elle fut atténuée bientôt après par l'élargissement successif du remboursement, et cessa entièrement d'avoir son effet le 25 janvier 1806. A cette époque, la victoire ne tardait jamais à dédommager des maux que la guerre avait faits. La bataille d'Austerlitz vint mettre un terme aux embarras financiers qu'avait éprouvés le gouvernement, relever son crédit et lui permettre de se libérer envers la banque. Cet établissement se trouva aussitôt replacé dans son assiette ordinaire. Les avances au trésor, qui s'élevaient, le 20 novembre, à 86,000,000, furent réduites, dès le mois de mai suivant, à 27,000,000, et entièrement remboursées en octobre. Le portefeuille ne contenait plus, dès le 6 janv. 1806, en effets de commerce ou en obligations des receveurs-généraux, que pour 16,000,000 de valeurs; l'encaisse en espèces, qui n'était, au 23 septembre, que de 1,185,000, était remonté en avril à 55,000,000.

Mais pour avoir abusé du secours de la banque, détourné les rentrées sur lesquelles elle comptait, et porté atteinte à son indépendance, l'administration des finances de l'état n'en avait pas moins compromis cette institution, et avec elle la sécurité du commerce, le repos public et l'avenir fécond que la destination de la banque était d'assurer à l'industrie.

Ces événemens furent l'occasion ou le motif des modifications importantes que, bientôt après, la loi du 22 avril 1806 vint apporter dans l'organisation de la banque.

En laissant subsister les dispositions déjà existantes auxquelles elle n'apportait pas de changemens, cette loi éleva le capital à 90,000,000 non compris la réserve; ordonna la distribution semestrielle, en outre du dividende de 6 p. 0/0 déjà établi, des deux tiers des bénéfices excédant le montant de ces 6 p. 0/0, le tiers de ces bénéfices seulement demeurant, au lieu de la totalité, affecté à la formation de la réserve; introduisit trois receveurs généraux au nombre des quinze régens; remit à un gouverneur, secondé ou suppléé par deux sous-gouverneurs, tous trois nommés par l'empereur et ayant voix délibérative dans le conseil général, l'autorité exécutive qui résidait auparavant, comme on l'a vu, dans un comité central; attribua au gouverneur un veto sur toutes les décisions de l'administration, en statuant qu'aucune ne serait exécutée qu'après avoir été revêtue de sa signature; déféra à la juridiction du conseil d'état jugeant souverainement les infractions aux lois et réglemens qui régissent la banque et les contestations auxquelles donneraient lieu sa police et son administration, enfin prorogea de vingt-cinq ans le privilége qui lui avait été, par la loi du 22 germinal an XI, accordé pour quinze ans, à dater du 22 septembre 1803.

Quelque temps après, l'organisation de la banque fut complétée par un décret impérial en date du 16 janv. 1808, qui ajoutait à ce qu'avaient déjà prescrit la loi du 24 germinal an XI, les statuts fondamentaux du 25 vendémiaire an XII et la loi du 22 avril 1806, diverses dispositions organiques qui sont encore aujourd'hui en vigueur, et dont nous devons un compte sommaire.

Par des dispositions déjà existantes, et auxquelles ce décret n'apporta aucun changement, il était établi que les actions de la banque peuvent être acquises par des étrangers; que les actionnaires ne sont obligés que pour le montant de leurs actions; que la banque peut émettre, outre des billets au porteur et à vue, des billets à ordre, payables à un certain nombre de jours de vue; que l'escompte est perçu en raison du nombre de jours à courir, et même d'un seul jour, s'il y a lieu; que les membres de l'administration et ceux de l'assemblée générale doivent être citoyens français; que ces derniers votent en personne sans pouvoir se faire représenter, et n'ont qu'une voix quel que soit le nombre de leurs actions; qu'avant d'entrer en fonctions, le gouverneur doit justifier de la possession de cent actions, les sous-gouverneurs de cinquante, les régens et censeurs de trente, et les membres du conseil d'escompte de dix actions, lesquelles sont inaliénables pendant toute la durée de ces fonctions. A ces dispositions, le décret du 16 janvier 1808 ajouta: que la transmission de la propriété des actions s'opérerait par de simples transferts sur des registres tenus en double à cet effet, sur la déclaration du propriétaire ou de son fondé de pouvoirs, par lui signée sur les registres et certifiée par un agent de change, à moins d'opposition signifiée et visée à la banque; que les actions de la banque pourraient être immobilisées et servir à la constitution de majorats héréditaires, et que, dans ce cas, leur possession et la transmission de leur propriété seraient assujetties aux mêmes règles que la propriété foncière; que les seules opérations que la banque était autorisée à faire consisteraient : à escompter des effets de commerce à ordre, à des échéances déterminées qui ne pourraient excéder trois mois, garantis par trois signatures notoirement solvables, ou, dans le cas où ils n'auraient que deux signatures, par un transfert d'actions de la banque ou de fonds publics ; à se charger pour le compte des particuliers ou des établissemens publics, du recouvrement des effets qui lui seront remis ; à recevoir en compte-courant les sommes versées chez elle et à payer jusqu'à concurrence de leur montant les dispositions qui seront faites sur elle ; à faire des avances sur effets publics à échéance déterminée, sur dépôts de matières en monnaies d'or et d'argent ; enfin, à tenir une caisse de dépôts volontaires pour tous titres, lingots et monnaies ; il fut statué en outre qu'il pourrait être établi des comptoirs d'escompte dans les villes des départemens où les besoins du commerce en feraient sentir la nécessité ; que la banque ne pourrait acquérir, vendre ou échanger des immeubles qu'avec l'autorisation du gouvernement ; que le dividende, réglé tous les six mois, serait au moins de 6 p. 0/0 sur le capital de 1,000 fr., et, qu'en cas d'insuffisance des bénéfices, il y serait suppléé par un prélèvement sur le fonds de réserve ; qu'il serait rendu compte au gouvernement, au commencement de chaque semestre, des opérations du semestre précédent ; enfin qu'il serait tenu une caisse de réserve des employés.

128. Trois mois plus tard, un autre décret rendu à Bayonne, le 18 mai 1808, régularisa l'usage de la faculté qui venait d'être accordée à la banque de fonder des comptoirs dans les départemens, en statuant : que l'établissement d'aucun comptoir n'aurait lieu qu'avec l'approbation du conseil d'état ; que la banque aurait le privilége exclusif d'émettre des billets de banque dans les villes où elle aurait établi des comptoirs ; que ces billets seraient payables aux caisses des comptoirs, et pourraient, dans les circonstances ordinaires, être échangés à la banque de France, soit contre de l'argent, soit contre des billets de la banque ; que les billets de la banque pourraient être escomptés par les comptoirs ; que les actions de la banque pourraient y être inscrites de manière à ce que le dividende y fût payable et que la mutation de leur propriété y pût être constatée ; que l'administration serait composée d'un directeur nommé par le gouvernement, de douze administrateurs au plus et de six au moins, nommés par le gouverneur, sur une liste double présentée par le conseil général, et de trois censeurs nommés par le conseil général ; que le directeur serait tenu de justifier de la propriété de trente actions, et les administrateurs et censeurs de quinze ; que les comptoirs ne pourraient faire entre eux aucune opération sans autorisation expresse de la banque ; que les réglemens de chacun d'eux seraient soumis à l'approbation du conseil général ; enfin, que les lois et statuts relatifs à la banque seraient d'ailleurs applicables aux comptoirs.

129. Outre les services que le gouvernement s'était promis de retirer de la banque considérée comme instrument de crédit, il avait compté encore, ainsi que nous l'avons déjà dit, en faire un des agens principaux du vaste mouvement de fonds auquel donnent nécessairement lieu les recettes et les dépenses publiques. Depuis l'an VIII jusqu'à l'an XIII, la banque avait déjà été chargée du recouvrement des produits de la loterie et du paiement des lots gagnans dans les départemens. Ce service lui fut rendu en 1806. On y ajouta, outre le mandat de faire encaisser, dans les déparmens, les valeurs appartenant au trésor, le paiement des rentes perpétuelles et viagères et des pensions. La commission qui lui était attribuée pour ce service fut d'abord de 1 1/2, puis de 1/3 p. 0/0. Mais tout tendait, sous le gouvernement de cette époque, à une concentration de plus en plus étroite et exclusive. La caisse de service fut instituée, et c'est elle qui fut chargée des paiemens et des recettes qui d'abord avaient été confiés à la banque.

130. Cet établissement était déjà gêné par l'exubérance de son capital : la suppression d'un service qui le mettait nécessairement, deux fois par an, en avances envers le trésor, la lui rendit encore plus pénible. Les 90,000,000 dont se composait le nouveau capital étaient réalisés en entier au commencement de 1810. La circulation des billets était alors communément de 100,000,000, le montant des espèces en caisse de 50, et celui des fonds en compte-courant de 30 à 40. La banque se considérait comme obligée de servir à ses actionnaires un dividende de 6 p. 0/0 sur le capital de 1,200 fr., qui était celui de chaque action, y compris la réserve, quoique la loi n'en eût fixé le minimum qu'à 6 p. 0/0 sur le capital de 1,000 fr. Il fallait donc ar-

river à un bénéfice net de 72 fr. par action, déduction faite des frais et de la réserve; ce qui supposait un produit brut d'environ 8,000,000. Quoique l'escompte eût pris, en 1810, un développement très-considérable, et sans exemple jusque là, puisqu'il s'éleva à 715,000,000, et donna un produit de 6,057,752 fr. 94 c., les bénéfices nets ne montèrent cependant qu'à 7,295,800 fr. 42 c., et ne permirent, après prélèvement au profit de la réserve de 7 fr. 07 c. par action, la distribution que d'un dividende de 74 fr. Puisque avec des escomptes supérieurs de plus de 160,000,000 à ceux des deux années précédentes, et de 338,000,000 à la commune proportionnelle de ceux qui, depuis les onze années d'existence de la banque, avaient été obtenus, on n'avait pu atteindre que ce résultat, il était aisé de prévoir que bientôt, et même que souvent il se manifesterait dans les recettes un déficit qui obligerait à recourir à la réserve pour compléter le dividende. Préoccupé de cette situation, le conseil général, à plusieurs reprises, fit part au gouvernement des inquiétudes qu'elle lui donnait, et ne vit d'autre remède à y apporter que de réduire à 60,000, par le rachat de trente mille actions, le chiffre diviseur des bénéfices. Cette opération ne pouvait être faite qu'avec beaucoup de circonspection et de mesure; le ministre des finances s'y prêta et accorda des autorisations en vertu desquelles, pendant les années suivantes et jusqu'en 1816, il fut peu à peu racheté vingt-deux mille cent actions.

Le capital réel de la banque est demeuré réduit, à dater de cette époque, à 67,900,000 f., non compris la réserve, laquelle a éprouvé depuis, dans sa quotité et dans la législation qui la régissait, des changemens dont l'ordre chronologique que nous avons cru devoir suivre jusqu'ici nous oblige à différer quelques instans de rendre compte.

Malgré cette réduction dans le nombre des actions en circulation, la banque continua, par respect pour la loi qui avait fixé ce nombre à quatre-vingt-dix mille, à prendre ce chiffre pour diviseur des bénéfices, se tenant compte à elle-même, comme propriétaire des vingt-deux mille cent actions qu'elle avait rachetées, de la part qui leur revenait dans les profits à répartir. Mais ce mode conduisait, par l'amoindrissement du dividende, à une injustice envers les porteurs actuels des actions et à un accroissement irrégulier et inutile de la réserve. Il fut supprimé lors du réglement du deuxième semestre de 1823, et, depuis cette époque, le rachat des vingt-deux mille cent actions a été considéré comme ayant opéré leur annulation, et les profits n'ont plus été répartis que sur les soixante-sept mille neuf cents actions qui sont demeurées dans la circulation.

131. Ce fut en 1807 que la banque entra envers le gouvernement dans un prêt fixe de 40,000,000, renouvelé par trimestre, et qui s'est perpétué jusqu'en 1814. Indépendamment de cette avance, qui, pendant cette période, n'a éprouvé de réduction qu'une seule fois, en janvier 1811, où elle n'était plus que de 20,000,000, le gouvernement réclamait, en outre, selon ses besoins, des prêts extraordinaires qui ont porté l'ensemble des découverts de la banque envers lui, au 10 avril 1812, à 94,543,000 fr., et au 3 décembre 1813, à 76,272,000 fr. Dans le courant de cette dernière année, les secours que cet établissement fournit successivement au trésor s'élevèrent en totalité à 343,000,000, et en 1814 à 268,000,000.

132. Les désastres qui signalèrent la fin de l'année 1813, en répandant des inquiétudes de jour en jour plus vives sur la stabilité du gouvernement et sur l'avenir du pays, et en détruisant successivement la confiance, entraînèrent la banque dans une situation difficile. Le 12 octobre, il ne restait plus en caisse que 12,000,000 d'espèces pour faire face à 57,000,000 de billets en circulation et à 7,000,000 de fonds en compte-courant. Le portefeuille contenait pour 98,000,000 de valeurs, mais dont 68 provenaient des secours fournis à l'état. L'invasion étrangère, le changement de gouvernement, la suspension complète que des circonstances si graves ne pouvaient manquer d'amener dans les affaires, vinrent empirer encore cette situation. Les demandes en remboursement des billets devinrent si multipliées et si pressantes, que les efforts et les sacrifices que la banque ne cessait de faire pour attirer les espèces des départemens finirent par devenir insuffisans. Le 18 janvier 1814, les espèces en caisse ne s'élevaient plus qu'à 14,000,000, quoique le montant des billets en circulation fût encore de 38,300,000 fr. L'ennemi était aux portes de Paris; les communications de cette capitale avec les départemens étaient interrompues ou

désorganisées; l'argent ne pouvait plus y arriver, et partout il se cachait. Il était évident que le remboursement des billets allait devenir impossible. Le conseil général se décida alors à le limiter à 500,000 fr. par jour. Cette mesure, délibérée le 20 janvier, ne cessa d'avoir son effet que le 14 avril suivant. Le 5 avril, le montant des espèces en caisse était descendu à 5,500,000; mais aussi celui des billets en circulation n'était plus que de 11,000,000, et la confiance commençait à renaître. Une autre précaution que, dès le 1er mars, la banque avait jugé indispensable de prendre, ce fut d'élever à 5 p. 0/0 le taux de ses escomptes, qui était à 4 depuis environ sept ans. Cinq mois après, on essaya de le rétablir à ce dernier taux; mais la sécurité publique était loin d'être affermie, et déjà on redoutait de nouvelles commotions; au bout d'un mois, et le 1er septembre 1814, l'escompte fut reporté à 5 p. 0/0. Le résultat de la stagnation que ces graves événemens avaient amenée dans les affaires, fut aussi que la banque n'escompta, pendant l'année 1814, que pour 84,000,000, que ses bénéfices ne suffirent pas pour subvenir au dividende de 60 fr. que la loi l'obligeait à servir annuellement à ses actionnaires, et qu'elle fut réduite, pour le compléter, à prélever sur sa réserve une somme de 394,239 fr.

133. La chute du gouvernement impérial et le rétablissement de la paix ouvrirent une ère nouvelle de liberté, de discussion et de publicité. En rendant aux lois leur autorité, en fondant le crédit public, en faisant revivre le commerce extérieur, que le régime précédent avait anéanti, en donnant une impulsion nouvelle et puissante à l'industrie, cette révolution dans la condition politique de la France amena aussi un changement notable dans la situation de la banque. Cet établissement acquit alors un degré d'indépendance qu'il n'avait pas eu jusque là; seconder le commerce devint son but principal; les découverts dans lesquels il était entré envers le gouvernement, et lui avaient été imposés par la nécessité, ou de ne pas lui refuser un appui indispensable, ou de ne pas laisser dépérir ses propres revenus, devinrent volontaires, et n'en furent ni moins larges, ni moins efficaces. La banque fut donc alors rendue aux conditions vraies de son utilité, à l'accomplissement plus large du but de sa fondation, et c'est de cette époque que datent en effet sa marche régulière et le développement toujours croissant de son puissant crédit et de sa haute et salutaire influence.

134. En entrant dans le récit des faits qui se sont passés dans cette seconde période, nous abandonnons l'ordre des temps pour suivre celui des matières. Nous exposerons successivement les ressources de la banque, leur emploi et leurs résultats.

On a déjà vu comment le capital de la banque avait été réduit à 67,900,000 fr., somme à laquelle il a toujours été maintenu depuis, et qui est encore le diviseur qui sert à la répartition de ses bénéfices. Ce capital était encore fort supérieur à celui que la banque pouvait, avec utilité et sûreté, employer au service, soit du commerce, soit de l'état; elle fut conduite, peut-être sans dessein prémédité et par la seule force des choses, à donner à ce superflu une autre destination.

En 1808, le gouvernement jugea utile de soutenir le cours des fonds publics; à cet effet, le ministre des finances organisa un achat de rentes de compte à tiers entre le trésor, la caisse d'amortissement et la banque: ce dernier établissement entra dans cette opération pour une part qui s'éleva à 874,469 fr. de rentes 5 p. 0/0, qui coûtèrent 14,683,306 fr. 27 c., et qu'il possède encore. Cet achat fut le noyau de la collocation que la banque a successivement faite d'une partie considérable de son capital en fonds publics.

Les fonds mis en réserve avaient été, ainsi que le prescrivait l'art. 8 de la loi du 24 germ. an XI, et au fur et à mesure de leur formation, placés en fonds publics. Lorsqu'il fut fait aux actionnaires, en exécution des lois rendues à cet effet, des distributions du superflu de la réserve, la banque, au lieu de revendre jusqu'à due concurrence, pour fournir à ces distributions, les fonds publics qui avaient été acquis avec le montant des prélèvemens dont ce superflu s'était successivement formé, y subvint avec son capital, et conserva, comme placement de ce capital, les fonds publics jusque là affectés à l'emploi de cette partie de la réserve. Il en résulta un accroissement de 1,124,000 fr. de rentes dans cette collocation.

Quelques années après, l'élévation successive du cours des fonds publics ayant considérablement accru la valeur réelle de ceux que la banque possédait, elle se décida à employer à de nouveaux achats de rentes le montant de cette plus-value; ce qui donna lieu, dans la collocation, à un nouvel accroissement de 87,000 f. de rentes 3 p. 0/0, au capital de 2,173,619 fr. 85 c.

La loi du 17 mai 1834, en réduisant la réserve à une somme de 10,000,000, ayant rendu disponibles les fonds mis en réserve depuis et compris le 1er semestre 1831, la banque réunit à la collocation de son capital en fonds publics les rentes qui en provenaient : elles étaient de diverses natures, et s'élevaient à 42,815 fr. de rentes, au capital de 911,026 fr. 29 c.

La banque avait à diverses époques acquis des effets publics pour le montant de ce qui restait encore dans la circulation en billets d'anciennes émissions qu'elle avait résolu d'en retirer. Cet emploi avait été conçu dans la seule intention de spécialiser les fonds nécessaires au remboursement d'une dette. La loi du 24 mai 1834 ayant réduit la réserve à 10,000,000 et ordonné, pour l'avenir, la distribution de tout le bénéfice, la banque crut devoir décider que les rentes acquises dans ce but et montant à 335,750 fr. de rentes diverses, au capital de 7,155,702 fr. 46 c., seraient réunies à la collocation du capital sous le titre de rentes fonds disponibles.

Les fonds publics qu'au 24 décembre 1838 la banque de France possédait à titre d'emploi de son capital, et non compris les 500,000f. de rentes 5 p. 0/0 affectés à la réserve, s'élevaient à 2,452,335 fr. de rentes, au capital de 50,639,580 fr. 86 c.

Le capital de la banque était de :

67,900,000, dont le revenu annuel, à distribuer aux actionnaires, doit être, à raison de 6 % au moins, de		4,071,000 fr.
Les rentes dont elle est propriétaire lui fournissent, à valoir sur le montant annuel des dividendes que les lois de son institution l'obligent à servir, savoir:		
Réserve : 10,000,000, dont le revenu, à 5 %, est	500,000	2,952,835
Capital : 40,639,580 fr. 86 c. dont le revenu est	2,452,835	
En sorte que, pour qu'elle puisse subvenir aux dividendes prescrits, il suffit que ses bénéfices commerciaux s'élèvent, déduction faite de tous les frais, à		1,118,165

Quoique les bénéfices commerciaux, après déduction des frais, excèdent presque toujours cette somme, il n'est arrivé que rarement, et par exception, qu'ils atteignissent celle de 4,074,000 francs, nécessaire au service du dividende légal. Si donc la banque ne s'était pas assuré, par la collocation en rentes des 3/5es de son capital, un revenu fixe et indépendant de ses bénéfices commerciaux, elle se fût évidemment trouvée en déficit habituel. Cette mesure était donc prescrite par une impérieuse nécessité. Elle contribua puissamment à l'affermissement du crédit de la banque en l'affranchissant de l'obligation où cet établissement eût été, sans elle, de s'exposer, pour porter ses bénéfices au niveau des dividendes qu'il était tenu de servir, à des découverts hasardeux.

En employant 50,000,000 en achats de fonds publics, la banque n'a point aliéné la disponibilité de cette partie de son capital, puisque, en prenant le temps et les précautions nécessaires, elle pourrait revendre ces fonds; mais on ne peut nier qu'elle n'ait du moins suspendu cette disponibilité. L'expérience a suffisamment constaté que c'était sans inconvéniens, et qu'elle a pu acquérir les avantages qui ressortent pour elle de cette collocation, sans qu'il lui en coûtât aucune diminution dans les autres sources de son revenu. La portion de son capital dont elle a conservé la complète disponibilité, jointe aux fonds que son crédit fait incessamment affluer entre ses mains, sont plus que suffisans, non seulement pour l'étendue actuelle de ses affaires, mais encore pour les développemens plus larges encore que ses opérations pourraient prendre à l'avenir.

135. On a fort débattu la question de savoir si les banques doivent ou non avoir un capital considérable effectivement versé et disponible entre leurs mains. En Angleterre et aux États-Unis, on a pris parti pour la négative : on s'en est assez mal trouvé pour qu'aujourd'hui les hommes réfléchis et expérimentés soient revenus de cette opinion. En France, au con-

traire, et en général sur le continent, on a pensé que les banques devaient avoir, non pas seulement un fort capital nominal, mais encore un fort capital effectivement versé : la solidité de ces établissemens, demeurés exempts, pour la plupart, du discrédit dont les banques ont eu tant à souffrir au-delà des mers, a justifié ce système. Notre opinion sur cette question, c'est que les banques n'ont peut-être pas besoin d'un fort capital disponible pour leurs affaires, mais qu'elles en ont un besoin indispensable pour leur crédit. La disponibilité du capital, nous avons déjà eu occasion de le dire, contribue au moins autant que sa force à donner une assiette solide au crédit. On objecte que les établissemens de ce genre qui n'ont demandé à leurs actionnaires que le versement d'une partie du capital doivent avoir un crédit proportionnel à la totalité de ce capital, et non à la portion qui a été effectivement versée, parce qu'ils ont le droit d'exiger, aussitôt que la nécessité s'en présente, le versement intégral. On se trompe: ce droit n'équivaut nullement à la disponibilité effective, par la raison que les circonstances qui amènent la nécessité d'en faire usage font toujours naître en même temps l'impossibilité de l'exercer.

	fr.	cent.
Réserve : Les retenues faites à titre de réserve sur les bénéfices de la banque depuis sa création, se sont élevées à	33,922,423	89
Il a été ajouté depuis à cette somme, par la plus-value des fonds publics, à l'achat desquels cette somme a servi, et par l'addition mentionnée plus haut des fonds qui avaient été d'abord affectés à l'extinction de billets d'anciennes émissions.	6,097,434	72
Total	40,019,858	61

Cette somme a été employée ainsi qu'il suit :

Remboursement du coût de l'hôtel de la banque	3,875,472 45	4,104,066	44
et des frais de constructions nouvelles et réparations	228,593 99		
Extinctions de divers comptes de pertes et frais, et prélèvement nécessités par l'insuffisance des dividendes		2,354,492	17
Répartition ordonnée par les lois, des fonds accumulés à la réserve, en 1820	13,715,800	23,561,300	
en 1831	9,845,500		
Total		30,019,858	61
Réserve prescrite par la loi du 17 mai 1834, en 500,000 fr. de rentes 5 p. %.		10,000,000	
Somme égale		40,019,858	61

Ainsi la réserve actuelle se compose, conformément aux dispositions de la loi du 17 mai 1834, de 10,000,000 colloqués en 500,000f. de rentes 5 p. 0/0, dont les revenus entrent chaque semestre dans la composition du dividende, et de la valeur de l'hôtel de la banque et du mobilier dont il est garni, valeur qui n'est portée en compte que pour 4,000,000.

On voit qu'à deux reprises, en exécution des lois rendues à cet effet, il a été fait aux actionnaires des distributions de fonds mis en réserve, lesquelles se sont élevées ensemble à 23,561,300 fr. ou à 347 fr. 01 c. par action. Leur but a été de porter remède à l'accumulation croissante du fonds de réserve, résultat nécessaire de l'exécution de l'art. 4 de la loi du 22 avril 1806. Cet article prescrivait, comme on l'a déjà vu, de réunir à ce fonds le tiers du bénéfice net excédant le dividende légal de 6 p. 0/0, les deux autres tiers devant seuls être distribués en supplément du dividende. Les bénéfices nets ayant toujours, excepté seulement aux deux semestres de 1814, au dernier de 1819, au premier de 1820 et au dernier de 1829, excédé le dividende légal, il a été, chaque semestre, à l'exception de ceux qui viennent d'être indiqués, mis en réserve une somme dont, pendant la première période (de 1807 au 24 juin 1820), le minimum a été 52 c., le maximum 12 fr. 50 c., et la commune proportionnelle 3 fr. 44 c.; et pendant la seconde (du 24 juin 1820 au 24 juin 1838), une somme dont le minimum a été 50 c., le maximum 23 fr. 50 c., et la commune proportionnelle 6 f. 73 c. par semestre. Au moyen de ces additions successives, la réserve, au terme de chacune de ces deux périodes, s'est trouvée grossie d'un excédant considérable. Les lois du 4 juill. 1820 et du 6 déc. 1831 ont eu pour but d'en autoriser la distribution. Le résultat de vingt-quatre années ayant constaté qu'avec l'étendue à laquelle les affaires de la banque étaient parvenues les bénéfices ne pouvaient manquer d'excéder habituellement le dividende légal de 6 p. 0/0, on a pensé sans doute que, le principe de la limitation de la réserve une fois admis, cette disposition de la loi du 22 avril 1806, qui prescrivait le versement à la réserve du tiers de cet excédant, devenait, attendu la mobilité de la propriété des actions, une double injustice. Car après avoir, pendant une série plus ou moins longue d'années, privé les actionnaires, pour en accroître la réserve, d'une partie des profits qui leur revenaient, il fallait, au bout de ce temps, et lorsque la réserve était parvenue à l'exubérance, en distribuer le superflu à des actionnaires qui n'étaient pas, pour la plupart, les mêmes que ceux sur qui elle avait été prélevée; en sorte que, sans nécessité, on privait les uns d'un bénéfice auquel la périodicité semestrielle de la répartition des produits leur donnait droit, pour faire ensuite aux autres un don gratuit du résultat de l'accumulation de ce bénéfice. Cette disposition établissait en outre sur les actions une véritable chance aléatoire, qui nuisait à la fixité de leur cours, et qui était en désaccord avec les principes de l'organisation de la banque. La loi du 17 mai 1834 en prononça la révocation. Elle fixa le fonds de réserve de la banque à 10,000,000 représentés par 500,000 fr. de rentes 5 p. 0/0, indépendamment de la portion de ce fonds employée à l'achat de l'hôtel et des constructions qui y ont été ajoutées, et statua qu'à l'avenir les bénéfices nets de la banque ne seraient sujets à d'autres retenues que celles qui pourraient devenir nécessaires pour remplacer les prélèvemens qu'il y aurait lieu d'opérer, en cas d'insuffisance des bénéfices, sur le fonds de réserve. Cette circonstance ne s'étant point présentée, le fonds de réserve est demeuré intact, et la totalité des bénéfices nets n'a pas cessé depuis d'être répartie à chaque semestre entre les actionnaires.

136. *Moyens de crédit: circulation, dépôts en comptes-courans et sur récépissé.* — La force du capital et une bonne administration forment la base sur laquelle se fonde le crédit des banques; leur utilité comme leur prospérité se mesurent sur l'étendue du crédit dont elles jouissent. Les résultats de leur crédit se réalisent à leur profit par l'extension de la circulation de leurs billets et par l'abondance des versemens ou dépôts faits entre leurs mains: deux sources qui concourent ensemble à faire affluer chez elles des fonds dont ensuite elles disposent à titre gratuit et comme de leur capital pour alimenter leurs opérations. L'ordre des idées exige donc qu'avant d'entrer dans le récit des opérations que la banque a faites, soit avec le trésor public, soit avec le commerce, nous rendions compte des progrès et de l'état actuel de la circulation de ses billets et des dépôts de fonds qu'elle reçoit.

137. *Circulation.* — La somme des billets de la banque en circulation a éprouvé, en raison de causes que nous avons déjà expliquées, une progression très-lente. Antérieurement à 1807, elle ne s'est élevée qu'une seule fois au maximum de 79,704,000 fr.; elle a communément varié de 48 à 70,000,000, descendant quelquefois à 30, et même à 18,000,000. Dans la période qui s'est écoulée depuis la reconstitution de cet établissement en 1806, jusqu'à la chute définitive du régime impérial en 1815, son maximum a été, en 1812, de 133,646,000 f., et son minimum, en 1814, de 10,689,000 fr. Indépendamment de ce dernier chiffre, que les circonstances rendaient exceptionnel, la circulation a généralement flotté, pendant la durée de cette seconde époque, de 54 à 110,000,000. De 1815 à 1830, elle s'est agrandie avec assez de rapidité, mais en conservant une mobilité qui était l'effet de l'action alternative de l'impulsion industrielle et des obstacles que lui opposait trop souvent le défaut de sécurité politique. Pendant cette période, de 17,000,000 auxquels elle s'était réduite le 24 nov. 1815, la circulation s'est élevée, en 1816, de 56 à 79,000,000, et a varié ensuite, en 1817, de 69 à 96; en 1820, de 122 à 171; en 1822, de 165 à 215; en 1824 et 1825, de 180 à 243, et

de 1826 à 1829, de 156 à 214. Les événemens de 1830 ayant prouvé que la situation de la banque était plus indépendante qu'on ne l'avait cru jusque là des circonstances politiques, la circulation a acquis une plus grande fixité : elle n'a guère varié depuis que de 200 à 220,000,000, descendant quelquefois par exception à 192, et s'élevant quelquefois aussi à 238, et même, au 10 avril 1832, jusqu'à 258,000,000.

On sait que la banque n'émet, du moins à Paris, que des billets de 1,000 et de 500 fr. La proportion habituelle de la circulation de ces deux coupures est généralement des deux tiers pour la première, et du tiers pour la seconde. L'élévation de ces sommes est un obstacle à l'agrandissement de la circulation, qui prendrait évidemment une plus grande extension, si la banque émettait des billets de plus petites sommes; mais elle présente en revanche cet avantage important qu'elle retient à Paris une masse considérable de numéraire indispensable pour les appoints et les paiemens inférieurs à 500 fr. Les billets de la banque n'en sont pas moins le moyen principal de paiement à Paris et dans un rayon de quelques lieues autour de cette capitale. Au-delà de cette distance leur circulation est très-bornée. La raison est simple : c'est que la banque ne les rembourse qu'à Paris. Ils ne peuvent donc dans les départemens être traités que comme des effets de commerce sur Paris, sujets comme eux à un change de place variable, et dont le minimum doit habituellement être égal à ce que coûterait le transport de l'argent de Paris aux lieux où la négociation en est faite. Il y a même à leur préjudice cette différence qu'étant au porteur, ils sont sujets à des chances de perte auxquelles ne sont pas exposés les effets de commerce dont la propriété n'est transmissible que par la voie de l'endossement; en sorte qu'en province, on ne trouve en général à les placer qu'à des conditions plus onéreuses que les lettres de change et billets à ordre.

138. Nous n'avons parlé jusqu'ici que des billets au porteur. La banque émet aussi des billets à ordre, transmissibles par la voie de l'endossement, de coupures indéterminées, mais que, par respect pour la loi, elle n'a pas cru pouvoir faire de moins de 500 fr., et que, par ses réglemens intérieurs, elle a décidé de ne pas faire de plus de 20,000 fr. Ces billets, qui sont généralement à vue, mais qui peuvent aussi, à la demande du porteur, être de un à quinze jours de vue, ne sont remboursables qu'à Paris, et ne sont payés par les comptoirs de la banque dans les départemens que sous une bonification semblable à celle que ces succursales prennent sur les billets au porteur. Ce n'est que depuis peu que la banque a commencé à faire usage de cette faculté d'émettre des billets à ordre, que lui donnait le § 1er de l'art. 14 des statuts fondamentaux du 24 vendémiaire an XII. L'expérience a prouvé qu'elle n'a fait tort ni au public ni à elle-même en différant aussi long-temps de la mettre à profit ; car la circulation des billets à ordre est demeurée tout-à-fait insignifiante, et ne s'est pas élevée encore en réalité à plus de 400,000 fr. Nous examinerons plus tard si la circulation de la banque est en rapport exact, soit avec les besoins généraux, soit avec la force de son capital et de son crédit.

139. *Dépôts en compte-courant et sur récépissé.* — La banque ne bonifie aucun intérêt sur les fonds déposés chez elle, à quelque titre que ce puisse être.

Le montant des fonds versés en compte-courant a été beaucoup plus variable encore que celui de la circulation. On conçoit aisément, sans qu'il soit besoin de l'expliquer, qu'il obéit à d'autres lois, et qu'il doit être influencé par des circonstances accidentelles et locales qui n'exercent pas la même action sur la circulation.

Pendant la première période de l'existence de la banque, et jusqu'à la fin de 1806, les fonds en compte-courant ne se sont jamais élevés à plus de 37,600,000, et ont plusieurs fois été réduits à 8 et même à 6,000,000. Leur montant n'a été guère moins variable de 1807 à 1815, quoiqu'il se soit élevé quelquefois à une somme égale à celle qui est devenue depuis leur montant habituel. En 1808, leur minimum a été de 16,000,000 et leur maximum de 60; en 1810, le minimum fut de 16,000,000 et le maximum de 59. En 1814, la banque n'avait, au 2 avril, que 1,284,740 fr. de fonds en compte-courant. Au 20 juillet, elle en avait pour 55,782,000 fr. Pendant les cinq années suivantes, leur montant ne descendit pas au-dessous de 16,000,000, et ne s'éleva pas au-dessus de 74. De 1820 à 1824, leur minimum fut de 40 à 46,000,000 et leur maximum de 80 à 94, et même, en 1823, de 111. En 1825, les préparatifs de l'opération conçue par le gouvernement pour le remboursement du 5 p. 0/0 attirèrent à Paris une quantité inusitée de capitaux ; les fonds en compte-courant s'élevèrent un moment à 117,000,000 ; ce maximum redescendit dans les années suivantes jusques et y compris 1829, et fut de 59 à 70,000,000, tandis que le minimum variait de 31 à 40. Plus tard, la révolution de 1830 qui, comme nous l'avons déjà dit, fit affluer les fonds à la banque au lieu de les en éloigner, porta à 79,000,000, et en 1831, à 106,000,000 le montant le plus élevé des fonds en compte-courant ; leur minimum fut de 38,000,000 pendant la première de ces années, et de 59 pendant la seconde. A dater de cette époque, ce montant s'est maintenu, sauf quelques augmentations ou diminutions accidentelles, à la somme de 50 à 60,000,000. En 1838, il ne s'est pas élevé au-dessus de 76,000,000 et n'est pas descendu au-dessous de 43.

Les récépissés remboursables à vue, que la banque n'a commencé à émettre qu'en 1824, ne sont en réalité qu'une autre forme qu'elle a cru devoir donner, pour la commodité du public, aux dépôts en compte-courant. Les personnes qui ne sont pas dans le commerce, et qui n'ont pas le besoin habituel d'un compte-courant à la banque pour y verser leurs fonds, et pour assigner sur elle les paiemens qu'elles ont à faire, ne s'en trouvent pas moins quelquefois en possession de sommes qu'il ne leur convient pas de garder chez elles, et qu'il leur est agréable de pouvoir, sans qu'il leur en coûte rien, déposer en lieu sûr. Les récépissés payables à vue sont destinés à remplir cet office : ils sont délivrés à toute personne qui apporte à la banque, en argent ou en billets, une somme quelconque, pourvu qu'elle soit supérieure à 5,000 f., et remboursés à vue et à volonté à cette personne même, ou à celle qu'elle pourvoit d'un pouvoir spécial à cet effet. Depuis 1824 jusqu'à la fin de 1829, le montant des dépôts faits sous cette forme a varié de 360,000 à 3,400,000 fr. ; en 1830, il s'éleva, par des causes déjà expliquées, à 6,340,000 f. et, en 1831, à 10,000,000 ; il se soutint encore, en 1832, à un maximum de 8,000,000 et à un minimum de 4. Depuis, le rétablissement de l'ordre et de la sécurité l'a réduit à un chiffre qui n'est jamais inférieur à 2,000,000, mais qui excède rarement 3,000,000.

140. Le passif exigible de la banque, c'est-à-dire les sommes que son crédit met à sa disposition pour le service de ses opérations se composent donc habituellement 1° de......... 200 à 220,000,000 montant de ses billets en circulation ; — 2° de........ 50 à 60,000,000 montant des dépôts en compte-courant et autres.

Total.......... 250 à 280,000,000

Par exception, il y a eu à ajouter à ce total, depuis deux ou trois ans, une somme au crédit du trésor qui s'est successivement accrue à ce point, qu'aujourd'hui elle excède 180,000,000. Mais ce n'est là qu'un accident anormal auquel on ne saurait différer long-temps de mettre un terme, et qui ne peut durer que jusqu'au moment où la puissance législative aura réglé la constitution nouvelle à donner à la dette publique, ou assigné un emploi aux fonds que laisse oisifs la suspension de l'action de l'amortissement sur la rente 5 p. 0/0. Il ne serait donc pas exact de compter cette somme parmi les fonds dont la banque peut habituellement disposer pour ses affaires. Toutefois, lorsque le gouvernement la retirera, ce ne pourra être que pour la restituer à la circulation, à laquelle elle n'a pu être enlevée qu'au préjudice très-grave de la facilité et de la prospérité des affaires, et quand cette somme sera rendue à la circulation, il est non seulement probable, mais certain, qu'ils rentreront en partie entre les mains de la banque par l'augmentation, soit de sa circulation, soit des fonds déposés chez elle en compte-courant, soit de son encaisse en espèces. Nous croyons donc qu'il n'y a rien d'exagéré à penser que les sommes que le crédit de la banque met habituellement à sa disposition doivent communément s'élever à 350 à 380,000,000 qui, joints à son capital, portent à 420 ou 450,000,000 la puissance avec laquelle elle agit sur le mouvement commercial.

Nous passons maintenant à l'exposé de l'emploi de cette puissance.

141. *Numéraire en caisse.* — De 1803 à 1806, et de 1806 à 1815, le numéraire en caisse a varié, sauf les deux époques de crise dont nous avons déjà parlé, dans la première de ces périodes, d'un minimum de 5,000,000 environ à un maximum de 55 ; et dans la seconde, de 29 à 124,000,000. De 1816 à 1820, le minimum s'éleva de 27,000,000 à 161, et le maximum de 79 à 218. Pendant les dix années

suivantes le montant des espèces en caisse n'est pas descendu au-dessous de 86,000,000, et s'est élevé, en 1828, jusqu'à 238,000,000; le chiffre en a varié, en 1830, de 104 à 172; en 1831, de 123 à 265; en 1832, de 216 à 281; en 1833, de 132 à 227; en 1834, de 119 à 180; en 1835, de 130 à 203; en 1836, de 89 à 182; enfin, en 1837, de 103 à 248. C'est en 1838 qu'il a atteint son maximum le plus élevé; il a été alors, pendant quelque temps, à près de 300,000,000; vers la fin de l'année, il est descendu à 235.

Il est de principe à la banque que le montant du numéraire en caisse ne doit pas devenir inférieur au tiers de celui des billets en circulation. Mais, à l'exception seulement de l'époque où eut lieu, en 1805, une crise dont nous avons rendu compte, il n'a pas cessé une seule fois d'être fort supérieur à cette proportion. A la fin de 1836, lorsque de nombreuses suspensions de paiemens eurent lieu aux États-Unis, et que toutes les banques de ce pays cessèrent leurs remboursemens en espèces, les exportations considérables d'argent monnayé que provoqua cette crise réduisirent à 89,000,00 le numéraire en caisse de la banque, alors que sa circulation était 196,000,000 et ses dépôts en compte-courant de 49,000,000.

L'administration de la banque conçut quelque inquiétude en se voyant près d'être réduite au minimum de l'encaisse en espèces, et, pour être plus sûre de n'être pas obligée de restreindre les facilités qu'elle prêtait au commerce, elle se décida à faire venir de l'étranger des lingots d'argent pour une valeur de 12 à 13,000,000, et à acheter pour 10 à 12,000,000 d'or. Mais à peine cette opération était-elle terminée, que le chiffre des espèces en caisse recommença de lui-même à s'élever.

142. La France est un des pays de l'Europe où la circulation est le plus abondamment pourvue et le plus constamment entretenue d'espèces. Sa monnaie est comme sa langue, elle a cours partout. Aussi, que les espèces manquent quelque part, et c'est à elle qu'on s'adresse. On peut dire qu'il ne survient pas sur la surface du globe un accident commercial qui donne lieu à un déplacement d'espèces de quelque importance, qu'il ne soit, pour y fournir, fait appel à la France. Au moment où nous écrivons, les espèces sortent du royaume. Pourquoi? C'est que l'Angleterre manque de grains, et qu'il lui faut de l'argent pour payer ceux qu'elle achète à la Russie; c'est qu'en Belgique une partie du papier en circulation est frappée d'un discrédit accidentel, et qu'il faut des espèces pour suppléer au déficit qui en résulte. De même que la France est le réservoir central du numéraire circulant en Europe, de même aussi la banque est le réservoir central du numéraire circulant en France; le niveau s'y abaisse non seulement quand l'industrie française paie les soies, les laines, les cotons, les huiles qu'elle met en œuvre, mais aussi quand le numéraire, attiré du dehors par les besoins des peuples étrangers, s'écoule par les canaux qui débouchent à l'extérieur : ce niveau s'élève, non seulement quand la France reçoit le prix des produits naturels et des objets fabriqués qu'elle fournit aux autres peuples, mais aussi quand chez eux les mêmes causes, amenant une surabondance dans la circulation, déterminent dans ces canaux un courant en sens opposé.

L'encaisse de la banque est un baromètre à l'aide duquel une observation attentive pourrait faire reconnaître et quelquefois prévoir les phases diverses du mouvement général de la circulation des espèces dans le monde commercial. Depuis trente ans et plus, cet encaisse a toujours été, à de rares exceptions près, le dépôt le plus considérable d'espèces qui existe en Europe; il n'a pas cessé non plus d'être de beaucoup supérieur à ce qui eût été nécessaire pour répondre, dans toutes les circonstances que l'on a pu raisonnablement prévoir, du remboursement immédiat de tout le passif exigible de cet établissement. C'est là, il ne faut pas le perdre de vue, une des bases les plus solides de son crédit, et, s'il est vrai que l'oisiveté de capitaux si considérables soit, comme on le lui a souvent reproché, un dommage pour lui-même et pour le public, on ne doit du moins pas, en cherchant à y apporter remède, risquer de compromettre les avantages qui en résultent pour tous les deux. La direction de ce dépôt et le choix des moyens propres, soit à distribuer avec discernement les élémens de fécondité qu'il renferme, soit à l'entretenir, constituent entre les mains de la banque, comme nous le verrons tout-à-l'heure, un important et utile pouvoir : son administration n'a pas cessé de l'exercer avec prudence et circonspection, mais aussi avec un vif sentiment du but utilitaire de cette grande institution, de l'importance de sa mission et de ses devoirs envers le public.

143. *Avances au trésor.*—Dès l'année 1815, on reconnaît dans les modifications qui furent introduites dans les relations de la banque avec le trésor les premières traces du changement salutaire qui venait de s'opérer dans sa situation. Une somme de 12,000,000, dont la banque était en avances envers le trésor à titre de prêt extraordinaire, fut remboursée en bons royaux, et il fut fait un traité avec le ministre des finances, d'après lequel une somme de 40,000,000 en effets publics de même nature, échéant par tiers d'année en année, fut remise à la banque pour gage du prêt de pareille somme que, depuis 1808, elle faisait au gouvernement. Depuis lors, la banque a toujours reçu en garantie des avances successives, qu'elle a spontanément offert ou volontairement consenti de faire au trésor, une somme équivalente en bons royaux à échéance déterminée. Elle est par conséquent devenue dès lors maîtresse, non seulement de recevoir son remboursement à l'échéance de ces bons, mais encore de retrouver au besoin, en les négociant, la disponibilité du capital qu'ils représentaient. Le maximum de ces avances, qui ne s'était jamais précédemment élevé au plus haut qu'à 94,000,000 (en 1813), et qui demeura pendant les années suivantes à un taux variable qui n'atteignit qu'une fois 74,000,000 (en 1817), fut porté, en 1823, à 109, et, en 1824, à 112,000,000; il s'abaissa dans les années suivantes, et ne fut que de 18,500,000 en 1827, et de 46,000,000 en 1829. Mais, en 1830, à la suite d'une révolution qui rendait inévitables d'énormes dépenses extraordinaires en même temps qu'elle paralysait plusieurs branches de revenus, l'état ne pouvait, sans secours, se préserver de l'anarchie et maintenir l'ordre et les droits de la propriété. La banque ne lui fit pas défaut. Elle fournit au trésor des avances directes dont le total s'éleva : en 1830, à 291,500,000 f., et, en 1831, à 255,562,000 f.; elle lui prêta, en outre, un secours indirect non moins efficace en escomptant des bons royaux pour une somme dont le maximum s'éleva, dans la première de ces années, à 81, et, dans la seconde, à près de 111,000,000.

Ces facilités contribuèrent puissamment à fournir au gouvernement nouveau les moyens de surmonter les difficultés immenses contre lesquelles il avait à lutter. Comme on le verra tout-à-l'heure, l'appui qu'à la même époque la banque prêta au commerce eut des effets également salutaires, et témoigna de sa part non moins de dévouement à l'intérêt public. Les avances à l'état s'abaissèrent, dans les années suivantes, jusqu'en 1836, époque à laquelle, par l'effet de l'accumulation des fonds destinés à l'amortissement de la dette 5 p. %, et qui ont cessé d'être employés à cet usage, le trésor a commencé à devenir, ainsi que nous l'avons déjà dit, créancier de la banque pour une somme déjà très-considérable, et qui s'accroît de plus en plus. Les avances que, depuis sa fondation jusqu'à ce jour, la banque a faites au trésor public, se sont élevées, en totalité, à plus de cinq milliards, sans y comprendre celles qu'à diverses époques, elle a faites sur des obligations des receveurs-généraux, des certificats d'emprunt ou des bons royaux. Les obligations des receveurs-généraux ayant été confondues avec l'escompte des effets de commerce, il eût fallu, pour en trouver la somme, un long travail, qui n'aurait pas eu assez d'intérêt pour que nous ayons cru devoir nous y livrer. Les avances, sur certificats d'emprunt, se sont élevées en totalité, à 157,059,255 fr. Les escomptes de bons royaux ont eu longtemps une grande importance, puisqu'après avoir de 1820 à 1822, varié de 27 à 56,000,000, leur totalité s'est élevée, en 1823, à 332; en 1824, à 252; en 1826, à 133; en 1829, à 128; en 1830, à 291, et, en 1831, à 246,000,000. Ces escomptes ont subitement décru depuis, et ont fini par cesser presque entièrement, puisqu'en ce moment il n'y a de bons royaux dans le portefeuille de la banque que pour 8,000 fr. Mais la somme que, sous la forme d'escompte et depuis 1820 jusques et y compris 1838, la banque a avancée sur des effets de cette nature, s'est élevée en totalité à 1,780,669,230.

144. *Escompte.* — L'escompte des effets de commerce a toujours dû être et a été presque toujours en effet le but d'utilité le plus essentiel de la banque, et la source principale de ses profits. Cependant, il est arrivé six fois, en 1814, 1815, 1821, 1823, 1831 et 1832, que le produit des avances au trésor a excédé celui des escomptes du commerce; mais ce fait exceptionnel a été le résultat du concours de deux circonstances qui se présentent ordinairement ensemble, la stagnation des affaires, et des besoins extraordinaires de la part du gouvernement.

La banque admet à l'escompte toute personne qui lui en adresse la demande, à l'exception seulement des faillis non réhabilités. Il n'y a que de très-rares exemples de refus puisés dans d'autres motifs. La seule formalité qu'elle exige, c'est la production, à l'appui de la demande, d'un certificat signé de trois personnes connues, constatant l'authenticité de la signature du demandeur, et qu'il fait honneur à ses engagemens. Les statuts de l'an XII exigeaient, en outre, que les négocians admis à l'escompte eussent leur domicile réel à Paris. Quoique les statuts de 1808, sur la demande du conseil d'état, eussent supprimé cette condition, l'accomplissement en a néanmoins long-temps continué en pratique, plutôt faute par les négocians non domiciliés d'avoir demandé à être admis, que par la banque de s'y être refusée. Mais quelques commerçans domiciliés dans la banlieue de Paris, ayant en 1836, réclamé la faculté de présenter à l'escompte, la banque n'a fait aucune difficulté de l'accorder, à charge seulement, par ces commerçans, d'indiquer à Paris un domicile pour le remboursement des effets non payés. Les banques de Marseille, de Rouen, du Havre et de Lille ont été aussi, sous la même condition, admises aux escomptes de la banque de France. Enfin, la même facilité a été plusieurs fois accordée aux négocians des villes situées, relativement à celles où la banque a établi des comptoirs, à une distance assez rapprochée, pour que, dans le cas où le remboursement des effets non payés n'aurait pas lieu au domicile élu, il fût possible de le faire réclamer en temps utile au domicile réel.

L'escompte n'a eu lieu long-temps que trois fois par semaine, et le montant des bordereaux, déduction faite de l'escompte, n'était mis à la disposition de ceux qui les avaient présentés que le lendemain du jour du dépôt. Plus tard, il fut décidé qu'il y aurait deux jours d'escompte extraordinaire par mois, l'un la veille de la liquidation des affaires en fonds publics à la Bourse, l'autre la veille des fins de mois. Quelque temps encore après, un troisième jour d'escompte extraordinaire fut établi pour le 14 de chaque mois. Enfin, la banque, voyant s'agrandir le mouvement des affaires et ayant reconnu, d'une part, qu'escompter tous les jours et payer le jour même serait ajouter beaucoup aux facilités qu'elle prête au commerce; de l'autre, qu'une augmentation dans le personnel de ses bureaux rendrait cette amélioration possible et sans dangers, elle a été adoptée et mise en pratique à la fin de 1836. En conséquence, tous les jours, excepté le dimanche et autres jours fériés, tout négociant admis à l'escompte, en remettant à dix heures et demie du matin les effets qu'il demande à escompter, en a le montant à sa disposition au plus tard à trois heures.

On a souvent adressé à la banque le reproche de n'être utile qu'aux banquiers et de ne pas aider le petit commerce. On vient de voir que l'admission à l'escompte est ouverte à tout négociant qui la demande, et c'en serait peut-être assez pour démontrer l'injustice de cette imputation; mais il n'est pas inutile de faire connaître qu'en pratique autant qu'en principe elle est dépourvue de tout fondement.

Sur le nombre des maisons de commerce ou des particuliers qui ont acquis le droit d'escompter à la banque et qui s'en servent avec plus ou moins de fréquence et d'étendue, il y en a environ les deux cinquièmes qui se livrent exclusivement ou principalement au commerce de banque ou d'escompte; c'est-à-dire qui reçoivent eux-mêmes à l'escompte des négocians, fabricans ou marchands de la capitale et des départemens, du papier sur Paris, qu'ils viennent ensuite négocier à la banque. Les trois autres cinquièmes se composent de négocians, de commissionnaires en marchandises, de fabricans, de marchands, pour qui l'escompte n'est point un genre d'opération habituel ni principal, et qui ne présentent donc à la banque que les valeurs à terme qui proviennent de leurs propres affaires. Sur le nombre des négocians dont ces trois cinquièmes se composent, il y en a au moins un tiers qui font le commerce de demi-gros ou de détail; il est même, parmi eux, un nombre assez considérable de personnes qui exercent des métiers ou professions manuelles, telles que des tapissiers, des plâtriers, des tailleurs, etc. En revanche, beaucoup des principales et des plus riches maisons de Paris, au profit desquelles un préjugé fait croire que s'exerce principalement l'action de la banque, ne font aucun usage, ou ne font pas un usage habituel de la faculté d'escompter.

Le nombre des effets escomptés par la banque, qui n'a été, en 1828, que de 192,000, montant à 407,000,000, s'est élevé, en 1838, à 576,000, montant à 804,000,000. Ainsi le nombre des effets s'est accru dans un proportion beaucoup plus forte encore que celle de leur montant, et leur moyenne proportionnelle, qui était, en 1828, de 2,119 fr., n'a été, en 1838, que de 1,395 fr. Sur ces 576,000 effets escomptés par la banque pendant l'année 1838, il y en a eu

228,000 de 1,000 fr. et au-dessus;
280,000 de 999 à 200,
68,000 de 199 et au-dessous;

en sorte que le rapport du nombre des effets de moins de 1,000, avec le nombre des effets supérieurs à cette somme, a été celui de 29 à 19.

Parmi les effets présentés à la banque, il en est quelquefois de 15 fr.; ceux de 50 à 100 fr. sont en grand nombre. La modicité de la somme n'est jamais un motif d'exclusion, et, malgré le surcroît de travail et de frais auquel donnent lieu le classement et l'encaissement de si petits effets, la banque les reçoit aux mêmes conditions que les gros. L'admission à l'escompte étant ouverte à tout commerçant qui la réclame, et la modicité du montant ni des bordereaux ni des effets n'étant jamais une cause de refus, ce n'est donc pas à la banque qu'on pourrait s'en prendre avec justice si elle n'aidait pas le petit commerce, auquel elle prête, au contraire, ainsi que nous venons de le prouver, à des conditions de beaucoup inférieures à celles qu'il pourrait obtenir partout ailleurs, tous les secours qu'il peut lui convenir de réclamer d'elle.

145. La Banque observe avec exactitude, ainsi qu'elle le doit, les dispositions des lois et statuts, qui lui prescrivent de n'admettre à l'escompte que du papier timbré à trois signatures et à trois mois de terme au plus. La première de ces règles a pour but unique l'observation des lois et l'intérêt du revenu public; la seconde est la garantie de la sécurité de la banque, et la troisième celle du maintien de la disponibilité de son capital. L'expérience a constaté la sagesse de ces précautions, en montrant que le plus souvent, lorsque les banques se compromettent, c'est pour ne les avoir pas assez exactement observées. La législation qui régit la banque de France ne lui interdit point de prendre du papier sur les départemens et sur l'étranger. Cependant elle n'admet à ses escomptes que du papier sur Paris. Nous rapportons, sans les juger, les motifs de cet usage; ils sont tirés : 1° du scrupule que se fait la banque d'empiéter sur le domaine du commerce, et d'enlever aux banquiers une nature d'affaires dont jusqu'ici ils ont été seuls en possession; 2° des difficultés qu'entraînerait l'obligation où serait la banque de discuter avec les négocians, le change de place selon la distance et les accidens variables du rapport de chaque place avec Paris, et par là de renoncer à la simplicité et à l'uniformité actuelle de ses conditions; 3° des inconvéniens qu'entraînerait l'alternative où se trouverait la banque, à l'approche de l'échéance du papier, ou de le négocier, et par là de mettre sa signature en circulation sous la forme d'endossement, ou de le remettre au lieu où il serait payable, et par là d'être conduite à des découverts envers ses correspondans; 4° enfin, et c'est l'argument qui nous paraît avoir le plus de valeur réelle, de l'impossibilité où serait la banque, pour laquelle la connaissance de la place de Paris est déjà si laborieuse et si difficile à entretenir et à conserver, d'apprécier suffisamment le degré de solvabilité des négocians des départemens, qui seraient les principaux obligés aux effets dont il s'agit.

146. Le taux des escomptes de la banque, après avoir subi les modifications successives qui ont déjà été indiquées, fut réduit à 4 p. % le 1er juin 1819, mais seulement pour les effets qui n'avaient pas plus de trente jours à courir. Quelques mois après, et le 1er février 1820, le taux de 4 p. % devint applicable aux effets de toute échéance jusqu'à trois mois. Depuis lors, ce taux n'a subi aucune variation, même pendant les crises qui ont eu lieu en 1818, en 1825, 1830 et, récemment encore, en 1836. Non seulement, dans ces temps de perturbation commerciale, la banque de France n'a pas élevé le taux du loyer des capitaux qu'elle prêtait au commerce, mais encore elle n'a apporté que très-rarement des restrictions à l'étendue de ses escomptes, soit en réduisant le terme du papier qu'elle escomptait, soit en limitant la somme qu'elle consacrait à cet emploi. Durant cette longue période, les escomptes de la banque n'ont donc généralement eu d'autres bornes que les besoins du commerce lui-même, et elle a presque constamment pris tout le papier qui lui était présenté, pourvu qu'il lui parût suffisamment garanti par la

solvabilité des signatures dont il est revêtu ; aussi les escomptes ont-ils toujours acquis, à ces époques de perturbation, une extension extraordinaire. La somme annuelle des escomptes de la banque, naturellement très-variable, est généralement demeurée, aux époques de calme et de sécurité, et jusqu'en 1836, dans les limites habituelles de 250 à 500,000,000; en 1818, elle s'est élevée à 616,000,000; en 1825, à 638 ; en 1826, à 688, et en 1830, à 617,000,000. Toutes les fois que des circonstances telles que celles qui signalèrent ces époques se sont présentées, la banque, sans se laisser arrêter par la crainte de s'exposer à des pertes, a toujours fidèlement et largement accompli le devoir de se prêter, par des facilités exceptionnelles, aux besoins extraordinaires du commerce; à la dernière, en 1830, la banque, non contente d'avoir secondé les opérations d'un comptoir destiné à l'escompte du papier du petit commerce à deux signatures et jusqu'à six mois d'échéance, accorda, pour une somme considérable, des facilités extraordinaires d'où n'est résulté pour elle aucun préjudice, mais se livra aussi, quoiqu'elle en pût prévoir le danger, à des découverts qui ont été pour elle la cause d'une perte qui menaçait d'abord d'être de 3,000,000, et qui s'est réduite en définitive à environ 1,800,000 fr.

147. C'est au prix de ces sacrifices peu importans, sans doute, si on les compare ou à la gravité du danger, ou à l'importance du service, que la banque a écarté les désastres incalculables qui menaçaient de devenir la conséquence de l'effrayante perturbation que la révolution de 1830 avait jetée dans les affaires. Cette crise, qui eut sa cause unique dans des événemens politiques complètement inattendus, éclata, ainsi qu'eux, comme la foudre, et nulle prévoyance humaine ne pouvait la deviner, ni par conséquent la prévenir. Le seul office que la banque pût rendre, c'était donc d'en affaiblir les conséquences; elle s'y dévoua avec un courage et un désintéressement, dont il y aurait une grave injustice à ne pas lui tenir compte. C'était à la même époque, où, soit par des avances directes, soit par l'escompte des bons du trésor, elle fournissait à l'état, dans le courant d'une seule année, un secours de 372,000,000. S'il a été en son pouvoir de rendre ce double service au pays, c'est parce que, au milieu du discrédit universel, son crédit ne reçut aucune atteinte; c'est parce que, au moment même où les destinées de la France, et avec elles la sécurité et la fortune des citoyens, étaient livrées, dans les rues de Paris, aux hasards d'un sanglant combat, nul ne pensait à se défier de la banque, et que, loin de venir lui demander le remboursement de ses billets ou des dépôts qu'elle avait reçus en compte-courant, le public y apportait au contraire son argent, comme dans l'asile le plus sûr où il pût le déposer. D'où venait cette confiance? De ce que la banque, par la sagesse de son administration, avait su maintenir son indépendance et la disponibilité de ses ressources, que, ne s'étant engagée au-delà de ses facultés et de la prudence, ni avec le gouvernement ni avec le commerce, elle avait conservé, alors que l'un et l'autre se trouvaient inopinément exposés à de graves périls, le pouvoir de leur venir à la fois en aide à tous les deux.

Dans d'autres pays, l'expérience a montré que les grandes institutions de crédit, quand elles se laissent entraîner à des avances trop étendues ou trop hasardeuses, excitent dans le commerce un développement exagéré, qui le pousse à des crises dont elles se trouvent ensuite impuissantes à amortir et à réparer les effets; chez nous, elle a constaté, au contraire, que ces institutions, quand elles savent éviter de se commettre et conserver toute la liberté de leur action, concourent puissamment à modérer les impulsions dangereuses; et, quand des crises fâcheuses se déclarent, elles peuvent devenir, non seulement le plus ferme et le plus salutaire appui du commerce, mais encore un précieux instrument d'ordre et de conservation.

La banque a rendu de nouveaux et d'importans services en 1836, alors que par des secours libéralement fournis par elle, elle a prévenu les nombreuses faillites qui eussent, sans eux, éclaté dans nos principales villes manufacturières. Un fait digne de remarque, qu'a offert cette perturbation générale de 1837, c'est qu'alors que toutes les banques des États-Unis tombèrent en suspension de leurs paiemens en espèces, et que toutes celles de l'Europe, à commencer par la banque d'Angleterre, furent obligées, par le soin de leur sûreté, à élever le taux de leurs escomptes, la banque de France et celle de Vienne, dont la constitution est semblable, furent les seules qui n'apportèrent aucun changement dans les conditions de leurs opérations. On en peut tirer cette conséquence que, si les restrictions dans lesquelles la législation a enfermé ces deux établissemens offrent peut-être l'inconvénient de trop resserrer, dans les temps de calme, l'efficacité de leur action, elles ont, en revanche, cet avantage que dans les temps d'orage, elles les mettent à l'abri des atteintes du discrédit, et en font un appui contre lequel toutes les défiances viennent s'amortir.

Pendant les trois années qui viennent de s'écouler, les escomptes de la banque, favorisés par le progrès rapide de l'activité commerciale et de la prospérité publique, ont pris un accroissement qui les a portés à des sommes de beaucoup supérieures au chiffre le plus haut qu'ils eussent atteint depuis la fondation de cet établissement; ils se sont élevés :

en 1836	à	770,874,279 fr.	82 cent.,	qui ont produit	4,918,574 fr.	48 cent.
en 1837	à	756,025,845	75	»	5,002,549	18
en 1838	à	804,266,593	91	»	5,090,084	84

sans y comprendre les escomptes, à la vérité très-faibles, des bons du trésor, qui n'ont été que de 3,788,130 fr. dans la première, de 2,009,800 fr. dans la seconde et de 630,300 fr. dans la troisième de ces années. Malgré cette extension inusitée de ses crédits, la banque n'a été compromise dans aucune faillite; c'est donc sans dommage pour ses intérêts qu'elle a si puissamment favorisé les développemens du commerce, non seulement à Paris, mais aussi, comme on va le voir, sur tous les points du territoire français.

148. Paris est devenu, nous l'avons déjà dit, le point central de la circulation générale des capitaux en France. Il y a sans doute, en très-grand nombre, des sphères particulières de circulation locale, alimentées par les échanges qui se consomment dans l'enceinte de chacune d'elles; mais le mouvement de toutes s'engrène, à travers une quantité plus ou moins grande de rouages intermédiaires, dans cette circulation générale dont Paris est le centre. Les paiemens auxquels donnent lieu les achats, les ventes, les prêts, les remboursemens qui se font dans toute l'étendue du royaume viennent donc presque tous en définitive se résoudre et se résumer en argent dans la capitale. A cause de la cherté des frais de leur transport, les espèces ne concourent que par exception et pour une faible proportion à cette circulation générale; à cause des risques auxquels expose l'envoi par la poste ou par les messageries des billets de la banque, ils n'y participent que dans une proportion bien moindre encore et presque insensible. L'instrument exclusif de cette circulation, c'est donc le papier sur Paris. Aussi se produit-il sous toutes les formes. Lettres de change, mandats, billets à ordre, billets à domicile, mandats non acceptables, tels sont les moyens divers que, partout en France et dans les communes les plus ignorées comme dans les plus grandes villes, quiconque exerce une industrie ou un commerce de quelque importance, met en usage pour satisfaire à cette obligation qui s'est aujourd'hui généralement établie, de payer, et par conséquent aussi de recevoir à Paris. Cette ville est le *clearing house*, le foyer de liquidation de toutes les affaires qui se font dans toute l'étendue de la France. Ces lettres de change, ces mandats, ces billets payables à Paris, sont donc la monnaie générale du commerce, le signe qui sert à l'accomplissement, sinon de tous les échanges, au moins de tous ceux qui ne se consomment pas dans le cercle d'une seule localité; ils ont cours partout, sauf examen de leur aloi, c'est-à-dire de la solvabilité des négocians qui y sont obligés, et quand ils sont de bon aloi, l'éloignement de leur échéance n'est point un obstacle à ce qu'ils soient employés au paiement de dettes échues et exigibles, puisque, sous la déduction de l'intérêt du terme à courir, ils peuvent, à peu près partout, être réalisés effectivement en espèces. L'affluence de ces effets venus des départemens ou de l'étranger concourt pour une très-forte proportion, avec les effets à la création desquels donnent lieu à Paris les transactions purement locales, à alimenter l'immense commerce d'escompte qui se fait dans cette cité par les banquiers, par les capitalistes, et, en définitive, par la banque de France. Il n'existe aucune donnée sur laquelle on puisse asseoir l'élévation même approximative de la somme à laquelle s'élèvent

les effets sur Paris en circulation, ou annuellement payés. Mais un fait constaté donnera une idée de son importance ; c'est que la banque, qui n'opère le recouvrement, soit pour son propre compte, soit pour celui du commerce, que d'une partie, et même à coup sûr que de la moindre partie des effets payables à Paris, en a encaissé, en 1836 et en 1837, pour plus de 1,500,000,000, et, en 1838, pour plus de 1,700,000,000 ; ces derniers divisés ainsi qu'il suit :

	Francs.
Effets provenant de l'escompte....	804,266,000
Effets reçus en compte courant pour en opérer le recouvrement.....	948,776,000
TOTAL........	1,753,042,000

La banque escompte donc ordinairement pour une somme à peu près égale à la moitié du montant des effets qu'elle encaisse. Le rapport de ce montant avec celui de la totalité des effets payables à Paris étant inconnu, on ne peut connaître non plus le rapport du montant des effets escomptés par la banque avec la somme totale des effets payables à Paris. Mais ne fût-il que du tiers, que du quart, que dans une proportion encore inférieure, il n'en demeurerait pas moins évident que le plus ou moins de facilité et d'étendue avec lesquelles la banque se livre à l'escompte de ces valeurs, doit exercer une influence considérable sur le degré d'abondance et d'activité de leur circulation. La banque ayant, par ce moyen, le pouvoir d'accélérer ou de ralentir, d'agrandir ou de diminuer une circulation qui embrasse la France entière, il est clair que l'influence qu'elle exerce sur l'instrument réagit nécessairement sur le travail auquel il est employé, et qu'elle a donc ainsi indirectement le pouvoir de stimuler ou de modérer jusqu'à un certain point, l'impulsion commerciale et industrielle. L'action de ce pouvoir n'est pas seulement générale : elle se divise pour s'appliquer spécialement à telle ou telle branche du commerce ou de l'industrie, à tel ou tel établissement que, jusque sur les points les plus éloignés de la France, la banque, dans l'intérêt de sa sûreté, poursuit de sa surveillance pour les encourager ou les retenir, selon que, d'après son jugement, ils agissent avec intelligence et circonspection, ou bien avec imprévoyance et témérité.

Cette autorité, que la banque ne s'est pas faite, mais que la force des choses et leur cours naturel ont placée entre ses mains, est vaste et importante : son exercice exige une grande indépendance, une sévère impartialité, une expérience consommée des affaires, une attention assidue. Le comité d'escompte à qui elle est remise, et qui comprend la grave responsabilité qu'elle lui impose, l'exerce avec discernement, sans timidité, mais aussi sans imprudence, livrant largement, quand les circonstances sont favorables, les capitaux dont il dispose à l'activité raisonnée et légitime du commerce, mais les dispensant avec modération quand il le voit disposé à se laisser entraîner trop loin, ou quand l'horizon se charge de nuages. Dans l'exercice de ce pouvoir, c'est sans doute sa propre sécurité que la banque a principalement en vue ; mais comme, à cet égard, l'intérêt général du commerce et le sien se confondent et n'en font qu'un, c'est au profit du commerce tout entier comme au sien propre que la vigilance de la banque s'exerce, et c'est là ce qui constitue cette action modératrice dont elle est investie, dont son intérêt propre garantit le sage exercice, et qui est, nous ne craignons pas de le dire, une des principales causes de la supériorité qui, sous le rapport de la sagesse, et par conséquent de la solidité, distingue le commerce français de celui de la plupart des autres peuples. Prévoir à l'avance les perturbations dont le commerce est menacé, l'en avertir et l'empêcher de s'exposer inconsidérément à leurs effets ; prêter un appui libéral aux entreprises régulières et modérées, mais circonspect aux entreprises hasardeuses, mal conçues, ou imprudemment dirigées ; refuser tout appui à la fraude, à la mauvaise foi, aux spéculations illicites, à ces ambitions désordonnées qui risquent jusqu'à l'honneur pour arriver plus promptement à la fortune ; c'est non seulement porter au degré le plus élevé de leur utilité les services qu'une grande institution de crédit doit au commerce, mais encore accomplir une mission sociale d'une haute moralité. C'est vers ce résultat que sont dirigés tous les efforts de la banque de France ; alors qu'en apportant plus de réserve dans le choix des valeurs qu'elle escompte, elle modère en effet l'impulsion des affaires, on l'accuse trop souvent d'obéir à des vues méticuleuses, de ne prendre conseil que de son seul intérêt, de manquer à sa destination : on est injuste envers elle. C'est en avertissant le commerce des dangers qui le menacent, et non en l'encourageant à s'y jeter, qu'elle remplit le plus important de ses devoirs, et il vaut bien mieux pour elle encourir le reproche d'avoir été trop timide, que celui d'avoir été complice des imprudences qui trop souvent conduisent le commerce à des crises désastreuses pour lui-même et pour le pays, et les négocians à leur ruine ou au déshonneur.

149. *Avances sur dépôt de lingots et monnaies.*—Ces avances n'ont commencé à prendre quelque extension que depuis qu'en 1820 la banque se décida, en considération de la sécurité infaillible que présentent de tels gages, à n'exiger sur elles que 1 p. 0/0 d'intérêt. Les matières d'or et d'argent ne sont admises qu'après que leur titre et leur poids ont été régulièrement constatés. Le prêt n'est fait que pour trois mois; mais il est susceptible d'être indéfiniment renouvelé. Avant 1820, le montant de ces avances ne s'est jamais élevé à plus de 1,280,000 fr., et souvent il a été réduit à rien. Depuis cette époque, il a été excessivement variable, descendant quelquefois de 1,700,000 à 1,400,000 f., et même en 1833, à 204,000 fr., et s'élevant quelquefois aussi à 80 et même à 90,000,000. Ce maximum, le plus élevé auquel ces avances aient jamais été portées, se présenta le 16 sept. 1824, alors que, le 26 déc. précédent, elles ne s'élevaient qu'à 6,249,000 ; il eut sa cause dans les préparatifs qui avaient été faits à l'avance pour l'exécution de la conversion des rentes 5 p. 0/0. Depuis, le montant des avances sur dépôt a varié, en 1825, de 35 à 85,000,000, et en 1826, de 14 à 33 ; il s'est abaissé ensuite jusqu'en 1829, où il est descendu jusqu'à 1,700,000 fr. ; il remonta ensuite, en 1830, à 42,000,000; il a varié depuis, en 1831, de 8 à 28 ; et, en 1832, de 204,000 fr. à 7,800,000 fr. ; il est remonté à 46 en 1834; à 47, en 1835, et a été depuis de 4 à 11 en 1836, et de 1,700,000 fr. à 5,000,000, en 1838. Le maximum des intérêts que ces avances ont produits a été de 664,700 fr. en 1820, et le minimum de 38,437 fr. en 1838.

150. *Avances sur effets publics.*—L'art. 16 du décret du 16 janv. 1808 avait autorisé la banque à faire des avances sur les effets publics dont l'échéance serait déterminée. Cette désignation excluait les titres de rentes perpétuelles, et ne s'appliquait qu'aux bons du trésor et aux certificats que dans plusieurs occasions successives le gouvernement a délivrés aux soumissionnaires des emprunts qu'il avait négociés ; certificats qui, au bout d'un délai déterminé, devaient être échangés contre des inscriptions de rente. Ce n'est donc que sur ces seuls titres que pendant long-temps la banque a pu faire des avances. Celles qu'elle a faites sur des bons du trésor ont eu lieu sous la forme d'escompte, et nous en avons déjà rendu compte. Les avances sur certificats d'emprunt ont commencé en 1818 et ont cessé en 1825 par l'extinction successive de ces titres. Durant cette période, l'ensemble des avances que la banque a faites s'est élevé à 151,749,066 f. 17 c., et leur produit à 3,247,073 f. 39 c. Elles reprirent ensuite, en 1830, alors que les emprunts que l'état fit à cette époque vinrent leur fournir un nouvel aliment ; mais elles ne s'élevèrent, durant les quatre années où ces titres demeurèrent dans la circulation, qu'à 4,310,222 fr. 85 c., qui produisirent 29,754 f. 5 cent.

Le gouvernement s'étant rendu garant des emprunts contractés par diverses entreprises de canaux, la banque jugea que les actions de ces entreprises portaient le caractère d'effets publics, et rentraient dans la catégorie de ceux sur lesquels elle était autorisée à faire des avances. En conséquence, à dater du 1er janvier 1833, elle admit ces effets, ainsi que les obligations de la ville de Paris, à devenir le gage d'avances qu'elle ferait au public, à raison des 9/10es de leur valeur au cours, et à l'intérêt de 4 p. 0/0.

La loi du 17 mai 1834 vint agrandir ces facilités en autorisant la banque à faire des avances sur effets publics français, sans que la condition d'une échéance fût obligatoire. Une ordonnance du 15 juin suivant, ayant pour objet de régler l'exercice de cette faculté, statua qu'il ne serait avancé que les 4/5es de la valeur au cours des rentes données en garantie; que le transfert de ces rentes serait fait au profit de la banque; que le remboursement serait en tout temps facultatif, pourvu que l'emprunteur payât quinze jours d'intérêt; que l'emprunteur souscrirait l'obligation de couvrir cet établissement du montant de la baisse qui pourrait survenir dans le cours des effets par lui transférés, toutes les fois que cette baisse atteindrait 10 p. 0/0 ; enfin, qu'à défaut de couverture, trois jours après la simple mise en demeure par acte extrajudiciaire, et à défaut de remboursement, dès le lendemain de l'échéance sans qu'il fût besoin de mise en demeure, la banque serait autorisée à vendre le gage pour se rembourser, le surplus du produit demeurant la propriété de l'emprunteur.

C'est à ces conditions que, depuis cette époque, la banque a ajouté cette facilité nouvelle à celles que déjà elle offrait au public, par les avances qu'elle faisait sur les actions des canaux garanties par l'état et sur les obligations de la ville. Les effets publics à échéance indéterminée que la banque admet à servir de gages, se bornent strictement aux rentes nominatives ou au porteur 5 p. 0/0, 4 1/2 p. 0/0, 4 p. 0/0 et 3 p. 0/0. L'emprunt grec, même pour la portion garantie par la France, n'y est pas compris. Le minimum des prêts est de 500 fr.

Les avances que depuis 1833 jusqu'à la fin de 1838, la banque a faites sur effets publics à échéance déterminée, ont varié de 4 à 10,000,000 par semestre; leur minimum n'est jamais descendu au-dessous de 3,700,000; leur maximum ne s'est élevé qu'à un peu plus de 10,000,000; leur montant le plus habituel a été de 6 à 8,000,000.

Les avances sur effets publics à échéance indéterminée, qui n'ont commencé qu'avec le deuxième semestre 1834, n'ont varié, pendant sa durée, que de 2 à 5,000,000; au commencement de 1835, elles se sont élevées progressivement jusqu'à 24,000,000, pour retomber de 2 à 6,000,000 à la fin de la même année; en 1836, elles ont d'abord varié de 7 à 16, puis de 16 à 32,000,000. En janvier 1837, elles se sont élevées jusqu'à 37,000,000 : c'était l'effet du besoin d'argent qu'avait fait naître la crise américaine; elles ont baissé ensuite au point de n'être plus, à la fin de l'année, que de 6 à 11,000,000; en 1838, leur maximum a été de 13,000,000, en janv. et en juillet, et leur minimum de 4,700,000 fr., en décembre. La fixité que les cours des diverses natures de fonds publics ont acquise depuis quelques années, en ôtant à la spéculation un aliment dont elle abusait, mais que malheureusement elle a été chercher ailleurs, a empêché cette branche des revenus de la banque de prendre le développement auquel elle aurait pu atteindre.

151. Nous venons de rendre compte de la nature et de l'importance des diverses opérations auxquelles la banque se livre; avant de présenter le tableau des profits qui en ont été le résultat, il nous reste encore à parler des services gratuits, ou plutôt onéreux pour elle, qu'elle rend au public, parmi lesquels nous comprenons, à bon droit, les succursales qu'elle a fondées dans plusieurs villes de France.

152. *Service du paiement des rentes et pensions.* — Nous avons déjà dit que la banque fut chargée de ce service public depuis l'an IX jusqu'à la fin de l'an XII.

Il lui fut de nouveau confié en 1817. Ce service consista d'abord à payer non seulement à Paris, mais dans les départemens, les arrérages des rentes perpétuelles, et à faire l'avance, à raison d'un 365e par jour, du fonds d'amortissement qui venait d'être créé. Le compte de l'intérêt de ces avances était tenu à raison de 5 p. 0/0, et leur remboursement s'opérait au moyen de délégations sur les receveurs-généraux, échéant de 15 en 15 jours.

Dès l'année 1819, la banque cessa d'être chargée de l'avance des fonds employés, en exécution des lois sur l'amortissement, au rachat quotidien de la dette, ainsi que du paiement des arrérages des rentes dans les départemens; mais elle conserva le service de ces arrérages à Paris, et on y ajouta celui des intérêts des reconnaissances de liquidation; les avances auxquelles l'un et l'autre donnaient lieu, s'élevaient à environ 70,000,000 par semestre. La provision de ces avances était faite au moyen d'effets de commerce sur Paris et de bons royaux, que le trésor escomptait à la banque, à raison de 5 p. 0/0.

Le remboursement par cinquième des reconnaissances de liquidation commença en 1821, et finit en 1825. La banque fut encore chargée de fournir les fonds nécessaires pour l'opérer; cette avance fut de 30,000,000 pendant chacune des deux premières années, de 40 pour la troisième, de 50 pour la quatrième, et de 36 pour la dernière; la commission allouée à la banque fut de 1/2 p. 0/0. Le montant des fonds que la banque avait chaque année à fournir pour le paiement des arrérages de la dette publique se réduisit par degrés; de 70,000,000, il descendit à 50. Le remboursement continuait à s'opérer par l'escompte de valeurs commerciales sur Paris, provenant des remises des receveurs-généraux ou de bons royaux;

le taux de ces escomptes fut, ainsi que celui des intérêts du compte courant, réduit à 4 p. 0/0 en 1821. A dater du deuxième semestre de 1827, la banque cessa d'être chargée de ces divers services, qui ont donné lieu, pendant leur durée, à des avances dont la totalité s'est élevée à 1,756,483,875 fr., et à des rétributions variables, qui furent, dans les deux premières années, de 1 1/2 p. 0/0, et qui se réduisirent ensuite à moins de 1/8 p. 0/0.

153. *Encaissement gratuit.*—On a vu que, d'après les lois qui la régissent, la banque se charge pour le compte des particuliers et des établissemens publics, du recouvrement des effets qui lui sont remis. Quiconque a demandé et obtenu de la banque l'ouverture d'un compte courant, peut donc charger la banque du recouvrement, non seulement de tous les effets de commerce timbrés ou non qu'il a à recevoir, mais même des factures visées, pourvu qu'elles soient à échéance fixe. Les effets peuvent être remis dans les dix jours qui précèdent l'échéance, et la veille même de cette échéance; seulement, à la fin de chaque mois, la banque exige, à cause du grand nombre d'effets dont cette époque amène l'entrée, et afin de se réserver le temps de les enregistrer et de les classer, qu'ils soient remis, au plus tard, l'avant-veille. Le déposant est immédiatement credité, à son compte, de leur montant, qui ne devient, toutefois, disponible pour lui, que le lendemain de l'échéance des effets.

On conçoit qu'il doit être fait un large usage d'une faculté aussi commode et aussi économique pour le public, et que tous ceux qui ont habituellement des recouvremens à faire, doivent s'empresser de s'en assurer la possession; aussi, le nombre des comptes courans ouverts à la banque est-il au moins de 2,000, et la masse des effets qu'elle est chargée d'encaisser très-considérable. On calcule que ce service exige, de sa part, l'entretien d'un nombre d'employés à peu près égal à celui que nécessiteraient ses propres affaires, et, par conséquent, que les frais auxquels il donne lieu entrent pour environ moitié dans ses dépenses, qui s'élèvent annuellement de 900,000 fr. à 1,000,000, et qui, malgré le développement de ses opérations, n'ont éprouvé que peu d'augmentation.

Les effets au comptant se sont élevés :

Avant 1807,	en nombre,	de	120	à	150,000,	en somme,	de	230	à	349	millions.
de 1807 à 1811	»	»	201	à	252,000	»	»	201	à	252	»
de 1812 à 1815	»	»	166	à	190,000	»	»	120	à	237	»
de 1816 à 1824	»	»	220	à	466,000	»	»	400	à	748	»
de 1825 à 1833	»	»	500	à	570,000	»	»	719	à	887	»
de 1834 à 1837	»	»	599	à	602,000	»	»	802	à	902	»
en 1838	»	»	»	à	680,740	»	»	»	à	948,776,000	

La progression du nombre et de la somme des effets dont le recouvrement a été confié par le commerce à la banque, peut servir à faire juger du développement commercial dans la ville de Paris. La décroissance proportionnelle du montant de chaque effet, indique les progrès de la division que la concurrence a amenée dans les affaires :

En 1808, la commune proportionnelle du montant de chaque effet a été de 2,132 fr.
en 1818........................ de 1,737
en 1828........................ de 1,645
en 1838........................ de 1,392

Dans la dernière de ces années, la commune des effets remis à la banque pour en recouvrer le montant, a été presque la même que celle des effets escomptés, qui était de 1,395, et ce serait, s'il en était besoin, une preuve de plus que la banque ne repousse pas les petits effets, et ne refuse pas son secours au petit commerce.

154. *Comptoirs d'escompte.* — La banque, aussitôt après que le décret du 18 mai 1808 eut réglé l'exercice de la faculté que la loi du 22 avril 1806 lui avait donnée de fonder des comptoirs dans les départemens, s'occupa d'en établir dans deux de nos villes manufacturières les plus importantes, Lyon et Rouen. Ces succursales furent instituées par un décret du 28 juin de la même année, et commencèrent leurs opérations le 1er janv.

1809. Un capital de 6,000,000 fut attribué au comptoir de Lyon, et de 4,000,000 à celui de Rouen. Un décret du 19 mai 1810 en fonda un troisième à Lille, avec un capital de 1,000,000 seulement.

Malgré le peu d'étendue qu'avaient alors les affaires, comparativement à leur état actuel, et les préjugés qui résistaient encore, dans les départemens, à toute innovation en matière de crédit, les comptoirs de Lyon et de Rouen eurent des débuts assez favorables, et qui auraient pu faire espérer pour eux quelque succès. Le premier escompta 25,000,000 dès la première année, 50 en 1810, 30 en 1811, 38 en 1812, et 51 en 1813; sa circulation parvint à environ 3,000,000. Le comptoir de Rouen atteignit 20,000,000 d'escompte, et 1,400,000 fr. de circulation. C'était peu, sans doute; cependant ces résultats ne laissaient pas que d'autoriser à penser que ces établissemens pourraient parvenir, si les circonstances était favorables, à un développement mieux proportionné à l'importance du commerce au service duquel ils étaient destinés; mais les révolutions et les invasions de 1814 et de 1815 survinrent, et avec elles une atonie générale des affaires, un découragement et un discrédit universels, qui se perpétuèrent pendant les années suivantes, et qui frappèrent ces établissemens de stérilité. Le comptoir de Lille, placé sur un terrain moins fécond, et qui n'avait commencé ses opérations qu'en 1811, ne donna pas même ces espérances, puisqu'il ne parvint, en 1812, qu'à 10,000,000 d'escompte, et à 2 ou 300,000 fr. de circulation; dès la fin de 1813, il s'éteignit de lui-même. Ceux de Lyon et de Rouen furent supprimés à la fin de 1817.

Après cette tentative infructueuse, dix-huit années s'écoulèrent sans que ni l'état du commerce, ni aucun vœu manifesté par lui, fissent naître dans l'esprit de l'administration de la banque la pensée de la renouveler. Des banques s'établirent, à la vérité, comme nous le dirons tout-à-l'heure, à Bordeaux, à Rouen et à Nantes; mais, malgré leur succès, l'exemple donné par le commerce de ces villes demeura stérile, et nulle part ne parut se manifester le besoin d'institutions de crédit. Ce ne fut qu'en 1835 que, secondés par le rétablissement de la sécurité politique, les progrès de l'activité commerciale imprimèrent aux idées une direction favorable à ce perfectionnement: Lyon, Marseille formèrent des projets d'établissement de banques autorisées; dans des localités moins importantes, et où les capitaux n'étaient pas assez abondans pour qu'on crût pouvoir s'élever à des fondations semblables, il se manifesta des vœux pour l'établissement de comptoirs d'escompte de la banque de France. Vers la fin de 1835, la banque demanda et obtint l'autorisation d'en créer deux à Reims et à Saint-Étienne, qui commencèrent leurs opérations l'un le 1er juin, l'autre le 15 août 1836; en 1836, elle en fonda encore deux autres à Saint-Quentin et à Montpellier, qui entrèrent en activité, l'un, le 1er janv., l'autre, le 1er mai de l'année suivante.

Ces établissemens ont été fondés sur la demande du commerce de ces villes, transmise par les chambres de commerce. La loi ayant prescrit qu'ils seraient dirigés par une administration locale et gratuite, aux membres de laquelle elle impose encore l'obligation de devenir et de demeurer propriétaires d'un nombre d'actions de la banque qui exige un déboursé considérable, leur constitution ne peut évidemment avoir lieu qu'avec le concours du commerce. Le décret du 18 mai 1808 exige que les administrateurs soient propriétaires de quinze actions qui, au cours auquel leur valeur s'est depuis quelque temps élevée, coûteraient près de 40,000 fr. Les négocians qui s'étaient montrés disposés à entrer dans l'administration des comptoirs, réclamèrent contre l'élévation de cette somme, et firent observer qu'elle était plus que double de celle que la loi avait entendu fixer. La banque jugeant cette réclamation fondée, sollicita et obtint du gouvernement, qui considéra avec raison cette disposition comme purement réglementaire, une décision qui réduisît à dix le nombre des actions dont la possession serait exigée des administrateurs des comptoirs. Partout où se manifesta l'intention de créer une banque locale, la banque de France, pour ne pas susciter d'obstacles à sa fondation, écarta toute idée d'y monter un comptoir. Car l'unique but de ces succursales a toujours été pour elle l'avantage du commerce: elle sait bien qu'elle n'en doit pas attendre l'accroissement de ses profits. Parmi les accusations injustes qui ont été portées contre elle, la plus dépourvue de tout fondement est donc celle d'avoir cherché à contrarier, dans les départemens, la fondation d'établissemens de cette nature. Elle l'a au contraire secondée de tout son pouvoir, se bornant à faire connaître, quand elle a été consultée, les objections auxquelles lui paraissaient pouvoir donner lieu les projets qui lui étaient communiqués.

L'organisation de ces quatre comptoirs, réglée en conformité des dispositions du décret du 18 mai 1808, est exactement la même. Dans tous, l'administration est composée d'un directeur nommé par ordonnance royale, de neuf administrateurs et de trois censeurs. Le capital affecté à chacun d'eux est de 2,000,000. Mais la banque leur fournit tous les fonds que chacun d'eux peut employer avec sécurité et utilité, et ces fonds s'augmentent ou se restreignent d'eux-mêmes, selon que leurs opérations s'accroissent ou diminuent. Tous prennent à l'escompte, au même taux que la banque, des valeurs payables, soit dans les villes où ils sont établis, soit à Paris. Seulement, dans les comptoirs situés à une grande distance de Paris, tels que ceux de Montpellier et de Saint-Étienne, et dans les cas où ils manquent d'espèces et où la banque est obligée de leur en envoyer, on s'est réservé la faculté de retenir sur le papier sur Paris seulement, outre l'escompte à raison de 4 p. 0/0, une bonification qui varie de 1/4 à 1/8 p. 0/0, et qui sert à indemniser la banque des frais du transport des espèces. Tous aussi émettent des billets de 250 fr. et de 1,000 f., lesquels, outre qu'ils sont remboursables à vue par le comptoir qui les a émis, sont aussi remboursés à Paris, sans retenue et au pair, par la banque de France. Les comptoirs sont alimentés d'espèces par les versemens des excédans des recettes générales du département et des départemens voisins, par les dépôts qu'ils reçoivent à charge d'en faire opérer le remboursement à vue à Paris; et enfin, à défaut de ces deux moyens, par les envois que leur fait la banque.

Les receveurs généraux dont la résidence est à peu de distance d'un comptoir, et qui peuvent y faire transporter des espèces à peu de frais, trouvent ordinairement de l'économie à faire dans ces succursales les versemens qu'ils doivent à l'administration des finances. Les comptoirs informent aussitôt la banque de ces versemens, et le jour même où elle en reçoit l'avis, elle compte la même somme au trésor. Au moyen d'un dépôt fait au comptoir et constaté par un certificat portant pour condition qu'il sera remboursé à vue à Paris par la banque, les négocians des villes où ces établissemens sont placés peuvent opérer, sans frais et sans risques, les paiemens au comptant qu'ils ont à faire à Paris. Les comptoirs de la banque concourent donc très-utilement, par ce moyen, à l'économie des frais du commerce, et à diminuer l'importance de ces transports d'espèces, se croisant en tous sens et se rencontrant souvent en route, qui causent au commerce, aux comptables des deniers publics et à l'état lui-même, des frais et des pertes d'intérêts très-considérables, et qui excitent, chez les hommes d'affaires des pays où des moyens de crédit plus perfectionnés ont préparé à la circulation des voies plus économiques, une surprise dont ils ne peuvent revenir.

Les comptoirs procurent aussi au commerce des villes où ils sont établis toutes les facilités économiques que comporte une caisse de comptes-courans et de circulation, en faisant gratuitement ses recettes et ses paiemens, en recevant le dépôt de ses fonds, en lui faisant, comme la banque elle-même, des avances sur dépôts de lingots et monnaies et de fonds publics, enfin, en lui fournissant pour ses transactions une monnaie plus commode et plus facile à transporter et à compter que les espèces.

Mais ce ne sont là que les moindres des avantages que ces établissemens procurent aux lieux qui en sont le siége; le principal et le plus important, c'est l'abaissement du taux de l'intérêt.

On sait que l'étendue du territoire, la situation méditerranée et la condition encore purement agricole d'une grande partie de sa surface, enfin l'insuffisance des voies de communication, ont retenu jusqu'à présent en France les moyens de circulation des capitaux dans une imperfection telle que, pendant que le taux de leur loyer est à 4 p. 0/0 au plus et souvent à 3 sur les principaux points centraux de l'activité industrielle et commerciale, il est à 5 p. 0/0 au moins dans les lieux où cette activité n'a encore qu'imparfaitement pénétré, à 6 p. 0/0 et souvent à beaucoup plus dans ceux auxquels elle demeure étrangère. L'effet infaillible de l'établissement des comptoirs qui, comme la banque elle-même, escomptent à 4 p. 0/0 tout le papier suffisamment garanti, c'est de produire un abaissement immédiat du taux de l'intérêt dans la ville qui en est le siége, et de la placer aussitôt, sous ce rapport, dans la même condition que Paris et que les points les plus favorisés; abaissement qui se propage à divers degrés, selon la facilité et l'importance de leurs rapports avec cette ville, sur tous les points du rayon de son activité commerciale. C'est là surtout ce qui rend désirable la multiplication de ces établissemens, à laquelle la banque se montre disposée à se prêter toutes les fois que le commerce en manifeste le désir et partout où elle la juge réellement utile. Car l'abaissement qu'ils amènent dans le taux de l'intérêt est l'encouragement le plus efficace et le plus salutaire qui puisse être donné à toutes les branches du travail. La classe ouvrière elle-même y est plus qu'aucune autre peut-être intéressée au plus haut degré. Car le fabricant qui obtient à 1 p. 0/0 meilleur marché le loyer du capital qu'il est obligé d'emprunter pour faire marcher ses ateliers, peut reverser, et reverse en effet presque toujours une partie de cette économie sur les ouvriers qu'il emploie en augmentant ou leur salaire ou leur nombre, au grand profit de la morale et de la paix publiques, et c'est là une considération qui n'a peut-être pas eu l'influence qui lui appartenait dans les discussions auxquelles ont donné lieu les questions qui se rapportent à l'abaissement du taux de l'intérêt.

155. Le comptoir de Reims a escompté, en 1838, pour 25,354,890 fr. de valeurs dont 17,987,850 fr. sur Paris et 5,567,060 fr. sur Reims, qui ont produit brut 137,850 fr. Le bénéfice net résultant des opérations de comptoir pendant cette année a été, déduction faite des frais qui se sont élevés à 39,789 fr. 93 c., de 92,354 fr. 35 c. Bien qu'en raison de l'activité et de l'étendue inusitée qu'a acquises en 1838 le commerce des laines et des produits fabriqués avec cette matière, on puisse considérer ce résultat comme exceptionnel, il y a cependant des motifs d'espérer que par l'effet de l'accroissement naturel que le temps doit amener dans les opérations du comptoir et dans l'étendue de sa circulation, qui est parvenue à 1,000,000, il se soutiendra à l'avenir. Le commerce de Châlons, de Sedan, de Charleville et de plusieurs autres localités industrielles du voisinage, concourt indirectement et par l'intermédiaire des banquiers de Reims, avec celui de cette ville, à l'alimentation des escomptes, et profite comme lui des facilités ouvertes par la fondation de ce comptoir. Cette succursale reçoit les excédans des recettes générales du voisinage; la proximité de Reims avec Paris et l'importance des relations entre ces deux places donnent lieu à de fréquens dépôts de fonds remboursables à Paris. Alimenté d'espèces par ces deux sources, ce comptoir n'a eu besoin de demander à la banque, en 1838, que 6,800,000 fr. d'espèces.

156. Institué à la même époque que celui de Reims, le comptoir de Saint-Étienne, qui, tant qu'il a été réduit aux seules ressources de la ville où il est établi, et jusques et y compris le 1er semestre 1838, était demeuré en arrière des autres succursales de la banque, et ne rendait guère au-delà de l'indemnité des frais auxquels son administration donne lieu, a pris, dans le 2e semestre, un développement qui a porté les résultats de l'année presque au niveau de ceux qui ont été obtenus à Reims, puisqu'il a escompté pour 25,803,710 francs de valeurs, dont 18,677,760 fr. sur Paris, et 7,125,950 fr. sur Saint-Étienne, qui ont produit ensemble brut 155,010 fr., et que ses opérations, déduction faite des frais, montant à 57,511 fr. 22 c., ont donné pour bénéfice net à la banque 89,327 f. 60 c. Cet accroissement subit a été le résultat de la décision que, sur la demande de plusieurs négocians de Lyon, la banque a prise de les admettre directement à l'escompte à Saint-Étienne, à charge seulement par eux d'indiquer dans cette dernière ville un domicile pour le remboursement des effets non payés.

La banque de Lyon n'escomptant pas le papier sur Paris, elle ne peut pas satisfaire à un des besoins les plus importans du commerce très-considérable de cette place, et le comptoir de Saint-Étienne a pu, sans établir aucune rivalité avec elle, la suppléer dans un office que, faute par elle de l'avoir demandé, ses statuts ne l'autorisent pas à remplir. Le voisinage de ces deux villes, rapprochées encore par le chemin de fer qui les met en communication, a rendu l'usage de cette facilité très-commode et très-économique pour le commerce de Lyon, et sans danger pour la sécurité de la banque. C'est au concours des escomptes demandés de Lyon que le comptoir de Saint-Étienne a dû le développement que pendant le 2e semestre de 1838 ont pris ses opérations. Mais comme la circulation n'a pu s'élever encore au-delà de 400 à 470,000 fr., que les versemens des recettes générales des environs ont été peu considérables, enfin que les dépôts remboursables à Paris, en raison de l'éloignement, n'ont qu'une faible importance, il a fallu, pour subvenir à cet accroissement des escomptes, envoyer de Paris, dans le courant de 1838, 13,327,000 fr., dont le transport a coûté 29,678 fr. 58 c., qui ont grevé d'autant les frais d'administration, et réduit le produit net à une somme inférieure à celle qu'a produite le comptoir de Reims.

157. Le comptoir de Saint-Quentin, dont les opérations n'ont commencé que le 1er janv. 1838, a pris, dès son début, un développement de beaucoup supérieur à celui que les comptoirs de Reims et de Saint-Étienne avaient obtenu dans la première année de leur existence. Il a escompté pour 17,026,340 f., dont 11,507,380 fr. sur Paris, et 5,518,960 fr. sur Saint-Quentin, qui ont produit ensemble 120,870 fr. Celui de Reims n'avait escompté, dans la première année, que 10,294,720, et, dans la seconde, que 16,204,100 fr., et celui de Saint-Étienne, que 3,470,930 dans la première, et 8,970,090 fr. dans la seconde. Ainsi que le progrès que Saint-Étienne a fait récemment, ce résultat est dû, non pas seulement à l'abondance des ressources intrinsèques que fournit le commerce de Saint-Quentin, mais aussi au concours des localités commerçantes de son voisinage, avec cette différence, que ce n'est pas directement, mais par l'intermédiaire de plusieurs banquiers établis à Saint-Quentin, qu'elles viennent demander des escomptes au comptoir de cette ville. Les négocians de Laon, de Ham, de Noyon, de Compiègne, de Cambrai, de Valenciennes, d'Arras, font escompter au comptoir de Saint-Quentin, par leurs banquiers dans cette ville, les valeurs à la création desquelles donnent lieu les opérations de l'industrie active et entreprenante qui fleurit en une multitude de branches dans cette partie de la France. Les recettes générales des départemens voisins font aussi quelques versemens à ce comptoir, dont la circulation n'a atteint encore qu'une élévation moyenne d'environ 350,000 fr.; mais les dépôts remboursables à Paris y sont très-multipliés, et suffisent habituellement à entretenir l'abondance dans ses caisses. Pendant l'année 1838, la banque n'a eu à lui envoyer des espèces que pour 3,600,000 fr. Les bénéfices nets qui sont résultés de ses opérations, déduction faite de tous les frais qui se sont élevés, y compris ceux de premier établissement, à 40,845 fr. 21 c., ont été de 55,629 fr. 45 c.

158. Ce n'est qu'au 1er mai 1838 que le comptoir de Montpellier a été mis en activité pendant les huit mois de son existence, il a escompté pour 16,841,040 fr., dont 8,546,620 sur Paris, et 8,294,420 sur Montpellier, qui ont produit 114,930, et rendu un bénéfice net qui s'est élevé a 14,848 fr. 29 c., déduction faite des frais, montant ensemble, y compris ceux de premier établissement, à 79,396 fr. Les versemens des receveurs-généraux des environs ont été peu considérables; les dépôts remboursables à Paris n'ont offert non plus que peu d'aliment à son encaisse en espèces; sa circulation n'est parvenue encore qu'à 360,000 fr. Il en résulte que pour fournir au mouvement auquel ont donné lieu ses escomptes, la banque a été obligée de lui envoyer en espèces 10,170,000 fr.

159. *Dividendes.* — Comme les bénéfices de la banque de France ont leur source principale dans l'intérêt des capitaux qu'elle prête au commerce, leur proportion se mesure nécessairement sur le degré d'activité du mouvement commercial. Aussi le tableau des distributions, que, depuis sa fondation, cet établissement a faites à ses actionnaires, indique-t-il avec exactitude, par l'élévation ou l'abaissement relatifs du chiffre des répartitions semestrielles, les époques d'accélération ou de ralentissement du mouvement industriel. Ce chiffre a dû être et a été, en effet, très-variable. Il est descendu à son minimum en 1814, année où, comme on l'a déjà vu, il fallut faire un prélèvement sur la réserve pour compléter le dividende annuel de 60 fr. dont les lois prescrivaient la distribution; il s'est élevé à son maximum en 1828, année où le dividende distribué fut de 111 fr. et l'affectation à la réserve de 25 fr. 50 cent., ensemble 136 fr. 50 cent. Les années qui se sont le plus rapprochées de ces deux points extrêmes ont été, d'une part, 1815 et 1829, où le dividende distribué fut de 64 fr. et la réserve de 2 fr., ensemble 66 fr.; de l'autre, 1837, où le dividende a été de 126 fr. Sur les trente-neuf années qui se sont écoulées depuis la fondation de la Banque jusqu'à la clôture du dernier exercice, les dividendes, en y comprenant la portion qui a été réunie au fonds de réserve, se sont répartis de la manière suivante :

7 années ont donné un dividende de........		60 f.	c.	à	69 f.	2 c.
4	—	de	72	81	à	79	87
7	—	de	80		à	84	
8	—	de	91	50	à	98	
4	—	de	101	25	à	108	
6	—	de	112		à	119	70
3	—	de	120	15	à	136	50
39							

La somme, qui, depuis le 20 fév. 1800 jusqu'au 24 déc. 1838, a été distribuée aux actionnaires à titre de dividende, s'est élevée pour chaque action à....... 3,260 fr. 75 c.

Celle qui a été mise en réserve s'est élevée aussi, pour chaque action, à........... 386 59

Ce qui porte le dividende acquis à chacune à......... 3,647 34

La moyenne annuelle a été :

Dividende distribué...............	82 f.	27 c.
Partie du dividende mise en réserve..	9	76
Total........	91	93

160. L'intérêt proportionnel que ces bénéfices ont produit au profit de chaque action doit être considéré dans ses rapports 1° avec la valeur originaire et primitive de l'action ; 2° avec sa valeur vénale.

1° Il y a, à la Banque même, plusieurs manières d'envisager la valeur primitive de l'action.

Les uns, et c'est sans doute le système d'appréciation le plus rigoureusement exact, écartent des bases de cette appréciation tout bénéfice acquis, et pensent que les 45,000 actions émises en 1800 et en 1803 ayant été payées à raison de 1,000 fr., et les 45,000 actions émises de 1806 à 1810 à raison de 1,200 francs, la valeur originaire de l'action n'est en réalité que de 1,100 fr.

Les autres, considérant qu'en 1809, époque moyenne de la réalisation des 45,000 actions nouvelles, les 45,000 actions des premières émissions avaient acquis, par l'accumulation des réserves, une augmentation de 200 fr. qui fut alors capitalisée, et que dès lors elles ont acquis, mais à dater de cette époque seulement, une valeur de 1,200 f., qui les a assimilées aux actions de la dernière émission, pensent qu'il faut, en tenant compte de la durée du temps pendant lequel la valeur a été moindre ou plus élevée, faire une commune de cette valeur, à raison de 1,000 fr. depuis l'an VIII jusqu'à 1809, et de 1,200 fr. depuis cette époque jusqu'en 1839. Dans ce système, la valeur originaire de l'action serait aujourd'hui de 1,145 fr.

L'intérêt du capital primitif ressort par an :

Dans le premier de ces deux systèmes à..................	8 f. 55 c.	p. 0/0
Dans le second à.............	8	p. 0/0

2° Pour trouver la proportion de l'intérêt produit avec la valeur vénale, il a fallu établir, d'abord pour chaque année et ensuite pour les trente-neuf années, la commune proportionnelle de cette valeur vénale. Cette opération a été faite en prenant pour chaque année le cours le plus haut et le cours le plus bas de chaque jour de bourse, en additionnant les uns aux autres et en divisant le produit par le nombre des cours relevés. Après avoir ainsi reconnu la commune de chaque année, celles de toutes les années ont été additionnées ensemble et divisées par leur nombre, c'est-à-dire par trente-neuf. Cette opération a fait connaître que la valeur commune de l'action de la Banque, pendant les trente-neuf années de son existence, a été de 1,527 f. 29 cent. Sur cette valeur, l'intérêt produit ressort exactement à 6 p. 0/0.

Ainsi l'intérêt, qui, pendant toute la durée de l'existence de la banque, est communément revenu à chaque action, a été de 8 fr. ou de 8 fr. 50 cent. p. 0/0 sur le capital effectif, selon le choix que l'on fera entre les deux manières diverses de l'évaluer, et de 6 p. 0/0 sur la valeur commune de l'action au cours de la bourse.

Les emplois de capitaux en actions de la Banque ont donc été un placement avantageux sans doute, mais dont les fruits n'ont cependant pas excédé ce que l'on peut raisonnablement attendre d'une spéculation qui présente des chances constantes et considérables de pertes, et sont demeurés fort au-dessous de ceux qui ont été et sont encore obtenus sous nos yeux, dans le même genre d'affaires, par des associations ou établissemens particuliers qui ne sont pas tenus, comme la Banque, de subordonner leur intérêt propre à l'intérêt général.

161. La valeur intrinsèque actuelle de l'action peut être considérée comme égale à la

67,900me partie de son actif réel, composé, comme on l'a vu :

1° De son capital primitif.........	67,900,000 f.
2° De sa réserve mobilière, 500,000 f. de rente 5 p. 0/0, évaluée au pair à	10,000,000
3° De sa réserve immobilière, consistant dans la propriété de l'hôtel, évaluée à....................	4,000,000
Total.......	81,900,000

Donc la 67,900me partie est 1,206 fr.

Cette valeur, si elle pouvait être réalisée aujourd'hui, se trouverait encore accrue de la plus value des fonds publics dans lesquels la Banque a placé sa réserve et une portion de son capital, et qui sont portés dans son actif à un prix inférieur à leur cours actuel. L'immeuble que cet établissement possède a sans doute aussi, en ce moment, une valeur supérieure à son estimation. Mais quelque vraisemblable que puisse être le maintien de ces augmentations, leur réalisation ne pouvant avoir lieu que par une liquidation, elles ne peuvent être considérées que comme une éventualité. D'ailleurs, outre les chances de perte auxquelles, par la nature de ses opérations, cet établissement est incessamment exposé, il se prépare pour lui, dans un avenir très-prochain, une diminution considérable de ses revenus. La Banque possède, comme emploi, soit de sa réserve, soit de son capital, 2,587,635 fr. de rente 5 p. 0/0. Le remboursement de ce fonds, reconnu juste et légitime, et dont toutes les industries espèrent à bon droit, par l'abaissement général du taux de l'intérêt, le plus efficace encouragement qui leur puisse être donné, amènera dans les revenus de la Banque une réduction qui ne paraît pas pouvoir être moindre de 500,000 fr.

162. Le cours actuel des actions de la Banque de France, qui varie depuis plusieurs mois de 2,600 à 2,700 fr., est le plus élevé auquel elles aient encore été portées. Il ne nous appartient pas de le juger. Nous nous bornons à dire qu'après la sécurité publique et la prospérité du commerce, la meilleure garantie de la valeur des actions de la Banque est dans la sagesse de son administration.

163. *Banques dans les départemens.* — Des causes déjà expliquées ont retardé en France la fondation de banques dans les départemens. Pendant toute la durée de nos longues guerres, on ne vit, à une seule exception près, se manifester nulle part le besoin d'établissemens de cette nature. Ce ne fut qu'après les premières années de la restauration, alors que la paix paraissait affermie, et qu'une carrière sûre et plus étendue, quoique hérissée encore de trop de restrictions et de difficultés, était ouverte au commerce, qu'il s'établit des banques, d'abord à Rouen, ensuite à Nantes et à Bordeaux. Malgré les services que ces établissemens rendirent au commerce des places où ils avaient été fondés, cet exemple n'eut pendant long-temps pas d'imitateurs. Ce n'est qu'il y a peu d'années que des banques ont été constituées à Lyon, à Marseille, à Lille, au Havre, à Toulouse et à Orléans. Il en a été demandé aussi pour Foix et pour Dijon, mais à des conditions que le conseil d'état n'a pas jugées susceptibles d'être accueillies. Pour la première, on proposait un capital de 200,000 fr. seulement, et pour la seconde, avec un capital de 500,000 fr., la faculté d'établir un très-grand nombre de succursales dans les villes voisines. Le gouvernement a jugé que le devoir de conserver au public les garanties de sûreté qui lui sont dues, ne permettait pas de concéder le privilége d'émettre un papier de crédit à des associations constituées avec un capital aussi faible, et que la concurrence malveillante, non seulement d'une association rivale, mais même d'un individu pourvu d'un capital médiocre et inférieur de beaucoup à celui dont disposent un grand nombre de banquiers, pouvait facilement renverser.

164. Les banques établies dans les départemens sont toutes constituées sur les mêmes bases et soumises aux mêmes règles principales que la Banque de France. Seulement la partie exécutive de la gestion y est en général remise, non à un fonctionnaire nommé par le gouvernement, mais à un directeur élu par le conseil général, qui n'a que voix consultative dans les séances de cette assemblée, et qui est chargé, ordinairement sous la surveillance d'un comité, de l'exécution de ses décisions. Le conseil élit annuellement son président et son secrétaire, qui sont rééligibles; quelques-unes ont cependant réglé que, après trois années consécutives d'exercice, le président ne serait rééligible qu'à la suite d'un intervalle d'une année.

165. *Banque de Rouen.* — Dès 1798, et deux ans seulement après la fondation à Paris de

la caisse des comptes courans d'où la Banque de France tire son origine, il fut créé à Rouen, par voie d'association, un établissement de crédit destiné à l'escompte des effets de commerce, et qui émettait des billets au porteur et à vue dont la circulation demeura fort bornée, et n'excéda pas 200,000 fr. Cette ville a donc eu le mérite d'être, après la capitale, la première en France où l'on ait compris l'importance des facilités qu'une institution semblable ouvre au commerce. Cet établissement prit fin à l'époque où la Banque de France plaça à Rouen un de ses comptoirs, c'est-à-dire en 1809. Avant même la suppression de cette succursale, et dès l'année 1815, des négocians se réunirent en société anonyme, pour former, sous le nom de Banque de Rouen, un nouvel établissement du même genre, qui fut autorisé par ordonnance royale du 7 mai 1817. Le capital fut fixé à 1,000,000, et la durée de la société à 9 années : la Banque fut autorisée à escompter, outre le papier sur Rouen, le papier sur Paris et sur le Havre, ainsi qu'à recevoir en compte courant des fonds dont elle bonifierait l'intérêt au taux réglé tous les mois par le conseil d'administration. Les autres dispositions des statuts sont d'ailleurs à peu près calquées sur celles qui régissent la Banque de France. L'escompte fut, au début des opérations de cet établissement, perçu à raison de 12 p. 0/0 ; le taux en a été successivement réduit au fur et à mesure de la diminution qui a eu lieu sur le taux général de l'intérêt, et il est maintenant à 4 p. 0/0. La société fut renouvelée en 1826, ainsi que le privilége, qui expire dans trois ans. Le capital, qui fut porté alors à 1,500,000 fr., a été élevé depuis d'abord à 2,000,000, et en 1837, à 2,500,000 fr. Cette banque a escompté en 1837, 46,547,000 fr. d'effets de commerce et en 1838, 44,678,000 fr. La moyenne de sa circulation a été de 5,447,000 fr. dans la première de ces années, et de 5,483,000 fr. dans la seconde. Elle est en relations avec la Banque de France, chez laquelle elle remet souvent à l'escompte du papier sur Paris.

166. *Banque de Nantes.* — L'exemple que Rouen venait de donner ne tarda pas à être imité à Nantes, où, par les soins de la chambre de commerce, une association se forma aussi pour l'établissement d'une banque. L'acte contenant les statuts fut souscrit le 16 sept. 1817, et l'ordonnance d'autorisation rendue le 11 mars 1818 ; mais cet établissement n'entra en activité qu'au 1er janv. 1822. Quoique le capital n'eût été fixé qu'à 600,000 fr., ce ne fut pas sans difficultés qu'on parvint à le réunir ; il ne se présenta que cinquante-sept souscripteurs, et la société d'assurances de Nantes figurait dans leur nombre pour le tiers de cette somme. La durée de l'association fut limitée à neuf années ; elle a été renouvelée depuis, ainsi que le privilége qui expire en 1839. En 1837, le capital a été porté à 900,000 fr. ; puis, en 1838, il a été émis 300 actions le 20 février, et 300 le 10 juillet, qui ont élevé le capital à 1,500,000 fr. répartis entre 144 actionnaires. Dans la dernière assemblée générale, qui a eu lieu le 20 janvier dernier, il fut encore décidé qu'il serait créé 500 actions nouvelles, pour élever le capital, à dater du 20 janvier, à 2,000,000, et qu'il serait fait plus tard une autre émission de 1,000 actions pour que, à dater du 1er janvier 1840, le capital fût de 3,000,000. La banque de Nantes a, comme celle de Rouen, la faculté de recevoir en compte courant des fonds, à charge d'en payer l'intérêt ; elle a aussi celle de prendre du papier, non seulement sur Nantes et sur Paris, mais encore sur toutes les autres places de commerce du royaume, faculté dont elle paraît faire peu d'usage, puisque, sur la somme qu'elle a escomptée en 1838, il y a eu :

Sur Nantes..............	19,565,114 f.	1 c.
Sur Paris...............	4,719,553	45
Et sur Bordeaux, seulement	6,241	56
TOTAL........	24,290,909	2

D'où l'on peut inférer que ce n'est que par exception qu'elle prend du papier sur d'autres places que Nantes ou Paris. La banque de Nantes, ainsi que celle de Rouen, ne livrent pas à la publicité le résultat de leurs opérations. La circulation moyenne des billets a été en 1837, de 2,185,000, et en 1838 de 2,443,000 fr. ; à Nantes, plus encore qu'ailleurs, les préjugés resserrent cette circulation dans l'enceinte de la ville elle-même. La banque de Nantes a pour système une grande mobilité dans le taux de l'escompte ; en 1838, elle a escompté pendant cinq mois et demi à 4 p. 0/0, pendant quatre mois à 4 1/2 p. 0/0, et pendant deux mois et demi, à 5 p. 0/0. Dans les huit années précédentes, il y a eu :

20 mois d'escompte, à raison de	3	p. 0/0
2 —	3 1/4	—
22 —	3 1/2	—
31 —	4	—
1 —	4 1/4	—
13 —	4 1/2	—
7 —	5	—
96		

ce qui fait en commune un peu plus de 3 1/2 p. 0/0. Cette banque escompte donc à plus bas prix qu'aucune autre en France et que la Banque de France elle-même; et, par conséquent, elle offre au commerce dont elle fait le service des facilités que dans la plupart des autres villes où existent des établissemens de ce genre, il ne peut se procurer à aussi peu de frais.

167. *Banque de Bordeaux.*— Cette banque fut établie en 1818. Une ordonnance royale, en date du 23 nov. de la même année, autorisa la société anonyme qui s'était fondée pour sa constitution, et approuva les statuts destinés à lui servir de règle. Bien qu'un grand nombre de négocians recommandables eût concouru à sa formation, cet établissement rencontra néanmoins, à son début, une assez forte opposition, que lui suscitaient les souvenirs encore récens du papier-monnaie, la défiance que certains esprits ont toujours des choses nouvelles, et surtout les préjudices que les capitalistes redoutaient de sa concurrence. Le commerce ne refusa cependant pas sa confiance à cette institution nouvelle : les versemens en compte courant acquirent, dès le début de ses opérations, une certaine importance; mais la circulation de ses billets éprouva quelques difficultés, et demeura long-temps bornée : après deux années d'existence, elle n'était encore que de 3,000,000 de fr., et déjà la ruineuse nécessité de faire venir des espèces de Paris se faisait durement ressentir. Pendant le cinquième semestre, il fallut s'en procurer par cette voie pour 15,000,000, et quoique le produit des escomptes s'élevât dès lors de 140 à 150,000 fr. par semestre, cette dépense absorbait, et au-delà, les bénéfices. Peu à peu, cependant, on apprécia mieux la commodité des billets de la banque et la sûreté qu'ils présentaient; à la fin du onzième semestre, la circulation s'était élevée à 8,500,000 fr.; l'escompte avait éprouvé aussi un notable accroissement, puisque ses produits montèrent à 195,000 fr. Malgré ces circonstances favorables, les bénéfices nets qui, réduits par les frais du transport des espèces, ne suffisaient habituellement pas au dividende de 5 p. 0/0, en sorte qu'il fallait le compléter par des prélèvemens sur le capital, ne s'élevèrent qu'à la somme exactement nécessaire pour y subvenir. Une marche semblable conduisait évidemment cet établissement à sa ruine : il n'était qu'un moyen de l'en préserver; c'était de lui ménager, en dehors de ses escomptes, un moyen de combler le déficit de ses produits. C'est dans ce but qu'à la fin de sept. 1828, la banque se décida à placer environ 2,000,000, c'est-à-dire les 2/3 de son capital, en 82,000 fr. de rentes 3 p. 0/0.

Telle était sa situation lorsque les événemens de 1830 éclatèrent. Il faut avoir été témoin des désastres qui frappèrent à cette époque le commerce de Bordeaux pour se faire une idée de la gravité des obstacles que la banque eut alors à surmonter. Les faillites se succédaient avec une effrayante rapidité; des maisons considérées jusque-là comme placées au premier rang, tombaient; le discrédit était universel, de nombreux porteurs de billets assiégeaient la caisse des échanges, et c'est souvent avant le jour qu'on voyait se former devant l'hôtel de la banque leurs groupes tumultueux.

Pour satisfaire à ces légitimes exigences, l'administration dépouilla complètement son portefeuille de papier sur Paris, pour en convertir la valeur en espèces, qu'elle faisait venir de la capitale par fourgons, chargés chacun de 500,000 fr. Cette ressource fut bientôt absorbée, et la caisse se trouva réduite à un entier épuisement. Sur environ 5,000,000 d'effets de commerce en portefeuille, il y en avait d'ailleurs pour 1,800,000 fr. qui, n'étant ni payés ni remboursés, se trouvaient frappés de stérilité. La banque devait, en outre, près de 2,000,000 à la recette générale.

Dans cette situation presque désespérée, l'administration ne perdit pas courage. Forcée de suspendre le remboursement de ses billets, elle chercha à rassurer le public, et jugea avec raison que le plus sûr moyen d'y parvenir, c'était d'exposer sa situation avec une entière sincérité. Chacun put alors se convaincre que les valeurs en portefeuille et le produit des rentes étaient plus que suffisans pour retirer la totalité des billets, et que le poids du désastre ne pouvait donc tomber que sur les seuls actionnaires. La banque recueillit aussitôt le fruit de sa loyauté : comme elle opérait à découvert, et que chacun pouvait apprécier ses efforts et ses sacrifices, la suspension de ses paiemens n'excita pas le plus léger murmure. Il arriva même, comme en Angleterre à l'époque de l'acte de restriction et par les mêmes causes, que la confiance se ranima à l'aspect d'une mesure qui semblait devoir avoir pour effet d'achever de la détruire. Le malaise que produisait la rareté de l'argent étant général et les premières maisons l'éprouvant comme les autres, il se forma une sorte de convention tacite, en vertu de laquelle les billets de la banque continuèrent à être reçus en paiement dans toutes les transactions commerciales. Il en résulta que non seulement les escomptes continuèrent, mais encore qu'on vint en foule échanger des effets de commerce contre des billets de la banque, et que l'escompte prit un accroissement sans exemple jusque-là. Bientôt le portefeuille se trouva abondamment fourni de papier sur Bordeaux et encore plus sur Paris; on ne tarda pas à se trouver en mesure de faire venir des espèces de la capitale, de reprendre les remboursemens en numéraire, enfin de se libérer envers le trésor, qui avait prêté à la banque de Bordeaux, sur dépôt à la Banque de France du titre des rentes que la première possédait, leur valeur à raison de 60 fr.

Les revers que la banque de Bordeaux a éprouvés à cette époque ont été pour elle le commencement d'une vie nouvelle, signalée par de constans succès : depuis, la circulation s'est élevée et se maintient presque sans variation au-dessus de 13,000,000; les bénéfices ont été assez considérables pour que, dans l'espace de quelques années, on ait pu effacer toute trace des pertes éprouvées en 1830, former, conformément aux statuts, une réserve égale au dixième du capital, c'est-à-dire de 315,000 fr., et en même temps, distribuer aux actionnaires des dividendes assez élevés pour que de 700 fr., prix auquel, et même au-dessous duquel la valeur des actions était tombée, elle soit successivement montée à près de 2,000 fr.

Le capital de la banque de Bordeaux est de 3,150,000 fr., plus, comme on l'a vu, une réserve de 315,000. Elle a placé en fonds publics la totalité de ces deux sommes ; puisque après avoir, en 1832, à des conditions avantageuses pour elle, converti en rentes 5 p. 0/0 les 82,000 fr. de rentes 3 p. 0/0 qu'elle avait acquises en 1828, elle a successivement porté cette collocation à 165,000 fr. de rentes 5 p. 0/0, qui lui ont coûté 3,480,466 fr. 70 cent., somme pour laquelle elle la compte dans son actif. Cet établissement est donc dans cette situation très-favorable, que le revenu de cette collocation suffit, et au-delà, pour subvenir au dividende de 5 p. 0/0 que ses statuts l'obligent à servir à ses actionnaires, et que la totalité des bénéfices de ses opérations, déduction faite seulement des frais de son administration, sont distribués en augmentation de ce dividende. Cette disposition, que légitime en droit l'autorisation donnée par les ordonnances royales à des banques récemment instituées, de colloquer en fonds publics jusqu'à concurrence du montant entier de leur capital, est sans inconvéniens pour un établissement dont le crédit est assez bien assis pour que sa circulation s'élève habituellement à plus du quadruple de son capital.

Pendant l'année 1838, les escomptes de la banque de Bordeaux se sont élevés :

En papier sur Bordeaux à....	102,412,113 f.	93 c.	qui ont produit	219,294 f.	16 c.
En papier sur Paris à........	24,310,081	17	qui ont produit	166,701	53
Totaux........	126,722,195	10		385,995	69

La différence, sur ces deux natures de valeurs, du rapport des produits avec la somme escomptée s'explique par cette circonstance, que l'échéance moyenne du papier sur Bordeaux n'est que d'environ quinze jours, tandis que celle du papier sur Paris est d'environ cinquante-quatre. La banque escompte à raison de 5 p. 0/0; peut-être y a-t-il lieu de s'étonner, surtout lorsqu'on sait qu'à Bordeaux les premières valeurs se négocient souvent à 3 1/2 et quelquefois à 3 0/0, que cet établissement n'ait pas été conduit encore, par le soin de son propre intérêt, à escompter à un taux plus modéré. La commune proportionnelle du montant des effets escomptés est de 2,313 fr. 48 cent.; elle est par conséquent supérieure de près de 1,000 fr. à celle des effets escomptés par la Banque de France, ce qui indique, pour Paris, une bien plus grande division des affaires et une plus grande extension de l'usage du crédit. Les frais d'administration s'élèvent à environ 80,000 fr., mais sans y comprendre ni les frais du transport des espèces, qui ont monté, dans le dernier semestre, à 107, 508 fr. 37 c., ni les commissions et intérêts auxquels donne lieu, pour cet établissement, la nécessité où il est d'entretenir un compte de banque à Paris. Le commerce de l'Espagne et les exportations considérables de grains qui ont eu lieu pour l'Angleterre ont fait renaître, pendant les derniers mois de 1838, des besoins extraordinaires d'espèces, dont la banque a prévenu les inconvéniens en faisant venir de Paris 17,500,000 fr. de numéraire, et qui eussent vraisemblablement produit, sans ce secours, un embarras local dans la circulation. Il est superflu d'ajouter que c'est dans les caisses de la Banque de France que cette somme a été puisée. Le privilége de la banque de Bordeaux, accordé pour trente ans, en 1818, a encore près de dix ans de durée. Les services que cet établissement rend au commerce de Bordeaux sont d'une haute utilité, et sans eux, l'affligeante décroissance que les affaires de cette place ont éprouvée eût, sans doute, été plus sensible encore.

168. *Banque de Lyon.* — Cette banque, formée par dix intéressés primitifs avec un capital de 2,000,000 divisé en 2,000 actions, a été constituée et dotée d'un privilége pour vingt années par ordonnance royale du 29 juin 1835. Elle n'a commencé ses opérations que le premier oct. 1836. Par les statuts qu'elle s'est donnés, elle s'est réduite à ne prendre à l'escompte que le papier payable à Lyon. Ses escomptes ayant à son début trouvé en 1837 un obstacle à leur développement dans la stagnation qui a été, pour l'industrie lyonnaise, le résultat de la crise qui a eu lieu à cette époque aux États-Unis, ils ne se sont élevés, en 1837, qu'à 22,073,470 fr. 31 cent.; mais ils ont pris leur essor en 1838, et ont été portés à 63,920,696 fr. 93 cent., qui ont produit 225,586 fr. 34 cent., et permis, outre un prélèvement de 40,000 fr. au profit de la réserve, la distribution d'un dividende de 80 fr. La moyenne de la circulation a été, en 1837, de 6,320,000, et en 1838, de 8,288,000 fr. La banque de Lyon escompte à raison de 3 p. 0/0. Quoiqu'elle ait emprunté à la Banque de France, par l'intermédiaire du comptoir de Saint-Etienne, une somme de 1,400,000 fr. sur dépôt des rentes à l'achat desquelles elle a employé son capital, elle s'est trouvée plusieurs fois dans la nécessité de limiter ses escomptes, et de ne prendre qu'une partie du papier admissible qui lui était présenté. Ainsi, outre qu'elle n'escompte point le papier sur Paris qui, à Lyon plus encore qu'ailleurs peut-être, est une des principales sources qui alimentent la circulation, elle ne peut non plus, toutes les fois qu'un accroissement accidentel ou périodique des affaires amène quelques nécessités extraordinaires, prendre à l'escompte qu'une partie du papier sur Lyon, dont le commerce de cette ville éprouve le besoin de réaliser au comptant la valeur. C'est l'effet de l'insuffisance de son capital, qui est évidemment dans une proportion fort inférieure à l'étendue et à l'importance de la sphère industrielle au service de laquelle il est destiné, et dont la modicité est un obstacle à ce que le commerce de Lyon puisse tirer de cet établissement toute l'utilité qu'il eût eu droit d'en attendre. Ce commerce a trouvé, dans la proximité du comptoir d'escompte de la Banque de France à Saint-Étienne, le moyen d'échapper, pour la négociation de son papier sur Paris, aux conséquences de l'impuissance où, par un excès de circonspection, la banque de Lyon s'est volontairement placée; mais il n'a pas la même ressource pour le papier sur Lyon, et quand la banque, faute de fonds suffisans, ne peut pas le lui prendre, il est condamné à subir la loi qu'il plaît aux capitalistes particuliers de lui imposer. On a cru, sans doute, quand on fixé le capital à une somme disproportionnée à l'importance du mouvement commercial, que grâces au crédit qu'obtiendrait et que mérite en effet la banque, l'étendue de sa circulation y suppléerait; mais on n'a pas pensé que si la confiance qu'une banque inspire est en effet la condition fondamentale de la circulation de ses billets, l'étendue de cette circulation ne se mesure pourtant pas seulement sur cette confiance, et que son développement plus ou moins large dépend surtout des nécessités auxquelles elle est appelée à satisfaire, et de la part plus ou moins considérable que les circonstances lui attribuent dans la circula-

tion générale. La circulation de la banque d'Angleterre a été autrefois de 600, et même de 700,000,000 de fr.; elle n'est plus que de 450,000,000 de fr. Est-ce que le crédit de la banque aurait baissé? Non, assurément : il est plutôt aujourd'hui mieux affermi et plus florissant qu'alors; mais c'est qu'en raison de l'absence du numéraire, il y avait place alors dans la circulation générale pour 6 à 700,000,000 de billets de banque, tandis qu'il n'y en a plus aujourd'hui que pour 450,000,000. Il est vraisemblable, sans doute, ou plutôt certain, que la circulation de la banque de Lyon ne s'arrêtera pas à ses limites actuelles; mais quand elle augmentera, ce ne pourra guère être que par l'effet d'un plus grand développement des affaires, et par conséquent, son accroissement ne remédiera pas à la disproportion des facultés de la banque avec les besoins du commerce de cette ville. Comme le privilége de cet établissement a encore dix-huit ans à courir, tout ce temps s'écoulerait sans qu'une de nos industries les plus fécondes et un de nos centres commerciaux les plus actifs eussent à leur disposition les moyens nécessaires à leur développement, si la banque de Lyon ne faisait bientôt usage de la faculté que par ses statuts elle s'est réservée, d'augmenter son capital, et ne réparait ainsi à la fois l'erreur qu'elle a commise en se constituant avec des moyens si évidemment insuffisans, et la faute dans laquelle elle a entraîné le gouvernement; car un privilége n'est légitime qu'autant qu'il est le moyen de donner satisfaction à un intérêt public, et le gouvernement ne devrait l'accorder qu'à condition que les instrumens destinés à son exploitation ont une force suffisante pour que cette satisfaction soit complète.

Au réglement de ses comptes, le 31 déc. dernier, la banque avait un commencement de réserve qui ne s'élevait encore qu'à 40,000 fr.; elle avait placé, en rentes 5 p. 0/0, une somme de 1,605,215 fr. 82 c. en capital; son portefeuille était de 10,731,194 fr. 56 c., et la circulation de ses billets de 9,772,250 fr.

169. *Banque de Marseille.* La banque de Marseille a été établie par ordonnance royale du 27 sept. 1835. Deux associations diverses se présentaient en même temps pour réclamer le privilége; leur fusion s'opéra après quelques difficultés, et la banque aujourd'hui existante dans cette ville, se constitua par le concours des souscripteurs de l'une et de l'autre, pour vingt années, et avec un capital de 4,000,000, insuffisant, comme celui de la banque de Lyon, pour l'étendue croissante du commerce de la grande cité où elle est placée. Les escomptes de la banque de Marseille ont été, en 1837, de 39,000,000, et en 1838, de 52,000,000. Sa circulation est d'environ 5,500,000 fr., et la moyenne de son portefeuille de 3,500,000 fr.

170. *Banque du Havre.* La banque du Havre, dont la fondation ne remonte qu'au 25 août 1837, est, comme celle de Marseille, le produit de la réunion de deux associations rivales qui s'étaient formées pour la création de cet établissement. La Banque de France avait eu la pensée de placer un de ses comptoirs d'escompte dans cette ville; quelques obstacles qu'elle rencontra dans la formation de l'administration, et qu'elle n'essaya pas de surmonter, la décidèrent bientôt à renoncer à cette intention. Peut-être que, dans l'intérêt du commerce déjà très-considérable qui se fait sur cette place, la Banque de France eût mieux fait d'insister : car ce commerce arrivera certainement, avec le temps, à un développement auquel les ressources de la Banque du Havre ne seront pas proportionnées; bien que cet établissement ait un capital de quatre millions égal à celui de la Banque de Marseille, et double de celui de la Banque de Lyon, il ne saurait atteindre à la force d'action à laquelle sont déjà parvenus ces deux derniers établissemens, par la raison que le cercle où cette action s'exerce ne comporte qu'une circulation de billets très-limitée et fort inférieure à celle qui a déjà lieu à Lyon et à Marseille, et qui supplée à la disproportion qui là aussi, existe entre le capital et l'étendue des affaires.

La Banque du Havre a été créée pour vingt ans. Pendnat les dix mois qu'avaient duré ses opérations à l'époque du 31 décembre 1838, elle a escompté les valeurs que ses statuts l'autorisent à prendre, dans la proportion suivante :

4,150	effets sur le Havre. .	5,496,141
1,103	» sur Rouen. . .	2,942,678
5,949	» sur Paris. . . .	14,842,299
	Total. . .	23,283,118

La circulation, dont la moyenne n'a été,

pendant les dix mois, que de 783,000 fr., s'est élevée, à la fin de l'année, à près du double de cette somme. Cet établissement est en relations assidues avec la Banque de France, et lui envoie souvent des valeurs à l'escompte, opération dont le seul fruit est pour lui le rétablissement de la disponibilité de ses fonds, puisque, ne prenant le papier sur Paris qu'au même taux qu'il le donne, il ne saurait y trouver aucun bénéfice. Le dividende qu'il a donné pour dix mois a été de 3 p. 0/0.

171. *Banque de Lille.* Autorisée pour vingt ans sur les même bases et avec un capital de 2,000,000 par ordonnance du 25 juin 1836, la banque de Lille a commencé ses opérations en juin 1837; elles ont eu d'abord peu d'étendue, et, pendant sept mois de 1838, elle n'a escompté que pour moins de 6,000,000 de valeurs pour la plupart sur Lille. Elle reçoit aussi à l'escompte des valeurs sur Paris, sur Roubaix et sur Turcoing. La circulation de ses billets n'est encore que d'environ 1,000,000.

172. *Banque de Toulouse.* Fondée par ordonnance du 11 juin 1838, pour vingt ans, et au capital de 1,200,000 fr. divisés en deux mille quatre cents actions de 500 fr. chaque, la banque de Toulouse n'est pas encore en activité.

173. *Banque d'Orléans.* Il en est de même de la banque d'Orléans, instituée par ordonnance du 8 novembre 1838, pour vingt ans, et au capital de 1,000,000, divisé en mille actions de 1,000 fr.

Art. 4. — *Du système des banques en France.*

174. Les institutions commerciales, comme les institutions politiques, doivent être exactement adaptées aux besoins et aux mœurs de ceux au profit de qui elles sont fondées.

Ce n'est pas seulement parce que le système des banques en Angleterre et aux États-Unis se prête à des abus dont l'expérience a fait reconnaître les dangers, qu'il n'est pas applicable à notre pays; c'est surtout parce que, indépendamment même de ces abus, et en supposant réformées les imperfections qui y donnent lieu, l'état du commerce en France ne saurait offrir au crédit une carrière aussi large que celle qui lui est ouverte chez ces deux peuples, et ne fournirait pas d'alimens suffisans aux nombreux instrumens de circulation que ce système comporte. Les Anglais et les Américains s'étonnent de l'imperfection relative de nos moyens de crédit, et c'est avec quelque dédain qu'ils mesurent la longue distance à laquelle, sous ce rapport, ils nous laissent en arrière : c'est qu'ils ne savent pas que non seulement les mœurs et les habitudes, mais aussi les besoins actuels de notre industrie n'en admettent pas beaucoup davantage. De notre côté, nous nous indignons de notre infériorité, et nous appelons de nos vœux, comme remède le plus efficace, la multiplication des établissemens de crédit et le perfectionnement des moyens de circulation des capitaux : c'est que nous nous méprenons sur les causes de cette infériorité, et que nous croyons la voir dans l'insuffisance des instrumens, tandis qu'elle est en effet dans l'impuissance de la force motrice qui doit les faire agir. Nous voulons des banques, des comptoirs d'escompte, des papiers de crédit; ce n'est pas tant cela qui nous manque, que des affaires.

175. Le crédit ne s'établit que par le commerce; nulle part il n'existe que dans la proportion de l'étendue, de l'importance et de l'activité des opérations commerciales, s'affaiblissant quand elles languissent, s'affermissant et s'étendant quand elles sont en progrès. Nous avons déjà dit pourquoi : c'est que le crédit est une confiance réciproque, dont le germe est l'utilité que les négocians trouvent à se prêter secours les uns aux autres, et qui ne peut prendre racine que là où un grand nombre d'individus étant tour à tour acheteurs et vendeurs, sont conduits à la nécessité d'accorder du terme pour ce qu'ils vendent par celle d'en obtenir pour ce qu'ils achètent, et forcés à payer exactement leurs dettes au terme convenu, par le besoin qu'ils ont d'en contracter de nouvelles. Celui qui ne fait que vendre ne donne pas de terme, parce que, n'achetant pas, il ne peut retrouver la compensation du sacrifice qu'il ferait pour un temps de l'intérêt du prix de la chose vendue; celui qui ne fait qu'acheter n'obtient pas de terme, parce que, ne vendant pas lui-même et n'étant donc pas obligé d'en donner à son tour, son intérêt propre n'est pas pour les autres la garantie de son exactitude à payer sa dette à l'échéance. C'est pour cela que, par exemple, les propriétaires ne vendent en général leurs produits que payables comptant; c'est pour cela qu'en général aussi, les propriétaires ne trouvent à emprunter

qu'en donnant des garanties hypothécaires et qu'à un taux d'intérêt plus élevé que les négocians.

Le crédit est donc le résultat non de l'existence d'établissemens destinés à faciliter ses opérations, mais seulement des besoins du commerce et des garanties mutuelles que crée la nécessité de pourvoir à ces besoins : il naît et croît spontanément partout où il y a du commerce ; il ne saurait vivre où il n'y en a pas.

176. Maintenant, pourquoi le crédit fleurit-il en Angleterre et aux États-Unis ? C'est que là, le commerce est partout, répandant autour de lui, même parmi ceux qui n'en font pas leur profession, les dispositions et les habitudes qui lui sont propres. Pourquoi le crédit languit-il en France, et pourquoi, malgré le développement de l'industrie, son usage ne s'est-il pas encore généralisé ? C'est qu'en France il n'y a de commerce que dans quelques localités, et que dans un bien plus grand nombre d'autres le commerce n'existe pas.

Toute la partie centrale de la France est en effet presque exclusivement agricole, ne produisant guère que ce qu'elle consomme, et ne consommant guère aussi que ce qu'elle produit. Là, le propriétaire, le rentier, qui font des économies sur leur revenu, les accumulent jusqu'au moment où elles s'élèvent à une somme assez considérable pour qu'ils puissent en faire la collocation en immeubles ou en rentes, et en attendant, ces sommes, retirées de la circulation, demeurent improductives entre leurs mains. Dans les pays commerçans, au contraire, les personnes les plus étrangères à l'industrie savent toutes que, sans danger, on peut faire fructifier, par des collocations commerciales dont le caractère est d'être passager et facilement révocable, les économies qu'on capitalise, et elles en prêtent le montant au commerce entre les mains de qui il devient un moyen de féconder le travail. Une zone qui borde dans une largeur variable, et plus considérable au nord qu'ailleurs, nos frontières de terre et de mer, Paris et un petit nombre de villes industrieuses de l'intérieur, voilà, chez nous, le seul domaine du commerce. Tout le reste de la France en est à peu près privé, ou du moins, n'a guère que ce commerce local dont une consommation bornée est le seul aliment, et qui ne peut suffire ni à nourrir le crédit, ni à faire naître et à entretenir les dispositions et les habitudes nécessaires à son développement, et les garanties réciproques sur lesquelles il repose.

Le système anglais et américain, qui consiste dans la fondation, dans chaque localité un peu considérable et jusque dans les villages, de banques ou de succursales de banque, émettant des billets de crédit, recevant des fonds en compte courant, faisant des avances, servant d'entremetteurs entre le capital et le travail, et correspondant entre elles et avec les établissemens du même genre qui existent sur tous les principaux points commerciaux, ne peut donc recevoir en France d'application actuelle. Sur 86 chefs-lieux de départemens, ce n'est pas trop de dire qu'il y en a 60 où, faute d'un mouvement commercial assez important et assez actif, une banque ou un comptoir d'escompte ne trouveraient, ni les élémens de leur efficacité et de leur succès, ni l'esprit d'association nécessaire à leur formation ; en sorte que leur fondation y serait non seulement inutile, mais encore impossible.

Si le crédit n'a pas acquis parmi nous un développement plus étendu, et n'est pas d'un usage plus général, ce n'est donc pas à l'insuffisance ou à l'imperfection des instrumens de la circulation qu'il faut s'en prendre, mais seulement à ce que le commerce, et avec lui la confiance réciproque à laquelle il oblige ceux qui l'exercent et qui est la base du crédit, n'a pris racine encore que sur une faible partie de notre sol.

177. La continentalité et l'étendue de notre territoire et la puissance que conservent encore parmi nous d'anciennes mœurs, entrent sans doute pour beaucoup dans les causes de cette infériorité, moins sensible cependant en France qu'ailleurs, puisque, grâce à notre position centrale et intermédiaire entre le nord et le midi, entre l'Océan et la Méditerranée, entre les mers et le continent, nous sommes de toutes les vieilles nations de l'Europe, l'Angleterre exceptée, celle qui a le commerce le plus important et le plus actif. Mais d'autres causes y concourent, qu'il serait possible d'affaiblir, sinon de détruire. Il n'est pas dans notre sujet de les examiner. Nous nous bornons à dire que les moyens qui nous paraîtraient les plus propres à propager en France le commerce et son esprit, seraient de multiplier et de perfectionner les voies intérieures de communication, de modifier celles des formes de la perception des impôts qui

mettent des entraves à la circulation des marchandises, de modérer les taxes d'octroi des villes, d'abaisser le taux auquel est constitué l'intérêt de la dette publique, enfin d'introduire avec mesure dans notre législation des douanes des dispositions qui la rendraient plus favorable au commerce extérieur, dans lequel les nations très-commerçantes ont toujours trouvé les principales sources de leur richesse, et dont l'influence salutaire sur la prospérité générale est encore chez nous trop méconnue.

178. Mais de ce que le système de crédit en vigueur en Angleterre et aux États-Unis, dépouillé qu'il serait des inconvéniens que l'expérience y a fait reconnaître, n'est pas applicable à la France, il ne s'ensuit pas que le nôtre ne soit, à beaucoup d'égards, imparfait, insuffisant aux besoins de notre commerce, et susceptible par conséquent d'importantes améliorations.

179. Multiplier le signe représentatif de la valeur des choses et faciliter sa circulation, tel est le but qu'on doit se proposer de la fondation d'un système de crédit; c'est le moyen de niveler en l'abaissant le taux de l'intérêt, et par là de pourvoir toutes les industries, à un prix de location peu élevé, de l'instrument indispensable de toute production, le capital.

Il y a en France un petit nombre de grands centres commerciaux où le crédit fleurit, et où le taux du loyer des capitaux, quoique variable, est toujours modéré, et s'élève rarement au-dessus de 4 p. 0/0, tandis qu'il y descend souvent à 3 1/2 p. 0/0 et quelquefois même plus bas encore. Tels sont Paris, Marseille, Lyon, Bordeaux, Nantes; et accidentellement, Rouen, le Havre et Lille. Mais il y a en revanche un bien plus grand nombre de localités où, encore qu'elles soient plus ou moins commerçantes, ce taux est habituellement à 5 p. 0/0, et souvent davantage; d'autres encore où le commerce et le crédit n'ont encore qu'imparfaitement pénétré, et qui paient habituellement le loyer des capitaux qu'elles attirent à grands frais des lieux où ils sont plus abondans, à raison de 6 p. 0/0 et plus. Il y a aussi, sur plusieurs points de la France, des alternatives d'abondance et de pénurie du signe monétaire, qui y afflue à certaines époques, et qui, dans d'autres temps, s'y épuise au point qu'il faut en hâte y faire venir des espèces de Paris et des autres lieux où ces besoins exceptionnels ne se font pas sentir. C'est l'effet du retour et de la suspension périodique de plusieurs natures d'opérations commerciales qui se font chaque année sur une grande échelle, dans le but d'assurer à diverses branches principales de notre industrie manufacturière l'approvisionnement des matières premières qu'elle met en œuvre, matières pour le prix desquelles le producteur indigène ou l'étranger qui les vend n'accorde point de terme, et qu'il faut donc payer comptant. Tels sont les achats de soie, de laines, d'huiles propres à la fabrication du savon, de cotons du Levant, de garance, et de plusieurs autres marchandises dont notre industrie se munit à l'époque des récoltes. Les vins et les eaux-de-vie, qui, presque partout, s'achètent aussi au comptant, donnent également lieu, dans le Midi, à des besoins exceptionnels et périodiques d'espèces. On voit alors le numéraire voyager en tous sens du centre à la circonférence, et d'une extrémité de la France à l'autre; puis, quand il a tiré de ces besoins passagers le profit qui lui en revient, retourner par les mêmes voies aux points centraux où sont les emplois moins lucratifs, mais constans qu'il trouve là, et non ailleurs.

Ces déplacemens d'espèces, qui se reproduisent régulièrement et pour des sommes très-considérables, et auxquels il faut ajouter encore ceux qui ont accidentellement lieu par l'effet des besoins qui se manifestent dans les pays étrangers et qui déterminent des exportations de numéraire, ces déplacemens d'espèces coûtent au commerce, outre qu'ils l'exposent à des risques, la perte de l'intérêt pour tout le temps où le capital est en route, et des frais de transport qui s'élèvent au moins à un pour mille par distance de cinquante lieues, et à beaucoup plus quand les distances sont lointaines et les communications difficiles. Des causes d'une autre nature contribuent encore à multiplier ces voyages fréquens des espèces monnayées. Dans les villes où il n'y a que peu ou point de commerce, et nous avons déjà dit qu'en France ces villes sont en grand nombre, les receveurs-généraux, pour faire parvenir au trésor l'excédant de leurs recettes sur les dépenses locales, sont souvent obligés, faute de papier sur Paris, d'en expédier le montant en numéraire. Ces envois se sont élevés, pour la seule portion reçue par l'intermédiaire de la Banque de France et de ses comptoirs, à

73,000,000 de francs pendant l'année 1838, sur lesquels 57,000,000, reçus par la Banque elle-même, sont venus de départemens éloignés, et 15,000,000, reçus par ses comptoirs, de départemens voisins de ces établissemens. Le commerce et le Trésor public se donnent sans doute chacun de leur côté, les soins que leur intérêt exige pour réduire, autant que possible, par des compensations, le nombre et l'importance de ces transports d'espèces. Mais comme aucun concert n'existe et n'est possible entre eux, puisqu'il n'y a point d'agent commun que l'un et l'autre puissent à cet égard charger de leurs intérêts, comme les canaux destinés à entretenir la circulation sur toute l'étendue du territoire n'en parcourent qu'une partie, ont des solutions de continuité, et ne se prêtent donc pas à un débouché assez prompt ou assez abondant pour que sur tous les points de cette étendue le niveau puisse demeurer habituellement le même, il en résulte que ces transports d'espèces, dommageables aux intérêts du commerce et du trésor public, c'est-à-dire à tous les intérêts, se reproduisent sans cesse et quelquefois même alors qu'ils pourraient être évités.

Parmi les moyens de remédier aux inégalités du taux de l'intérêt et aux inconvéniens des fréquens déplacemens d'espèces, celui qui se présente le plus naturellement à l'esprit, ce serait d'augmenter la masse de la circulation générale, en y introduisant une plus grande quantité de papier de crédit, qui accroîtrait les ressources de chaque localité où son usage s'établirait. C'est sans doute là ce qui porte la plupart de ceux qui se sont occupés de cette importante question sociale, à appeler de leurs vœux la création de banques nouvelles.

S'il était vrai, comme on le croit assez généralement, que la somme du numéraire en circulation en France est de trois milliards, il en résulterait que, la circulation des billets émis par toutes les banques existant en France ne s'élevant pas communément à plus de 260 millions, le papier de crédit remplaçant la monnaie ne prendrait part à la circulation générale que pour un peu plus d'un douzième. Mais cette évaluation, dépourvue de toute base certaine et tout-à-fait arbitraire, nous paraît fort exagérée; on l'a assise sur la quantité du numéraire fabriqué, sans tenir assez compte et de celui qui a été refondu, et de celui qui a été exporté et qui est demeuré à l'étranger. Pour nous, il nous est impossible de croire que la circulation générale, y compris celle des billets de banque, soit plus élevée ni même aussi élevée en France qu'en Angleterre, où on ne l'estime qu'à 70,000,000 liv. st. ou 1,750,000,000 de f. Nous pensons donc qu'en France, la circulation n'excède pas de beaucoup 15 à 1,600,000,0000 de francs. Celle du papier de crédit étant de 260,000,000 environ, elle est à la circulation générale dans la proportion du sixième.

En Angleterre, la circulation générale étant de 70,000,000 liv. st., et celle du papier de crédit de près de 40,000,000 de liv. st., elle est dans la proportion des 4/7. Ainsi, dans ce pays, les espèces n'entrent communément que pour moins de moitié dans les paiemens auxquels donnent lieu les transactions de toute nature; chez nous, elles y entrent pour les 5/6. Nous sommes très-disposés à penser qu'en Angleterre il y a dans la circulation trop peu de numéraire; mais à coup sûr, en France il y a trop peu de papier de crédit, et la quantité en pourrait être plus que doublée sans qu'on fût exposé à aucun des inconvéniens qu'on a éprouvés ailleurs de sa surabondance. Ce désavantage tient aux causes que nous venons d'expliquer; mais malgré l'infériorité où nous sommes, relativement à l'Angleterre, sous le rapport de l'étendue du commerce et des ressources du crédit, il serait possible de l'atténuer.

180. La Banque de France n'a communément que de 200 à 220 millions de billets en circulation; souvent elle a en caisse une somme en espèces au moins égale et quelquefois supérieure. Quoique cette proportion soit très-variable, on peut dire que, surtout depuis quelques années, l'état ordinaire de cet établissement est d'avoir en caisse une somme en espèces égale à celle de ses billets en circulation. Toutes les fois qu'il en est ainsi, le bénéfice de son crédit se réduit pour lui à la jouissance gratuite des fonds qui y sont déposés en comptes courans, et le privilége qu'il a d'émettre un papier-monnaie ne profite en rien ni au public, ni à lui-même.

D'où vient le peu de développemens qu'a pris la circulation des billets de la banque de France? Ce n'est assurément pas, personne ne peut le supposer, d'un défaut de confiance de la part du public. La seule cause en est que le mouvement commercial de Paris et de ses environs ne comporte pas pour plus de 200 à 220,000,000 de papier de crédit en circulation. C'est un fait que l'expérience a pleinement constaté. Par l'effet exceptionnel de causes qu'il est toujours facile de reconnaître, la circulation s'élève quelquefois au-dessus de ce chiffre : elle y retombe aussitôt que ces causes ont cessé. Il est donc démontré par la plus sûre de toutes les preuves, que le rayon où circulent les billets de la Banque de France n'en peut habituellement pas absorber pour plus de 200 à 220,000,000.

Qu'y a-t-il donc à faire? lui en faire accueillir davantage, et l'agrandir.

Pour que le rayon trop circonscrit dans lequel circulent aujourd'hui les billets de la Banque de France en accueillît pour une somme beaucoup plus considérable, il suffirait que cet établissement émît des billets de coupures moins élevées. Les billets de 500 f., et à plus forte raison ceux de 1,000 fr., ne sont à l'usage que du commerce en gros, et ne pénètrent que par exception et pour une faible proportion dans le commerce de détail, si considérable, si important dans une cité qui compte 800,000 ames de population. Le petit commerce demeure donc privé de toute l'économie de temps, de frais et de risques qui résulte de l'usage d'un papier de crédit. Si la banque de France émettait des billets de 100 fr. et de 250 fr., dont l'emploi permettrait de faire en papier, par des échanges, des paiemens de 50 fr., nous croyons fermement que la circulation, dans Paris seulement et dans ses environs, en absorberait immédiatement une quantité très-considérable, et que le montant des billets en émission habituelle en serait augmenté au moins d'un quart, et peut-être d'un tiers; ce qui le porterait à 280,000,000, et peut-être à 300,000,000. Les objections que l'on opposera sans doute à cette proposition ne peuvent être tirées que la crainte de trop diminuer la quantité de numéraire en circulation à Paris, et de s'exposer, en cas de crise et de terreur panique, à des demandes de remboursement plus considérables, et aussi plus embarrassantes, en raison du plus grand nombre et de la qualité des porteurs. Mais nous croyons ces raisons peu fondées. Dans un pays où les espèces occupent, selon l'opinion commune, les 11/12, et, selon la nôtre, les 5/6 de la circulation générale, la rareté du numéraire ne peut pas être un inconvénient qui soit jamais à redouter, et moins qu'ailleurs encore il le serait à Paris, où la centralisation administrative et industrielle et un foyer de consommation et de luxe plus actif qu'aucun autre existant sur le continent européen, attirent incessamment et doivent retenir une quantité d'espèces plus considérable que partout ailleurs. Quant aux inquiétudes qu'en cas de crise pourrait donner le remboursement, l'expérience a assez prouvé que la confiance que la Banque de France inspire est à l'épreuve des perturbations commerciales les plus graves et même des révolutions; ses ressources sont telles, que ce n'est pas une augmentation d'un tiers dans le montant de ses billets en circulation qui pourrait l'exposer à des embarras que, depuis trente ans et plus, à travers tant de vicissitudes, elle n'a jamais éprouvés; enfin, de ce que les billets de 100 fr. et de 250 fr. qu'elle émettrait seraient probablement en partie entre les mains du peuple, il n'en saurait résulter que les demandes de remboursement qui pourraient devenir la conséquence d'une panique fussent accompagnée de désordres et de violences, car le peuple qui possède n'est pas celui qui, sous ce rapport, peut être à redouter, et l'expérience des huit dernières années a prouvé suffisamment qu'à Paris l'ordre trouve dans la population laborieuse, non un adversaire, mais son plus solide appui.

181. Agrandir le rayon jusqu'à présent trop circonscrit dans lequel circulent les billets de la Banque de France est sans doute une œuvre plus difficile et plus compliquée, et nous avons exposé nous-mêmes, au commencement de ce résumé, les obstacles graves que son accomplissement ne pourrait manquer de rencontrer.

182. Ici nous entrons dans l'explication sommaire du plan général de crédit par l'adoption duquel, selon nous, on pourrait tirer des ressources commerciales de la France tout le parti dont elles sont susceptibles, et, de concert avec les changemens dans la législation que nous avons déjà indiqués, seconder efficacement le progrès et le développement plus général du commerce et de l'esprit commercial.

Deux principes nous ont paru dominer la matière : le premier c'est que le crédit commercial doit demeurer dans une indépendance complète du crédit public, afin que tous les deux ne soient pas exposés ensemble aux mêmes causes d'affaiblissement, et qu'au contraire, ils puissent se prêter un appui mutuel contre les accidens divers auxquels les conditions dissemblables de leur existence soumettent chacun d'eux ; le second, c'est que, dans un système de crédit comme dans toute institution humaine, il faut l'ordre, l'harmonie des parties avec le tout, et par conséquent, un centre et une impulsion commune.

Du premier de ces principes, découle cette conséquence, que ni la loi ni le pouvoir chargé de l'exécuter ne doivent chercher à exercer aucune action sur le mécanisme du crédit commercial, et que, pourvu que l'une ait établi, et que l'autre fasse respecter les garanties dues au public contre l'abus de la faculté d'émettre un papier-monnaie, il faut que tous deux s'abstiennent de toute intervention dans les opérations auxquelles le crédit donne lieu, ainsi que d'exercer aucune influence sur les instrumens par lesquels ces opérations s'exécutent.

Du second, il résulte, au contraire, que, pour la sûreté, la régularité et l'efficacité de son action, le crédit a besoin que les instrumens nécessaires à ses opérations soient ensemble dans des relations étroites et assidues, qui établissent entre eux une dépendance et des garanties réciproques, qu'ils soient soumis à une impulsion commune et uniforme, et en quelque sorte, à un ordre hiérarchique dont le crédit lui-même soit le principe et la garantie.

La contradiction qu'on croira peut-être, au premier aspect, apercevoir entre les deux résultats n'existe aucunement. Car ce n'est que par la nature même des choses, et par leur propre intérêt, que les établissemens destinés au service du crédit doivent être amenés à entrer volontairement dans cet ordre hiérarchique, et quant à la loi, qui ne peut avoir pour objet, nous le répétons, que d'assurer au public les garanties qui lui sont dues, elle ne doit aucunement s'immiscer dans l'organisation des rapports qui pourront se fonder entre ces établissemens. L'unité et l'ensemble d'action nécessaires à ce système doivent donc être obtenus, non de l'autorité de la loi ou de l'influence du gouvernement, mais de la puissance et de l'intérêt du crédit lui-même.

183. Le plan que nous allons développer est à nous seul, et s'il était possible que sa publication entraînât quelque responsabilité, c'est sur nous seul aussi qu'elle doit retomber. Dans la conviction sincère où nous sommes de son utilité, nous n'avons pas cru devoir hésiter à le faire connaître. Mais comme nous prévoyons les objections en sens divers auxquelles il peut donner lieu, nous ne le présentons que comme une étude que nous livrons à l'examen et à la discussion. Nous considérons nous-même ce plan, non comme immédiatement réalisable, mais seulement comme le but vers lequel devraient se diriger l'opinion, les établissemens de crédit déjà existans, et, en ce qui pourrait concerner ou son action directe, ou son concours, le gouvernement.

Ce plan repose sur trois bases principales :

1° La formation, partout où ils seraient possibles et utiles, de nouveaux établissemens de crédit ;

2° L'institution, partout où il n'y aurait pas dépendance ou surbordination directe, de rapports assidus d'intérêts et de confiance entre ces établissemens ;

3° Le concours de l'administration des finances avec eux, dans le but de donner au mouvement et à la circulation des capitaux la direction la plus utile et la plus économique qu'il serait possible.

184. *Fondation de nouveaux établissemens de crédit.* Après l'institution des dix banques qui existent déjà en France, il ne reste plus qu'un très-petit nombre de villes où, dans l'état actuel du commerce et de ses dispositions, un semblable établissement fût possible. A peine compterait-on en effet cinq ou six places de commerce où l'on pût espérer de trouver à la fois le capital dont il est indispensable qu'une banque soit munie pour que son crédit repose sur une base solide, et le mouvement d'affaires nécessaire pour subvenir aux frais et au service des intérêts. Nous avons même bien plus le désir que l'espérance que, dans les conditions actuelles de leur existence, toutes celles qui ont été fondées jusqu'ici fassent de bonnes affaires et puissent se soutenir.

Nous croyons devoir dire à cette occasion qu'un objet très-digne de fixer l'attention du gouvernement, c'est d'examiner s'il est dans l'intérêt public de continuer à autoriser des banques à s'établir dans les principales villes des départemens, avec un capital aussi faible que celui avec lequel la plupart d'entre elles ont cru pouvoir entreprendre de satisfaire aux obligations qu'implique le privilége dont l'état les a dotées. Une tendance progressive très-active se manifeste généralement dans l'industrie : sous son influence, on a vu les établissemens industriels et commerciaux se multiplier, se propager et grandir dans une proportion rapide, et l'importance générale des affaires prendre un vaste accroissement; on a vu de grandes villes doubler leur population, et des villages devenir des villes du second ordre. En présence d'un si prompt développement, est-il sage, est-il prévoyant de consentir à l'établissement de banques avec un capital de 2 ou de 4,000,000, là où il en faudrait, dès ce moment 10, et où bientôt peut-être il en faudra 20, et de s'interdire, par la concession d'un privilége de vingt ans, la possibilité de remédier, pendant toute cette longue période, à l'insuffisance des instrumens du crédit ? Nous ne le croyons pas. Le gouvernement ne devrait, selon nous, accorder un privilége de cette durée qu'à condition que l'établissement auquel il serait concédé serait muni d'un capital proportionné, non seulement à l'importance actuelle du commerce au service duquel il serait consacré, mais encore à l'importance probable à laquelle, d'après les progrès déjà faits, ce commerce serait présumé pouvoir atteindre dans une période de dix années. S'il en était ainsi, le commerce serait moins exposé à avoir à souffrir de l'impuissance des établissemens de crédit; mais il en résulterait aussi que le nombre des villes où la fondation d'une banque serait aujourd'hui possible en serait encore plus restreint.

185. Il est un moyen transitoire de suppléer, jusqu'à ce que l'état du commerce et des mœurs ait changé, à l'impossibilité de multiplier les banques de province, et ce moyen, nous l'indiquons sans aucune crainte qu'on le suppose puisé à aucune autre source que notre zèle pour le développement du crédit et pour la prospérité industrielle.

S'il est peu de places de commerce où, dans l'état actuel des affaires, une banque puisse trouver un aliment suffisant, il en est en revanche un grand nombre où des comptoirs d'escompte, administrés à bien moins de frais, participant au crédit comme au capital d'une banque centrale, et par-là exempts de tous les inconvéniens de l'insuffisance comme de la surabondance du capital, pourraient, en concourant utilement aux succès de cette banque, fournir au commerce des facilités précieuses, et dont il est aujourd'hui privé.

La Banque de France est, jusqu'à présent, la seule institution de ce genre qui possède un capital assez imposant pour pouvoir, sans danger pour elle-même et sans affaiblissement des garanties dues au porteur de tout effet de crédit, se livrer à l'établissement de succursales. Toutes les autres, sans aucune exception, ont été constituées avec des forces à peine suffisantes, et, pour quelques-unes, évidemment inférieures aux besoins de la place où elles sont établies; et par conséquent on ne saurait penser, pour aucune d'elles, à leur accorder la faculté d'établir des succursales. Ce n'est qu'en portant leur capital à une somme triple ou quadruple de celle dont il est aujourd'hui composé qu'elles pourraient acquérir cette aptitude, et, outre qu'il est très-douteux que l'on parvînt à réunir ce capital, il le serait bien davantage encore que l'on trouvât assez d'affaires pour que leur produit couvrît les intérêts et les frais. Ces deux obstacles naissent l'un de l'autre; il n'y a pas de capital parce qu'il n'y a pas d'affaires, et il n'y a pas d'affaires parce qu'il n'y a pas de capital; cercle vicieux qui n'a d'issue que par le développement que, sans le secours des établissemens de crédit, pourront, avec le temps, acquérir les affaires. Mais en attendant il est évident que, jusqu'à ce que le commerce et le crédit aient pris plus de force et une action plus étendue, les banques de province ne pourront ni se constituer avec des fonds assez considérables pour comporter l'établissement de succursales, ni trouver autour d'elles et dans les lieux où elles placeraient des comptoirs, les espérances de succès nécessaires à cet agrandissement de leur action.

Faudra-t-il différer jusque là de donner à un certain nombre de localités où le commerce a déjà de l'importance ou de l'étendue l'encouragement puissant qui naîtrait pour lui de la fondation d'établissemens de crédit?

186. La banque de France a seule aujourd'hui le droit d'instituer des comptoirs; seule aussi elle en a la possibilité. Nous n'examinerons pas s'il est à souhaiter que ce double privilége se perpétue entre ses mains; nous dirons seulement qu'il n'est pas probable que de long-temps d'autres banques puissent le partager avec elle. Pourquoi, dans l'intérêt

public, seule justification de tout privilége, n'en ferait-elle pas un usage plus étendu ?

Nous avons déjà parlé des facilités que procurent les comptoirs de la banque de France au commerce des lieux où ils sont établis, et dont la plus précieuse est un abaissement infaillible et immédiat du taux de l'intérêt. Ces facilités sont évidemment beaucoup plus larges que celles que peuvent offrir les banques locales ; car ces succursales, dès le début de leurs opérations, se présentent à la confiance du commerce avec un crédit tout fait ; et ce crédit, c'est celui de la banque de France, c'est-à-dire le plus solide et le plus vaste auquel une institution de ce genre puisse aspirer. En effet, la direction qu'elles suivent, c'est la sienne, et le capital qui répond de leur solvabilité, c'est le sien. L'indépendance de ce grand établissement se reflète sur elles, et leur assure la possibilité d'être impartiales et de se placer au-dessus des petites rivalités d'intérêt et d'amour-propre qui, dans les lieux où il n'y a pas beaucoup d'affaires, en embarrassent souvent la marche. Enfin l'insuffisance du capital n'est jamais, comme il arrive trop souvent avec les banques locales, un obstacle à l'efficacité de leur concours, et le commerce au service duquel elles sont vouées, trouve en elles, non seulement toutes les avances dont il a besoin pour ses affaires habituelles, non seulement le surcroît d'avances que ses progrès lui rendent successivement nécessaire, mais encore tous les moyens dont il peut avoir besoin pour les affaires exceptionnelles qui peuvent lui survenir. Ainsi le commerce de Reims, de Saint-Étienne, de Montpellier, éprouve chaque année, au moment où se font dans la première de ces villes les achats de laine ; dans la seconde, les achats de soie ; dans la troisième les achats de vins, eaux-de-vie et esprits, des besoins extraordinaires, et qui lui rendent momentanément indispensables des avances de fonds quatre ou cinq fois plus considérables que celles qu'exige son état habituel. Le comptoir, soutenu par le capital de la banque de France dont il est une branche, fournit ces fonds sans embarras et sans bruit : on ignore même dans le commerce qu'à l'occasion de ces affaires, plusieurs millions de plus qu'à l'ordinaire ont passé des caisses de la Banque dans celles du comptoir, et tout le papier suffisamment garanti, et celui qui provient d'affaires réelles l'est presque toujours, tout le papier suffisamment garanti vient au comptoir s'échanger librement contre des espèces ou contre ses billets ; le mouvement fini, les fonds, devenus surabondans, rentrent successivement et avec la même facilité dans les caisses de la Banque par les remises que lui fait le comptoir. Supposez une banque locale au lieu du comptoir : son capital n'est constitué que dans la proportion des ressources, et par conséquent des besoins ordinaires du pays ; et quand il survient des besoins extraordinaires, la banque n'a pas les moyens d'y subvenir ; elle fait donc défaut au commerce, qui est obligé de chercher ailleurs le secours qui lui est nécessaire, et qui, s'il le trouve, ce qui n'arrive pas toujours, le paie au moins beaucoup plus cher.

187. Un obstacle grave s'oppose toutefois à ce que la Banque de France puisse établir des comptoirs dans tous les lieux où ils pourraient être utiles. C'est la législation qui l'assujettit à la formation d'une administration locale composée au moins de neuf négocians soumis à l'obligation de devenir et demeurer pendant toute la durée de leurs fonctions, propriétaires d'un nombre d'actions qui exige un déboursé considérable. Au cours actuel, il faut, pour pouvoir devenir administrateur ou censeur d'un comptoir d'escompte, qu'un négociant détache au moins 27,000 fr. du capital employé à ses affaires pour en faire une collocation en quelque sorte immobile, puisque la volonté de ce négociant et la confiance de la banque le perpétuent presque toujours dans ces fonctions. Cette disposition restreint aux seules villes où il y a un commerce déjà ancien et des fortunes acquises et considérables la possibilité de jouir des avantages d'un comptoir, et même là, elle y a souvent été un obstacle qu'on n'a pu surmonter. Il convient, sans doute, partout où cela est praticable, d'intéresser le commerce local au succès de la banque, et de lui donner les moyens de s'assurer par lui-même de la bonne et impartiale gestion d'un établissement destiné à son service. Nous ne méconnaissons donc pas la sagesse de ces règles, et nous en désirons le maintien partout où leur application est possible. Mais de ce que, dans les lieux où le commerce est encore nouveau, où les fortunes sont encore médiocres, on ne pourrait pas lui donner les garanties qui résultent de sa participation à la gestion des comptoirs

d'escompte, s'ensuit-il qu'il doive demeurer privé de leur secours? C'est ce que nous ne saurions croire. Ces garanties ne portent d'ailleurs que sur l'étendue des escomptes et le choix des valeurs; elles n'intéressent en quoi que ce soit la sécurité du commerce, puisque, quelle que pût être la forme de l'administration d'un comptoir, la banque n'en serait pas moins responsable de tous ses actes; elles ont été conçues dans l'intérêt de la banque elle-même, encore plus que dans celui des négocians, et leur effet est plutôt restrictif qu'extensif des opérations de l'escompte. Ce n'est donc pas pour le commerce qu'il pourrait y avoir des inconvéniens à ce que, dans les lieux où il n'a encore qu'une importance médiocre, la banque fondât de petits comptoirs dont l'administration serait confiée à un nombre beaucoup plus restreint de négocians, ou même remise en entier à un directeur choisi par elle et aidé du petit nombre d'employés secondaires qui seraient nécessaires. Ainsi conçue, l'administration serait très-économique, et par-là applicable aux lieux où le commerce n'aurait encore que peu d'importance; un choix éclairé des directeurs, un bon système de contrôle, et la faculté qu'aurait toujours la banque, au gré de sa prudence, de limiter le nombre de ces petits comptoirs et l'étendue de leurs opérations, la mettraient à l'abri de tout danger.

La banque d'Angleterre a suivi cette marche, et elle s'en est bien trouvée. Ce n'est qu'en procédant ainsi qu'on pourrait apporter les bienfaits du crédit dans un assez grand nombre de localités qui en sont encore privées, et où son secours serait utile; ce n'est qu'ainsi qu'on pourrait aussi propager la connaissance de son utilité. Car tout établissement de crédit, aussitôt qu'il est fondé, se crée sans effort et par le seul effet de la nature même des choses, un rayon plus ou moins étendu d'influence et d'action, dans lequel tous les intérêts profitent à différens degré des services qu'il rend, et en apprécient bientôt le mérite.

188. C'est de la propagation de ce sentiment de leur utilité qu'il faut attendre la multiplication des comptoirs. La Banque de France, bien que dirigée dans tous ses actes, nous lui avons déjà rendu cette justice, par la conscience de ses devoirs envers le public, ne peut pas rechercher d'elle-même la multiplication d'établissemens qui augmentent ses risques et son travail, sans lui promettre, jusqu'à présent du moins, un accroissement notable de ses bénéfices. Le concours de l'opinion est d'ailleurs nécessaire au succès de ces succursales, et on ne pourrait pas avec justice exiger de la banque qu'elle prît spontanément la résolution de les créer, au risque de les voir échouer devant les préjugés ou l'indifférence des négocians au service desquels ils seraient destinés. L'assentiment et l'appui du commerce sont donc indispensables à la multiplication des comptoirs d'escompte de la banque, comme en général à l'accomplissement de toutes les améliorations que nous proposons.

189. *Rapports à fonder entre les établissemens de crédit.* La plupart des relations que, dans l'intérêt du commerce, nous désirerions voir naître entre les divers établissemens de crédit fondés ou à fonder sur toute l'étendue du royaume, existent déjà entre la Banque de France et ses comptoirs, et c'est là ce qui constitue en grande partie, ainsi qu'on vient de le voir, la supériorité qu'ils ont, sous le rapport de l'utilité générale, sr les banques locales.

Ainsi la Banque est en compte-courant avec ses comptoirs, et se trouve, selon les variations du commerce, souvent leur créancier, quelquefois leur débitrice; elle leur fournit des espèces, et autant de ses propres billets qu'ils en peuvent placer au pair; elle rembourse au pair leurs billets, et les dépôts que le commerce et les comptables des deniers publics font en leurs mains, à charge d'en faire opérer à Paris la restitution; enfin elle reçoit, en retour de ces avances, la remise qu'ils lui font des valeurs sur Paris qu'ils ont escomptées.

Mais ces rapports, déjà très-utiles au public par les économies de frais qu'ils lui procurent, et par la modération et l'uniformité qu'ils tendent à établir dans le cours du papier sur Paris, seraient susceptibles de nombreux et importans perfectionnemens, que nous indiquons sans les développer.

190. Il faudrait que la Banque de France prît à l'escompte à Paris les valeurs payables dans les lieux où sont établis ses comptoirs, et que ses comptoirs à leur tour fussent autorisés par elle à prendre de même à l'escompte, non pas seulement comme ils le font aujourd'hui, le papier sur Paris, mais aussi les valeurs payables sur toutes les places où la banque a

des établissemens. Ces valeurs viendraient se centraliser entre les mains de la banque, pour y subir un examen nécessaire à sa sécurité, et ensuite elle en ferait la distribution entre ses comptoirs de manière à ce que chacun reçût les effets payables dans le lieu où il est établi. Ce serait assurément un moyen puissant de diminuer les transports d'espèces, d'augmenter la masse des billets de la Banque de France et de ses comptoirs en émission, de faciliter la circulation générale et d'épargner au commerce les charges qui pèsent sur le recouvrement des valeurs payables dans les départemens; ce serait un moyen puissant surtout si la banque, au lieu de quatre comptoirs, en avait dix ou douze répartis avec discernement sur la surface du royaume, et de manière à apporter le secours du crédit aux portions du territoire industriel qui en demeurent encore privés.

191. Mais ce moyen acquerrait une efficacité bien plus grande encore, si son application était étendue aux banques qui sont déjà établies, ou qui s'établiraient sur les principales places de commerce des départemens, et s'il se formait entre elles et la Banque de France des relations qui se rapprocheraient de celles que la Banque de France entretient avec ses comptoirs, tout en laissant subsister leur indépendance réciproque autant que le permettrait la nécessité de la maintenir.

192. Nous croyons ne pas pouvoir nous dispenser de répéter ici que l'action du gouvernement ne peut ni ne doit être pour quoi que ce soit dans la formation de ces relations, et qu'elles ne peuvent se fonder que spontanément et par le seul effet de l'intérêt et des convenances réciproques des établissemens entre lesquels elles auraient lieu.

L'instrument de ces relations serait un compte-courant que celles de ces banques qui demanderaient à les former ouvriraient à la banque de France, et se feraient ouvrir par elle. Ces banques feraient ce que celles de Rouen, du Havre et de Lille ont déjà commencé : elles remettraient à l'escompte à la banque de France le papier sur Paris qu'elles auraient elles-mêmes escompté ; la banque de France les créditerait du net produit le jour de l'admission du bordereau ; au lieu de disposer par appoint, comme elles le font aujourd'hui, de ce net produit par un reçu de caisse, elles n'en disposeraient qu'au fur et à mesure de leurs besoins. De son côté, la banque de France prendrait à l'escompte les valeurs sur les places où seraient établies les banques avec lesquelles elle serait en relations, et les leur remettrait, soit à l'escompte, soit simplement pour les encaisser à l'échéance. Ces remises de la banque de France se compenseraient jusqu'à due concurrence avec celles qu'elle recevrait elle-même des banques de province, et ce ne serait plus que pour le solde de cette compensation qu'il pourrait y avoir lieu à des remises en espèces, dont les traites et mandats que ces établissemens fourniraient au besoin les uns sur les autres, contribueraient aussi à diminuer le nombre. L'observation scrupuleuse du principe salutaire qui interdit aux banques toute avance à découvert, serait une garantie pleinement rassurante contre tout abus de ces rapports. A mesure qu'ils prendraient plus d'extension et de suite, une balance générale du montant des obligations commerciales en circulation viendrait s'opérer à Paris entre les mains de la banque de France, et il y aurait dans la participation des banques de province à cette liquidation journalière une telle commodité, une telle sûreté, une telle économie de frais, que nous croyons pouvoir prédire avec assurance qu'il n'en est pas une seule qui ne s'empressât de s'y faire admettre, et que celles qui s'y refuseraient ou qui ne l'obtiendraient pas, demeureraient dans une condition très-désavantageuse comparativement à toutes les autres.

L'établissement de rapports assidus entre la banque de France et celles des départemens aurait encore pour le public et pour elles cet avantage, qu'il remédierait autant que possible aux inconvéniens qui, pour celles-ci, naissent trop souvent de l'insuffisance de leur capital ; car les banques de province ayant la faculté de réaliser au comptant, par le moyen des escomptes de la banque de France, la valeur des effets qu'elles auraient elles-mêmes pris à l'escompte, ce ne serait plus seulement l'étendue de leur crédit local, c'est-à-dire de leur circulation et de leurs dépôts, qui serait la limite de leur opération, mais celle du crédit que leur accorderait la banque de France ; et, par conséquent, lorsque ces besoins exceptionnels et périodiques dont nous avons parlé tout-à-l'heure se produiraient, elles pourraient, grâce à son secours, y subvenir facilement et à peu de frais.

La banque de France, de son côté, trouverait dans ces rapports un agrandissement notable et très-utile pour elle de ses opérations, agrandissement qui serait sans danger, puisque sa prudence en réglerait toujours à son gré les conditions et les bornes, et que la garantie de ces banques ajoutée à celles qu'elles-mêmes auraient déjà jugées suffisantes, donnerait en général aux valeurs qu'elles négocieraient à la banque de France un caractère de solidité propre à inspirer une complète sécurité.

193. Nous ne devons pas dissimuler que, par leur nature, ces rapports placeraient les banques de province dans une sorte de subordination relativement à la banque de France. Dans les affaires, la supériorité du capital et du crédit constitue une véritable autorité et une autorité légitime et non contestée. Les banques de province, qui, grâce à l'appui qu'elles trouveraient dans la banque de France, auraient bientôt donné à leurs escomptes une étendue à laquelle elles n'auraient jamais pu atteindre sans cet appui, et à laquelle il leur faudrait renoncer si elles le perdaient, seraient obligées, pour se le conserver, de se soumettre à l'influence qui serait exercée sur elles par cet établissement et de se prêter à la direction qui leur serait imprimée par lui. De son côté, la banque de France ne pourrait, sans négliger le soin de sa sûreté et de son propre crédit, se livrer aux découverts que ces relations entraîneraient de sa part envers les banques de province, qu'autant qu'elle aurait une connaissance parfaite et toujours présente de leurs affaires, et qu'elle exercerait une surveillance assidue sur leurs opérations.

Mais loin que ce pût être là un des inconvéniens du système, ce serait au contraire et pour les banques de province, et pour le commerce lui-même, le plus grand de ses avantages. Toutes les affaires de la France aboutissent à Paris, et toutes les affaires de Paris aboutissent à la banque de France. Du sommet où elle est placée, seule elle peut avoir sous les yeux l'aspect général de l'état des affaires et du crédit, et juger de la proportion à maintenir entre l'un et l'autre; seule aussi elle peut porter en même temps la vue sur tous les points industriels et savoir à temps où et par qui les affaires sont poussées à une extension exagérée, et le crédit à un abus dangereux ; seule entre toutes enfin, la banque de France a le pouvoir de modérer à propos, et avant que leurs conséquences ne deviennent funestes, les impulsions imprudentes. Toutes auraient donc intérêt, pour leur sûreté et pour leur crédit, autant que pour atteindre au plus grand développement possible de leurs opérations, à se placer sous son patronage. Quant au commerce, il a déjà été suffisamment expliqué comment l'appui que la banque de France prêterait aux autres établissemens du même genre tournerait tout entier au profit de l'agrandissement et de la sécurité de ses affaires. En Angleterre et aux États-Unis, les négocians expérimentés appellent de tous leurs vœux (comme moyen unique, en conservant toute l'utilité d'un large développement du crédit, de se garantir des graves dangers qu'il entraîne), la concentration, entre les mains d'un puissant établissement, d'une autorité régulatrice de tous les établissemens secondaires. Élever les banques à la hauteur d'une institution est le moyen le plus sûr de porter leurs services au degré le plus éminent de leur utilité.

194. Tout est préparé en France pour cette importante amélioration. L'unité et l'uniformité qui règnent dans notre organisation sociale, qui sont sa sauve-garde la plus précieuse et le principe de sa force, et dont l'opinion, qui en connaît la valeur, est disposée à étendre l'application à tout ce qui en est susceptible; la prépondérance décisive que Paris exerce dans les affaires commerciales comme dans les affaires politiques; le rôle principal que jouent dans la circulation générale les engagemens commerciaux payables à Paris; la concentration dans cette grande cité des lumières, des capitaux, de la science, des forces industrielles, des influences de tout genre, et du pouvoir politique et administratif, tout enfin concourt à en faire le siége naturel et nécessaire du pouvoir modérateur du crédit commercial, pouvoir qui est déjà en partie entre les mains de la banque de France. Cet établissement, nous ne l'ignorons pas, est loin de souhaiter de voir s'accroître ce pouvoir entre ses mains; mais qu'il le veuille ou non, et par la seule force des choses, il s'y affermira de plus en plus de lui-même, et il serait utile que l'opinion, du seul assentiment de qui il faut attendre avec le temps la réalisation de ce système, s'occupât dès ce moment d'en agrandir et régulariser l'exercice.

195. Nous ne devons pas douter qu'on n'a-

dresse à ce plan le reproche de ruiner l'industrie des banquiers. Mais est-il nécessaire de nous arrêter à répondre à une objection semblable? Elle ne peut avoir quelque valeur qu'aux yeux de ceux qui nieraient l'utilité du progrès. Toutes les opérations des banques ne sont-elles pas enlevées aux banquiers, et le but de l'institution des banques n'est-il donc pas de les leur enlever, afin qu'elles les exécutent à meilleur marché qu'eux? C'est absolument la même accusation que celles que les bacs portent contre les ponts, les voitures contre les chemins de fer, les fiacres contre les omnibus, les bêches contre les charrues. L'expérience a cent fois démontré que tout progrès tourne au profit de tous, et même de ceux dont, au premier aspect, il paraît léser les intérêts; que les ponts donnent plus d'aliment à la navigation fluviale, les chemins de fer aux voitures, les omnibus aux fiacres, et les charrues aux bêches, par la raison que les besoins augmentent en proportion multiple de la facilité et de l'économie qu'on trouve à les satisfaire; l'Angleterre et les États-Unis, qui sont les pays où il y a le plus de banques, sont aussi ceux où il y a le plus de banquiers, et où ils font le mieux leurs affaires.

196. *Concours de l'administration des finances à l'amélioration de la circulation.* Il importe à un si haut degré que le crédit public et le crédit commercial demeurent dans une indépendance complète l'un de l'autre, et qu'aucune confusion dans leurs opérations ne fasse jamais naître l'idée qu'ils peuvent devenir solidaires, que nous ne croyons pas qu'il puisse jamais convenir, malgré l'économie qui en résulterait, que les banques soient employées ni au recouvrement des revenus publics, ni au paiement des dépenses de l'état.

197. Mais l'office principal des banques, c'est de pourvoir, avec le moins de frais possibles, aux déplacemens de capitaux que rend incessamment nécessaire la diversité des besoins du commerce, et nous ne voyons pas pourquoi l'administration des finances, que son service oblige aussi à des mouvemens de fonds perpétuels et considérables, ne profiterait pas pour elle-même de l'économie qui résulterait évidemment de l'intervention des banques dans ces mouvemens, et n'apporterait pas, aux compensations et aux viremens par lesquels cette économie s'opère, le secours puissant qui résulterait de son concours.

Il suffirait pour cela que le trésor s'entendît avec la banque de France pour faire opérer dans les départemens, par son entremise et celle de ses comptoirs et des banques locales avec lesquelles elle serait en compte courant, la recette du produit des revenus publics recueilli par les receveurs généraux, et le versement des sommes destinées à subvenir au paiement des dépenses publiques. Ce service s'accomplirait de la manière la plus simple, au moyen de l'engrenage d'un compte courant entre la banque et le trésor avec les comptes courans que la banque aurait à son tour avec ses comptoirs et avec les banques des départemens. Chargée à la fois de diriger le mouvement des fonds du commerce et celui du trésor, et ayant la faculté de les combiner l'un avec l'autre, la banque de France, en appliquant à tous les deux les moyens de compensation et de virement qui seraient alors à sa disposition, les ferait exécuter avec une facilité, une sûreté et une économie très-profitables à tous les intérêts.

198. Nous osons porter plus loin encore nos espérances, et nous croyons qu'une fois que la banque de France, par l'intermédiaire de ses comptoirs et des banques locales, serait en rapports assidus avec tous les principaux points commerciaux, et aurait entre ses mains la direction de la circulation, elle parviendrait aisément à faire opérer, presque partout, le remboursement au pair de ses billets. Nous ne donnons cependant pas ce résultat comme certain; les hommes pratiques savent qu'en matière d'économie publique les vraisemblances sont souvent trompeuses, et que l'événement dément quelquefois celles qui paraissent les plus logiques. Mais nous croyons ce résultat très-probable; et s'il se réalisait, les conséquences en seraient, pour la facilité des affaires, d'une importance incalculable : car les billets de la banque de France deviendraient, comme ceux de la banque d'Angleterre, une monnaie universelle, ayant cours partout, dont les banques de province se serviraient pour le remboursement de leurs propres billets, et qui entrerait comme espèces dans la composition de leur en caisse; la quantité de ces billets en circulation deviendrait beaucoup plus considérable, et les facilités du commerce s'aug-

menteraient de tout ce que l'accroissement de cette quantité ajouterait à la masse générale du signe des échanges; la facilité de leur transport mettrait fin et aux déplacemens d'espèces, et à des bonifications de change et de place qui sont une charge toujours gênante, et quelquefois si pesante pour les nombreuses transactions qui s'opèrent chaque jour entre les divers points du territoire. Enfin, le pays tout entier serait successivement admis à la jouissance des avantages qui naissent de la substitution, dans une proportion modérée et circonspecte, d'un papier de crédit aux monnaies métalliques, avantages réservés aujourd'hui aux seules villes qui sont le siége ou de banques ou de comptoirs.

199. Une étude assidue des besoins du commerce et du mécanisme de ses opérations nous a convaincu que, par ces moyens si simples et si faciles, on parviendrait, en peu de temps et sans danger, à faciliter la circulation, à généraliser les bienfaits du crédit, à niveler le prix du loyer des capitaux, à faire jouir du taux d'intérêts modéré et cependant très-susceptible lui-même de réduction que perçoit la banque de France, les lieux où on le paie beaucoup plus cher, à propager les habitudes commerciales et les dispositions confiantes sur lesquelles le crédit se fonde, à élargir et à aplanir la carrière du commerce, en un mot, à donner une puissante et salutaire impulsion à toutes les industries.

GAUTIER.

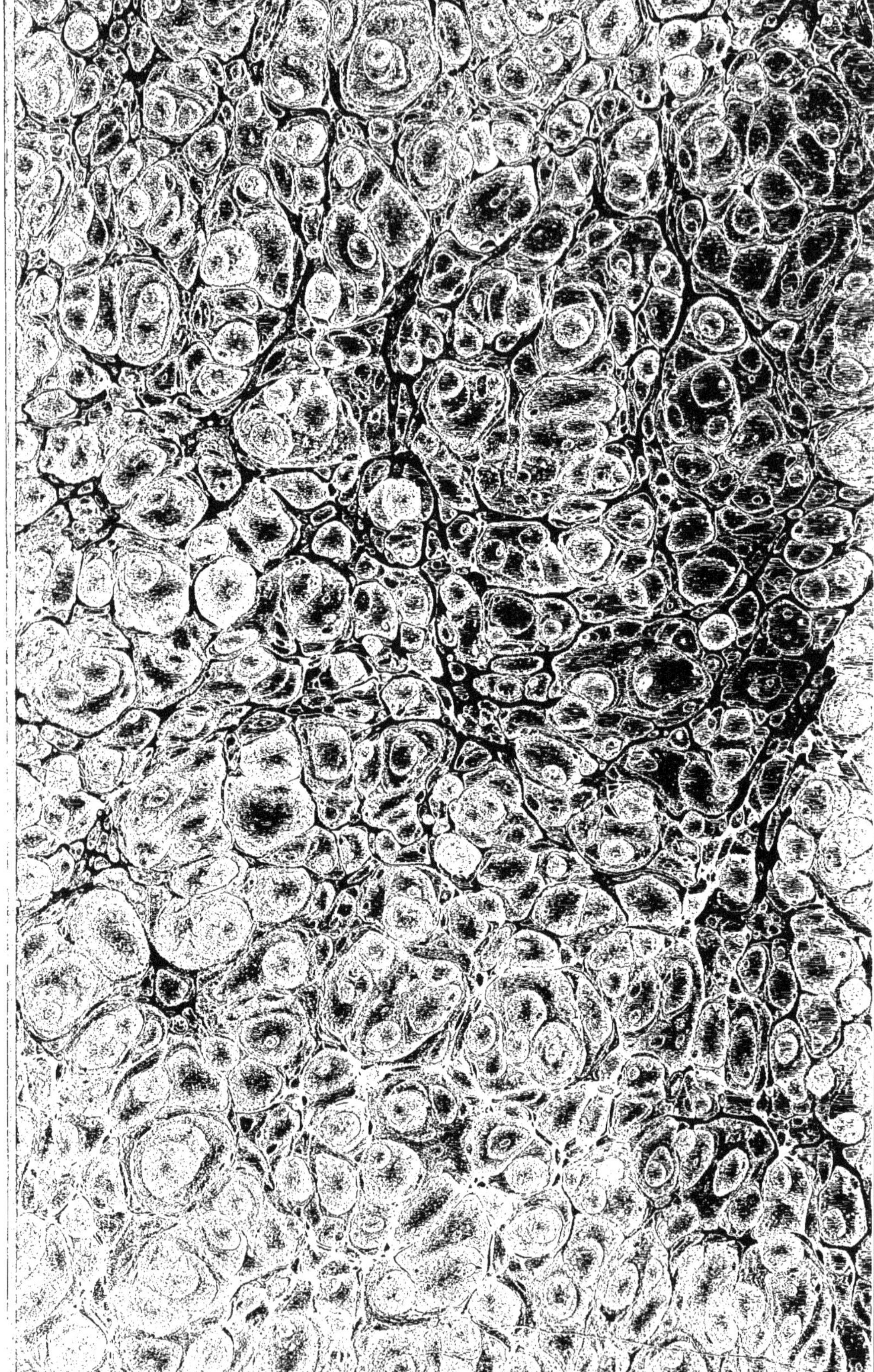

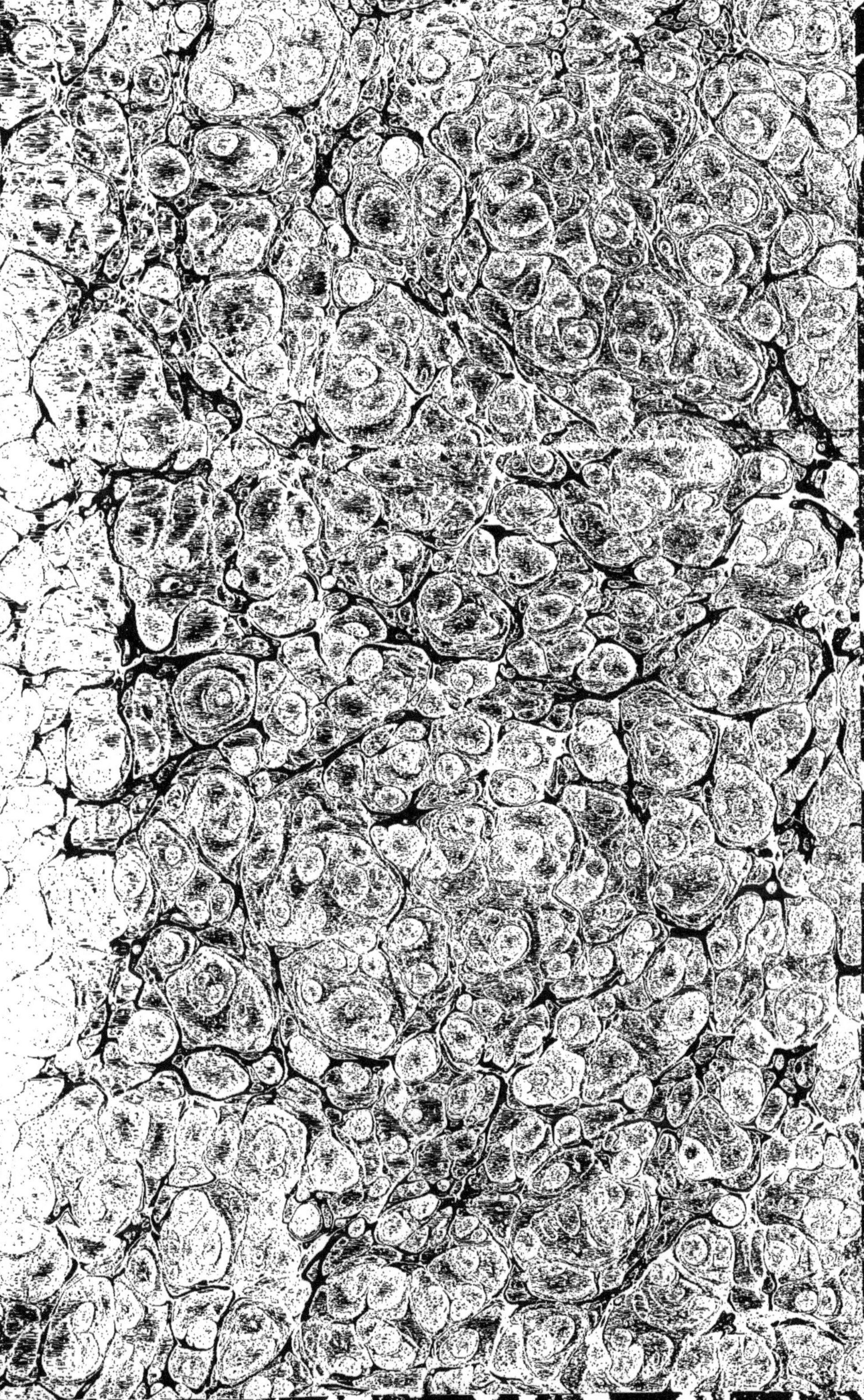

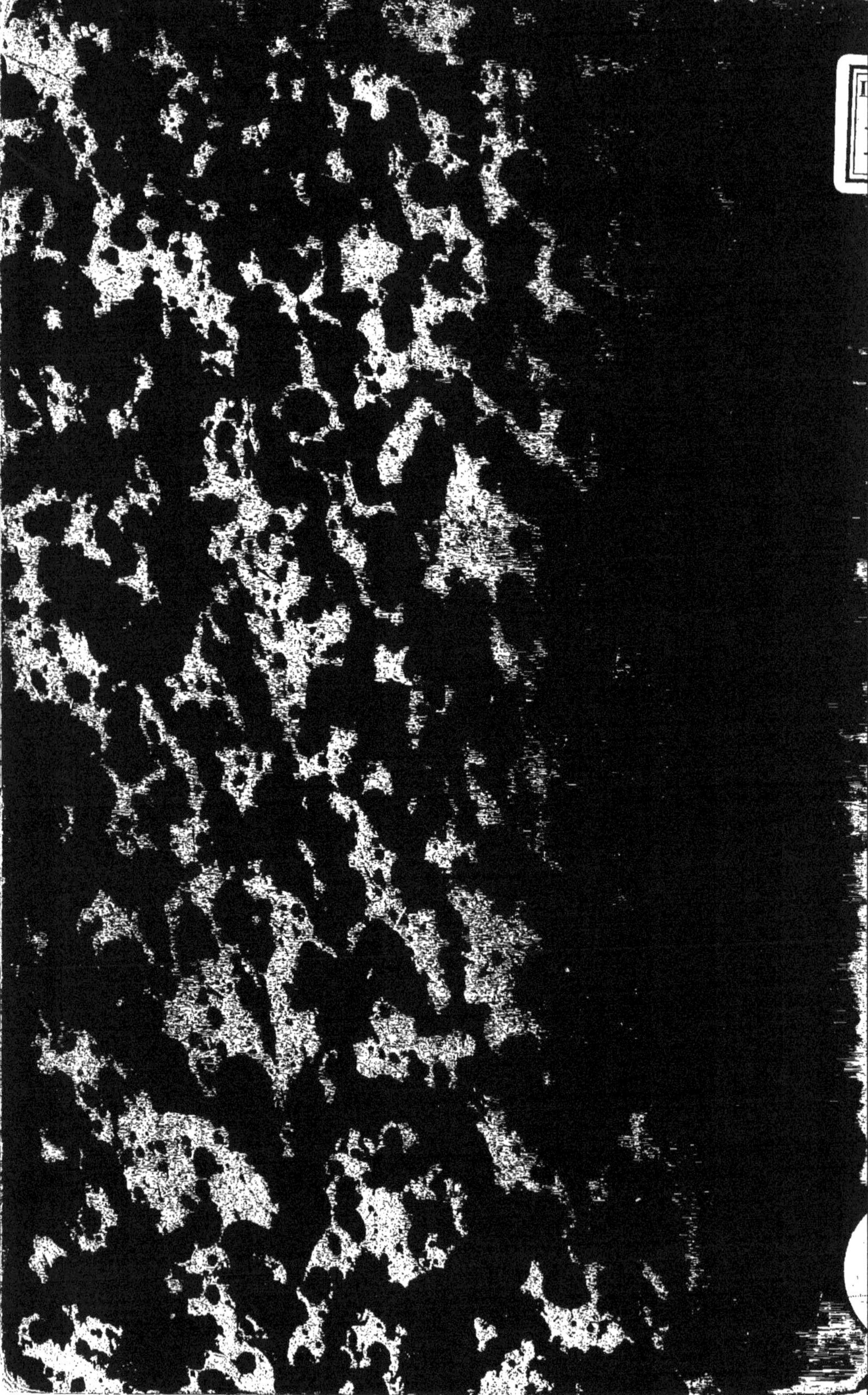

www.ingramcontent.com/pod-product-compliance
Ingram Content Group UK Ltd.
Pitfield, Milton Keynes, MK11 3LW, UK
UKHW012237240726
13966UKWH00003B/1132